AF154183

PHYSIK 5/6

Gymnasium

Niedersachsen

Schroedel
westermann

PHYSIK 5/6

Gymnasium
Niedersachsen

In diesem Werk wurden Teile aus folgenden Titeln übernommen:

978-3-507-86231-9, DORN·BADER Physik Gymnasium 5/6
herausgegeben von Prof. Dr. F. Bader, H.-W. Oberholz

978-3-507-86285-2, DORN·BADER Physik Gymnasium 1
978-3-507-86287-6, DORN·BADER Physik Gymnasium 2
herausgegeben von Prof. Dr. F. Bader, H.-W. Oberholz

Herausgegeben von
Heinz-Werner Oberholz

Begründet von
Prof. Dr. Franz Bader †, Prof. Friedrich Dorn †

Bearbeitet von
Dietmar Fries
Heinz-Werner Oberholz
Werner Wegner †

© 2012 Bildungshaus Schulbuchverlage
Westermann Schroedel Diesterweg Schöningh Winklers GmbH,
Georg-Westermann-Allee 66, 38104 Braunschweig
www.westermann.de

Das Werk und seine Teile sind urheberrechtlich geschützt. Jede Nutzung in anderen als den gesetzlich zugelassenen bzw. vertraglich zugestandenen Fällen bedarf der vorherigen schriftlichen Einwilligung des Verlages. Nähere Informationen zur vertraglich gestatteten Anzahl von Kopien finden Sie auf www.schulbuchkopie.de.

Für Verweise (Links) auf Internet-Adressen gilt folgender Haftungshinweis: Trotz sorgfältiger inhaltlicher Kontrolle wird die Haftung für die Inhalte der externen Seiten ausgeschlossen. Für den Inhalt dieser externen Seiten sind ausschließlich deren Betreiber verantwortlich. Sollten Sie daher auf kostenpflichtige, illegale oder anstößige Inhalte treffen, so bedauern wir dies ausdrücklich und bitten Sie, uns umgehend per E-Mail davon in Kenntnis zu setzen, damit beim Nachdruck der Verweis gelöscht wird.

Druck A^8 / Jahr 2024
Alle Drucke der Serie A sind im Unterricht parallel verwendbar.

Redaktion: Dr. Imke Goertz
Grafiken: diGraph Medien-Service, Franz Josef Domke, Burkhard Kracke, Liselotte Lüddecke, Bernhard A. Peter
Umschlaggestaltung: elbe-drei, Hamburg
Typografie, Layout und Satz: Jesse Konzept & Text GmbH, Hannover
Druck und Bindung: Westermann Druck GmbH,
Georg-Westermann-Allee 66, 38104 Braunschweig

ISBN 978-3-507-86770-3

Inhaltsverzeichnis

Die mit „▪" gekennzeichneten Seiten beinhalten ergänzende Vertiefungen, Themen und Projekte.

Stromkreis

Magnete

„Wenn du eine ausführliche Antwort haben willst, dann hole Papier und Bleistift", sagt Ingas Opa immer, wenn sie mit einer Frage zu ihm geht. Meistens muss sie bei der Suche nach der ausführlichen und verständlichen Antwort auch noch ein Lexikon oder ein bestimmtes Buch aus dem Bücherschrank holen.

So ein idealer Opa steht nicht allen und meist auch nur selten zur Verfügung.
Aus diesem Grund ist es hilfreich, wenn du früh lernst, Antworten auf deine Fragen selbst zu suchen.

Dieses Physikbuch ist dafür geschrieben, dir ausführliche und verständliche Erklärungen zu liefern. Es ist also vorteilhaft, wenn du dich in deinem Physikbuch gut zurecht findest.

Im **Inhaltsverzeichnis** dieses Buches findest du die Themen für all das, was du am Ende deines Physikunterrichts der Klassen 5 und 6 von Physik verstehen sollst und wo im Alltag du die Physik wiederfindest.

Physikbücher enthalten ganz hinten auch ein **Stichwortverzeichnis** – das ist ein alphabetisches Verzeichnis der Wörter, die man benutzt, wenn man über die behandelten Themen redet. Dort findest du zu jedem Wort eine oder mehrere Seitenzahlen. Sie sagen dir, wo du das Wort im Buch wiederfindest.

Physikbücher sagen nicht nur *wie etwas ist*, sondern auch, *woher man weiß, wie es ist* und *wie man es sich erarbeitet*. Wie Ingas Opa gibt dieses Physikbuch meistens ausführliche und gründliche Erklärungen.

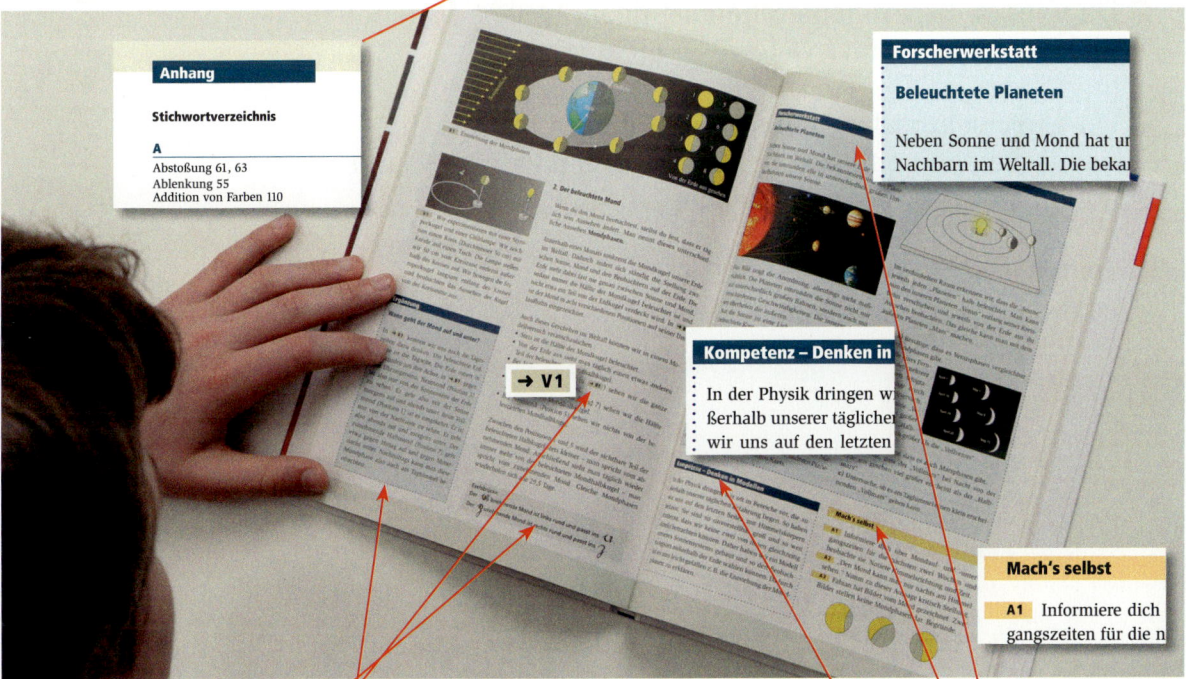

Der Text auf einer Seite ist meistens in eine Hauptspalte und eine Nebenspalte aufgeteilt.

→ In der **breiten Hauptspalte** findest du die Hauptgedanken zu einem Thema: Was wollen wir wissen? Welche Überlegungen müssen wir anstellen? Welche Ergebnisse finden wir durch Experimente?

→ Ein Pfeil → in der Hauptspalte lenkt dich zu Experimenten in der **schmalen Nebenspalte.** Sie sind für das Verständnis von Physik unentbehrlich. Dort findest du auch erläuternde und unterstützende Bilder und Tabellen.

Aufgaben findest du unter den **Mach's selbst** Kästen in der rechten Außenspalte.

In blau gerahmten Kästen findest du zusammengefasst, was du an Können (**Kompetenz**) erworben hast.

Für zusätzliche Physikstunden findest du **Vertiefungen,** Lesetexte mit interessanten **Informationen und Projekte** für eigenes Experimentieren. Zudem findest du **Ergänzungen** und **Forscherwerkstätten** mit weiteren Experimenten und Hinweisen zum Unterrichtsthema.

Stromkreis

Das kannst du in diesem Kapitel erreichen:

- Du wirst elektrische Stromkreise mithilfe von Schaltskizzen darstellen und ihre Bedeutung im Alltag entdecken.

- Du wirst mit verschiedenartigen Schaltungen experimentieren und Beispiele für ihre Nutzung im Alltag kennen.

- Du wirst in Experimenten herausfinden, welche Materialien Elektrizität leiten und welche sie nicht leiten.

- Du wirst elektrische Quellen anhand ihrer Spannung unterscheiden und bei der Benutzung elektrischer Geräte auf die richtige Spannung achten.

- Du wirst sicher mit Elektrizität umgehen können, da du lernst, worauf man achten muss.

Wir experimentieren mit Stromkreisen

Der elektrische Strom hat die Welt verändert. Um die vielen Geräte und Schaltungen zu verstehen, müssen wir uns mit ihnen vertraut machen. Das geht am besten durch eigenes Erforschen ungefährlicher Stromkreise.

A1 Schaue dir das Innenleben der Taschenlampe genau an. Überlege dann, wie der Schiebeschalter im blauen Kopf die Lampe anschaltet.

A2 An diesem aufgeschnittenen Kabel siehst du verschiedene Stoffe. Zähle sie auf und erkundige dich, welchen Zweck sie jeweils haben.

An der elektrischen Anlage zu Hause darfst du nie basteln, da an den Leitungen eine gefährlich hohe Spannung von 230 Volt herrscht.

A3

Isolationsschaden als Brandursache

(gm). Die Brandursache eines Großfeuers in Drochtersen am 9. Dezember, bei der eine Obstlagerhalle ausbrannte und ein Sachschaden in Höhe von 500 000 Euro entstand, ist geklärt: Nach Auskunft der Polizei hat ein Isolationsschaden an einer elektrischen Leitung das Feuer verursacht.

Julia findet diese defekte Leitung. Sage ihr, was sie tun sollte.

A4 In welchem Fall leuchtet das Lämpchen?

a)   b)   c)

A5 Hier siehst du Materialien für die Beleuchtung eines Puppenhauses. Sortiere aus, was du nicht gebrauchen kannst. Begründe deine Wahl.

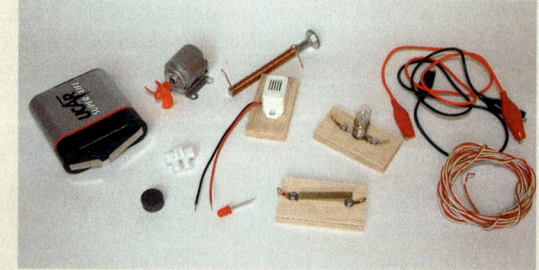

A6 Alina baut mit Timo Lampen auseinander → **Bild oben** und findet dabei einzelne Bauteile. Macht es ihnen nach. Schreibt auf, welche Bauteile für das Funktionieren der Lampe wichtig sind, welche die Lampe lediglich zusammenhalten und welche ganz weggelassen werden könnten.

A7 Malte prüft eine Reihe von Lämpchen mit einer 4,5-Volt-Batterie. Manche Lampen leuchten, andere blitzen nur kurz auf. Er grübelt, was er falsch gemacht hat. Kannst du ihm helfen?

1. Wann leuchtet eine Glühlampe?

Versucht eine Glühlampe nur mit der Flachbatterie zum Leuchten zu bringen. Sicher findet ihr nach einigem Probieren heraus, wie ihr die Lampe an die Blechstreifen halten müsst: Die Glühlampe leuchtet nur, wenn sowohl das Gewinde als auch der Fußkontakt (Lötpunkt am Fuß) jeweils einen Blechstreifen der Batterie berühren → **B1** .

Das Gewinde und der Fußkontakt sind die zwei Anschlussstellen der kleinen Glühlampe. Auch die Flachbatterie hat zwei Anschlussstellen, nämlich die beiden Blechstreifen. Bei der Batterie nennt man diese Anschlussstellen Pole. Der kurze Streifen heißt Pluspol (+), der lange Minuspol (−). Auch jede andere Batterie hat zwei Pole. Nun kommt es fast nie vor, dass eine Lampe direkt an die Batterie angeschlossen werden soll. Beim Auto etwa muss man die Anschlüsse „verlängern", um bis zum Rücklicht zu gelangen.

Dies möchten wir nachahmen: Bevor wir wieder eine Glühlampe zum Leuchten bringen, verlängern wir jeden Blechstreifen der Batterie mit einem Draht. Büroklammern oder Krokodilklemmen halten die Drahtenden an den Polen der Batterie fest. Jeweils das andere Drahtende halten wir an einen Anschluss der Lampe: Wieder leuchtet sie → **B2** . Man nennt die Drähte Zuleitungen oder auch nur **Leitungen**.

Damit in einer Taschenlampe das Lämpchen fest sitzt, wird es in eine Lampenfassung geschraubt. Diese hat zwei Klemmschrauben, die mit dem Kontaktplättchen bzw. dem Gewinde verbunden sind → **B3** .

Wir befestigen die beiden von der Batterie kommenden Leitungen an den Klemmschrauben: Wieder leuchtet die Lampe.

B1 Der einfachste geschlossene Stromkreis

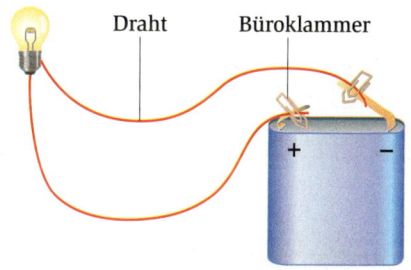

B2 Die Anschlüsse der Batterie sind mit Drähten verlängert worden.

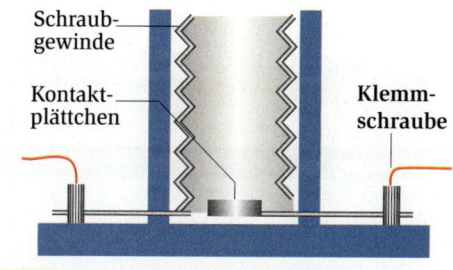

B3 Aufbau einer Lampenfassung

Methode – Symbole in elektrischen Schaltungen

Elektrische Schaltungen lassen sich gar nicht so einfach zeichnen, die Bauteile sind oft kompliziert.

Will man ein gelungene Schaltung in einem Protokoll festhalten oder einer anderen Person aufzeichnen, wählt man deshalb Symbole aus wenigen einfachen Strichen.

Für jede Person, die eine Schaltung nachbauen will, muss die Information eindeutig sein.

Symbol für …

… eine einfache Leitung

… verbundene Leitung

… eine Batterie

… eine Glühlampe

… einen Schalter

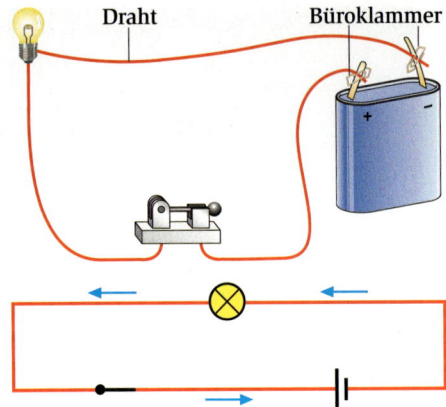

Draht   Büroklammer

B1 Einfacher Stromkreis mit Schalter

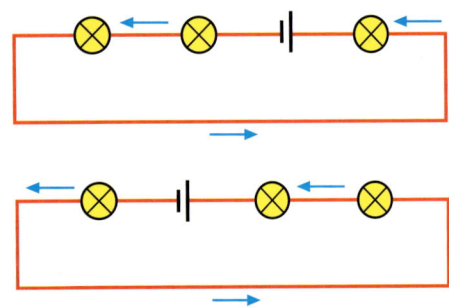

V1 Drei Glühlampen bilden eine Mini-Lichterkette. Egal wie die Batterie angeschlossen wird: Die Lampen leuchten gleich hell.

Vertiefung

Die Batteriepole sind verschieden

Jede Batterie hat zwei Pole, einen Pluspol und einen Minuspol. Timo fragt sich, ob das etwas zu bedeuten hat. Er nimmt eine Batterie, eine Glühlampe und zusätzlich einen kleinen Elektromotor. Dann baut er alle Teile in einem Kreis zusammen.

Die Glühlampe leuchtet und der Motor lässt den Propeller sausen. Wie der Uhrzeiger läuft er rechts herum. Und wenn man nun die Pole der Batterie vertauscht? Timo probiert es. Alina hat es schon geahnt: „Bestimmt läuft der Motor jetzt anders herum." Es stimmt. Beide schreiben ins Protokoll: *Für manche Geräte ist es wichtig, wie die Pole der Batterie angeschlossen werden. Bei der Glühlampe ist es gleichgültig.*

2. Im geschlossenen Stromkreis fließt Elektrizität

Wir wissen nun, wie man eine Glühlampe zum Leuchten bringen kann. Leuchtet die Lampe, so sagen wir: *Elektrizität fließt durch die Lampe.*

Für den Weg der **Elektrizität** finden wir bei allen bisherigen Versuchen: Er führt von der Batterie durch eine Leitung (Blechstreifen, Drahtstück) zur Glühlampe, dann weiter durch eine Leitung zurück zur Batterie. Dabei leiten die Drähte und Blechstreifen im elektrischen Stromkreis die Elektrizität auf einem vorgegebenen Weg. Dieser Weg ist geschlossen wie ein Kreis – ein **elektrischer Stromkreis** → B1 .

Das Wasser in der Weser fließt zur Nordsee, es bildet einen Wasser-Strom. Die Elektrizität bildet einen elektrischen Strom. *Elektrizität fließt im elektrischen Stromkreis.*

Alina erinnert dies an den Wasserkreislauf in der Heizung: Wenn Wasser durch eine Leitung fließt, sagt man ja auch, „das Wasser strömt". Die Elektrizität allerdings können wir nicht sehen. Sie fließt auch nicht aus dem Draht, wenn wir ihn durchschneiden.

Mit dem Schalter in → B1 können wir den Stromkreis unterbrechen, die Lampe erlischt.

> **Merksatz**
>
> Elektrizität fließt nur in einem geschlossenen Kreis. Ein Glühlämpchen zeigt dies durch sein Leuchten an.

3. Die Batterie liefert nur den Antrieb

„Nichts fließt ohne Antrieb!" sagt Timo. „Wenn wir uns vorstellen, dass in einem geschlossenen Stromkreis Elektrizität fließt, dann müssen wir auch über den Antrieb nachdenken." „Dazu dient die Batterie." erwidert Alina. „Ohne die Batterie leuchtet kein Glühlämpchen."
Mit → V1 kann sie Timo überzeugen. Wie in einer Lichterkette am Weihnachtsbaum leuchten drei gleiche Glühlämpchen gleich hell – egal an welcher Stelle des Stromkreises die Batterie eingebaut wird. Sie treibt von dort aus den gesamten Kreislauf der Elektrizität an. Überall im Stromkreis ist der elektrische Strom gleich stark. Genauso viel Elektrizität, wie an einem Kontakt in ein Lämpchen hineinfließt, fließt gleichzeitig aus dem anderen wieder hinaus. Genauso viel durchfließt gleichzeitig auch jede andere Stelle im Stromkreis.

> **Merksatz**
>
> Im Stromkreis liefert die Batterie den Antrieb.
> Überall im Stromkreis ist der elektrische Strom gleich stark. Elektrizität wird in der Glühlampe nicht verbraucht und auch nicht in der Batterie erzeugt.

Interessantes

Wasserkreislauf – Modellvorstellung für den elektrischen Stromkreis

Wenn wir von Stromkreis, fließender Elektrizität und deren Antrieb reden, liegt der Vergleich mit einem Wasserkreislauf nahe. Anders als beim Stromkreis können wir dort *beobachten,* worüber wir reden.

Unter dem Bild sind fünf Sätze über den Wasserkreislauf aufgeschrieben. Jeder von Ihnen beschreibt Beobachtungen oder erklärt Zusammenhänge. Jeden dieser Sätze kann man versuchsweise auf den elektrischen Stromkreis übertragen.

Wenn Alina für den Stromkreis ähnliche Zusammenhänge *vermutet,* dann macht sie sich eine Vorstellung davon, wie die Vorgänge im Stromkreis sein könnten – obwohl sie das Fließen von Elektrizität nicht beobachten kann.

Aber: Alina kann die **Modellvorstellung** benutzen, um weitere Beobachtungen bei Experimenten mit dem elektrischen Stromkreis zu verstehen. So findet sie Antworten auf zwei wichtige Fragen:

1. *Warum leuchtet die Lampe beim Einschalten sofort? Warum braucht die Elektrizität nicht Zeit, bis sie die Lampe erreicht?*
   Es liegt am Kreislauf der Elektrizität. Der Schalter hindert sie zu fließen, aber sie ist immer in der Leitung, ähnlich wie das Wasser im Wasserkreislauf.

2. *Warum leuchtet die Lampe nicht ohne Batterie? Wenn die Elektrizität schon überall in den Drähten ist, warum braucht dann die Lampe zum Leuchten eine Batterie?*
   Es liegt daran, dass die Batterie nicht die Elektrizität für den Stromkreis liefert, sondern die Elektrizität im Stromkreis antreibt – so wie die Pumpe im Wasserkreislauf das Wasser.

Das Strömen von Wasser in einem Rohrsystem ist eine Modellvorstellung vom Strömen der Elektrizität in den Leitungen. Wir machen uns damit ein Bild von der Wirklichkeit. Bild und Wirklichkeit dürfen wir aber nicht verwechseln.

Ein Unterschied zwischen den Kreisläufen fällt dir sicher auf: Wasser muss zu Beginn erst in das Rohrsystem eingefüllt werden; Elektrizität dagegen ist immer schon in den Drähten.

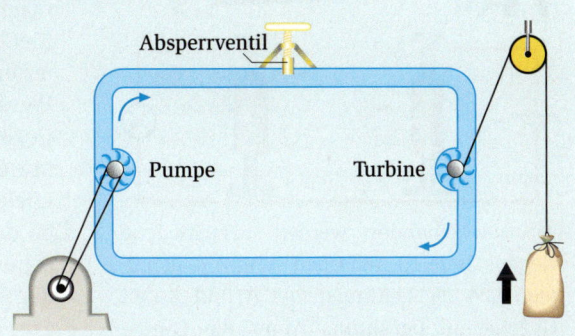

Absperrventil

Pumpe Turbine

Wasserkreislauf

1. Die Leitungen sind Rohre. In ihnen befindet sich Wasser. Dies muss vorher eingefüllt werden.
2. Zum Fließen und Antreiben des Turbinenrades braucht das Wasser einen Antrieb. Die Wasserpumpe liefert ihn.
3. Die Umdrehung des Turbinenrades zeigt uns einen Wasserstrom an.
4. Durch Drehen des Absperrventils wird der Wasserfluss immer mehr unterbunden.
5. Das Turbinenrad mit der angehängten Last setzt dem fließenden Wasser einen Widerstand entgegen.

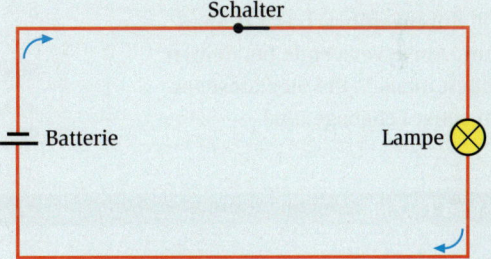

Schalter

Batterie Lampe

Elektrischer Stromkreis

1. Die Leitungen sind Drähte. In ihnen befindet sich Elektrizität. Diese ist immer schon drin.
2. Zum Fließen und zum Betreiben der Glühlampe braucht die Elektrizität einen Antrieb. Die Batterie liefert ihn.
3. Das Leuchten der Glühlampe zeigt uns elektrischen Strom an.
4. Der Schalter unterbricht schlagartig den elektrischen Strom.
5. Der dünne Lampendraht setzt der fließenden Elektrizität einen Widerstand entgegen.

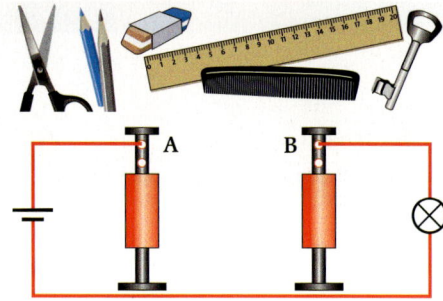

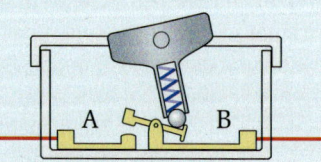

V1 Nacheinander werden verschiedene Gegenstände so zwischen A und B gehalten, dass die Leitungen bei A und B den Gegenstand berühren. Wenn die Lampe leuchtet, ist der Stoff, aus dem der Gegenstand ist, ein Leiter. Das Ergebnis ist in ➔ **T1** zusammengefasst:

Leiter	Isolator
Kohle	Glas
Kupfer	Holz
Aluminium	Papier
Chrom	Plastik
Messing	Gummi
Silber	Wolle
Eisen	Bernstein
	Luft

T1 Einige Leiter und Isolatoren

Wir haben unsere Versuche nur mit einer Batterie durchgeführt. Das hat Spaß gemacht. Aber: Verwende bei deinen Versuchen niemals die Steckdose; es besteht sonst Lebensgefahr!

1. Leitet jede Art von Materie?

Daniel und Sofia haben das kleine Experiment in ➔ **V1** gemacht: „Nimm doch mal eine Metallschere, auch sie leitet Elektrizität". Sofia schlägt vor, noch weitere Gegenstände zu testen: Lineal, Kamm, Bleistift, Radiergummi, Schlüssel usw. Wenn die Lampe leuchtet, zeigt sie an, dass der untersuchte Gegenstand leitet ➔ **V1** . Überbrückt Daniel die Lücke A–B mit Gegenständen aus Metall, so leuchtet die Lampe; ist die Lücke mit Glas oder Kunststoff überbrückt, so bleibt die Lampe dunkel. Es kommt also nicht darauf an, wie ein Gegenstand geformt ist oder zu welchem Zweck er benutzt wird – der Stoff, aus dem er besteht, entscheidet.

Stoffe, die Elektrizität leiten, nennt man **Leiter**. Nichtleiter, wie z. B. Kunststoff, heißen **Isolatoren**. Sofia und Daniel notieren alle getesteten Materialien im Versuchsprotokoll.

Merksatz

Metalle und Kohle sind Leiter.
Luft, Glas, Porzellan und Kunststoffe sind Isolatoren.

2. Der Trick beim Schalter

Sofia überlegt: „Wenn sonst ‚nichts' unsere Teststrecke überbrückt, ist immer noch Luft dazwischen." Die Lampe leuchtet in dem Fall aber nicht, also ist auch Luft ein Nichtleiter. Nun bringt Daniel die Drähte in ➔ **V1** direkt zusammen: Schon leuchtet die Lampe. Sie erlischt sofort wieder, wenn er die Kontakte trennt. Sofia und Daniel haben gemeinsam den Schalter „erfunden" ➔ **Physik und Technik**.

Merksatz

Mit Schaltern kann man Stromkreise unterbrechen.
Sie nutzen aus, dass Luft ein Isolator ist.

Physik und Technik

Schalter und Kabel

Materialien aus unterschiedlichen Stoffen fühlen sich verschieden an und sehen auch verschieden aus. Auf dieser Seite haben wir erkannt, dass auch ihre elektrischen Eigenschaften unterschiedlich sein können. Manche Stoffe leiten die Elektrizität, andere lassen keinen elektrischen Strom zu, sie sind Nichtleiter. Eine wesentliche Erkenntnis war: Alle Metalle sind Leiter, gleichgültig ob weich wie Gold oder hart wie Stahl. Das macht sie zu etwas Besonderem auch für die Technik. In allen elektrischen Kabeln befindet sich ein Draht oder ein Bündel dünner Drähte. Meist sind sie aus Kupfer, einem häufig verwendeten Leiter. Die äußere Hülle der Kabel besteht aus isolierendem Kunststoff. Das verhindert direkten Kontakt zwischen den Kabeln und schützt uns vor Berühren der Drähte. Wie bei Kabeln ist es auch bei Schaltern: Das Gehäuse und die meisten inneren Bestandteile sind aus Kunststoff (bei alten Schaltern aus Porzellan). Nur die Anschlüsse und das bewegliche Teil, das den Stromkreis schließen soll, sind aus Metall.

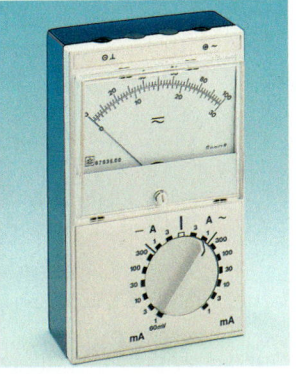

B1 Messgeräte für die Stärke des Stroms

B2 Gewitter über dem Meer

3. Wasser – Leiter oder Isolator?

In Bädern oder anderen Feuchträumen soll man sich vor den Gefahren der Elektrizität besonders schützen. Bei einem heraufziehenden Gewitter → **B2** soll man das Meer schnellstens verlassen. Leitet denn auch Wasser Elektrizität?

In → **V2** sieht es zunächst nicht so aus. Geben wir aber etwas Salz zum Wasser hinzu, ändert sich dies. Unser Experiment weist Wasser aber nicht einfach als Leiter oder Nichtleiter aus (Lampe leuchtet oder leuchtet nicht). Es zeigt Zwischenstufen: Wasser leitet schlecht, wenn nur wenig Salz gelöst ist (die Lampe leuchtet schwach); eine kräftige Salzlösung dagegen leitet gut (die Lampe leuchtet hell).

4. Schwacher Strom – schlechter Leiter

Vielleicht leitet sauberes Leitungswasser auch, aber so schlecht, dass die Glühlampe gerade noch nicht leuchtet! Um das zu prüfen, nehmen wir ein Anzeigegerät, das empfindlicher ist als unsere Lampe. Fließt Elektrizität durch ein derartiges Gerät, dann schlägt sein Zeiger aus. Je weiter der Zeiger ausschlägt, desto stärker strömt die Elektrizität.

→ **V3** bestätigt unsere Vermutung. Leitungswasser leitet Elektrizität schlecht, sie fließt nur schwach. Wir sprechen dann in der Physik von einer kleinen elektrischen Stromstärke. Das verwendete Messgerät ist also ein Stromstärke-Messgerät wie in → **B1**. Je mehr Salz wir dem Wasser zugeben, desto größer wird die Stromstärke. Daraus können wir schließen, dass die Flüssigkeit umso besser leitet, je mehr Salz in ihr gelöst ist.

Nur reines Wasser leitet Elektrizität praktisch nicht, unser Messgerät zeigt nichts an.

Merksatz
Reines Wasser ist ein schlechter Leiter. Salzwasser leitet Elektrizität umso besser, je mehr Salz gelöst ist.

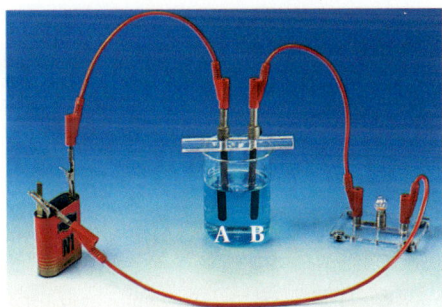

V2 In dem Trog liegt die Teststrecke A–B zwischen zwei Kohlestäben. Wir füllen zunächst sauberes Leitungswasser in den Trog: Die Glühlampe leuchtet nicht. Lösen wir aber Kochsalz gut im Wasser auf, so leuchtet sie – und dies umso heller, je mehr Salz gelöst ist.

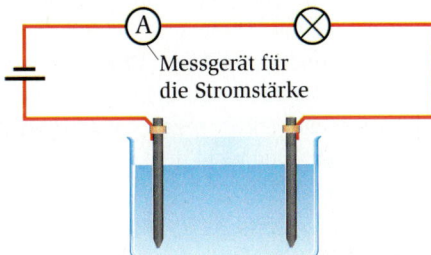

Messgerät für die Stromstärke

V3 Wir bauen zusätzlich in Reihe zur Lampe ein Stromstärke-Messgerät ein und wiederholen den Versuch → **V2**. Ergebnis: Schon bei Leitungswasser schlägt der Zeiger etwas aus und zeigt damit Strom an. Die Glühlampe leuchtet aber noch nicht. Erst wenn wir Salz zufügen, fängt sie an zu leuchten. Je heller sie leuchtet, desto größer ist der Zeigerausschlag.

Auch bei sauren Flüssigkeiten entsteht Strom: Gurkenwasser, Zitronensaft, Cola usw.

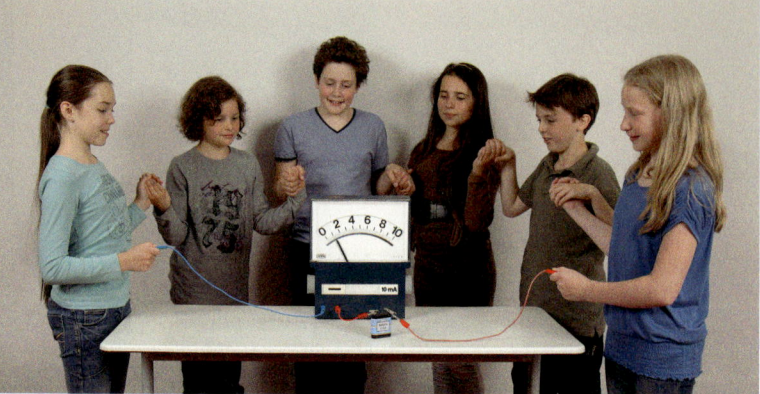

B1 Die Klasse steht mit einer Batterie im Kreis, alle fassen sich an den Händen, es fließt Elektrizität.

Physik und Medizin

EEG und EKG

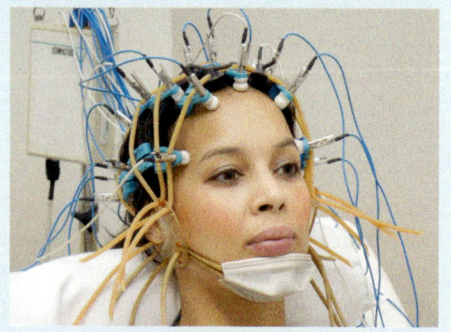

Unser Nervensystem besteht aus Millionen von Nervenzellen, zwischen denen Signale in Form von winzigen Stromstößen ausgetauscht werden. Diese Stromstöße bringen Informationen von Auge, Ohr oder vom Tastsinn bis in unser Gehirn. Ohne sie könnten wir nicht sehen, nicht hören, nicht fühlen und nicht denken.

Am Kopf lassen sich die elektrischen Signale bei der Aufnahme eines Elektro-Enzephalo-Gramms (EEG) mit einem sehr empfindlichen Messgerät messen und aufzeichnen. Spezielle Haftpunkte sorgen für gute elektrische Verbindung.

Werden die elektrischen Signale gemessen, die beim Herzschlag auftreten, so spricht man von einem Elektro-Kardio-Gramm (EKG). Unregelmäßigkeiten beim Herzschlag bemerkt man so, noch bevor sie lebensgefährliche Folgen haben.

1. Auch unser Körper leitet Elektrizität

In **→ B1** stellen sich einige Freiwillige der Klasse im Kreis auf. Mit der Taschenlampenbatterie (nicht mit einem Netzgerät!) und einem empfindlichen Stromstärke-Messgerät wollen sie gefahrlos feststellen, ob unser Körper Elektrizität leitet. Wir sehen, dass die Schülerinnen und Schüler mit der Batterie und dem Messgerät einen geschlossenen Kreis bilden. Der Zeiger schlägt sofort aus. Es ist dabei nicht gleichgültig, wie die Hände umfasst werden. Je kräftiger man zudrückt, desto größer wird die Stromstärke. Sind die Hände gar feucht, wird der Ausschlag noch größer.

Der Zeigerausschlag verschwindet, wenn auch nur eine Hand irgendwo im Kreis losgelassen wird. Elektrizität fließt eben nur im geschlossenen Kreis. Wir leiten Elektrizität, weil unsere Körperflüssigkeit dem Meerwasser ähnelt – und das enthält ja Salz.

Merksatz
Der menschliche Körper leitet Elektrizität.

2. Warum kann elektrischer Strom gefährlich sein?

Unsere Nervenzellen tauschen von selbst elektrische Signale durch winzige elektrische Ströme aus **→ Physik und Medizin**. Diese wichtigen Vorgänge können durch Elektrizität von außen gestört werden. Die Batterie war ungefährlich. Gefahr für das Leben besteht aber, wenn starke elektrische Ströme entstehen. Dabei sind die Blutgefäße bevorzugte Leiterbahnen. Verläuft der Stromweg z. B. direkt über das Herz, dann führen selbst kurze Stromstöße (schon eine hundertstel Sekunde genügt!) zum Herzstillstand. Wegen der von außen erzwungenen elektrischen Ströme bewegt sich der Herzmuskel nicht mehr regelmäßig, sondern krampft sich zusammen. Die Pumpleistung des Herzens fällt dann praktisch aus. Deshalb darf man nie mit der Elektroinstallation im Haus spielen.

Mach's selbst

A1 Zeichne ein Schaltbild für einen einfachen Stromkreis mit Schalter. Zähle die Bauteile auf, erkläre wie sie zusammenwirken.

A2 Erkläre wie die Elektrizität durch den Klingeltaster fließt. Nenne die Bauteile, die aus Metall und die, die aus isolierendem Kunststoff sein müssen.

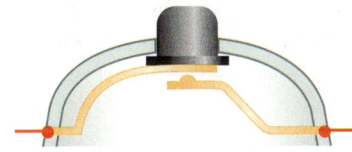

A3 Entscheide und begründe, ob eine der beiden gleichen Lampen in den Stromkreisen a) und b) heller leuchtet.

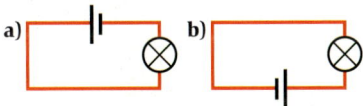

A4 Heimversuch: Leihe dir von deiner Schule eine Leuchtdiode (LED), etwas Schaltdraht und zwei Kohlestäbe aus.
Führe dann zu Hause den abgebildeten Versuch durch.

Nimm zunächst nur Leitungswasser und beobachte die LED. Gib dann eine Prise Salz hinzu, rühre gut um und beobachte wieder. Gib schrittweise weitere Salzportionen zu. Notiere die Versuchsergebnisse in einem Protokoll.

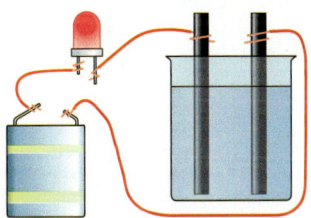

Kompetenz – Versuchsprotokoll anfertigen

Jemand, der deinen Versuch nicht selbst durchgeführt hat, muss nach dem Studieren deines Protokolls genau wissen, warum, wie und mit welchem Ergebnis du das Experiment durchgeführt hast. So macht man es in der Wissenschaft, genauso lernst du es im Unterricht. Weil dies wichtig ist, schreiben wir die einzelnen Schritte der Anfertigung einmal auf – hier mit dem Versuch zu „Ist Wasser elektrisch leitend?".

Typische Bausteine eines Protokolls

1. Ziel des Versuchs
Warum machen wir eigentlich das Experiment? Wollen wir eine Vermutung überprüfen, oder wollen wir etwas Neues herausfinden?

2. Benötigtes Material
Welche einzelnen Bauteile müssen wir bereitlegen, um daraus den gewünschten Versuchsaufbau herzustellen?

3. Versuchsaufbau
Wie werden die einzelnen Teile zusammengefügt, welche geschickte Möglichkeit wählt man? Manchmal genügt eine Skizze.

4. Versuchsdurchführung
Hier werden die einzelnen Schritte bei der Durchführung des Experiments so genau geschildert, dass jede Person den Versuch danach selbst ohne weitere Anleitung ausführen könnte.

5. Beobachtung/Messwerte
Hier schreibt man auf, was man beim Ablauf des Versuchs beobachtet – und dies möglichst lückenlos. Einzelergebnisse werden übersichtlich notiert.

6. Auswertung/Deutung
Hier kann ein Diagramm sinnvoll sein oder eine Übersichtstabelle mit einer kurzen Erklärung. Vielleicht kann man aber das Ergebnis auch bereits erklären mit dem, was man schon gelernt hat.

Kurzfassung eines Versuchsprotokolls

1. Wir möchten erfahren, warum immer wieder vor elektrischen Geräten im Bad gewarnt wird. Ist Wasser ein Leiter?

2. Batterie 4,5 V, zwei Isolierstützen, Becherglas, Kohlestäbe, Krokodilklemmen, Kabel, Glühlampe (6 Volt).

3. Vereinfachte Versuchsskizze:

4. Die zwei Kohlestäbe haben wir an Isolierstützen befestigt und in das mit Wasser gefüllte Glas eingetaucht. Nach und nach haben wir immer mehr Salz in das Wasser gegeben.

5. Am Anfang hat die Lampe nicht geleuchtet. Nach mehreren Prisen Salz fing die Lampe schwach an zu leuchten. Nach etwa einem Teelöffel leuchtete sie hell.

6. Reines Wasser leitet höchstens so schwach, dass die Lampe nicht leuchten konnte. Salzwasser aber ist ein guter Leiter.

Eine kriminaltechnische Untersuchung

Eine Person soll des Diebstahls überführt werden. Am Untermeer soll die Person ein Boot gestohlen haben. Sie behauptet aber am Obermeer gewesen zu sein, also könne sie das Boot gar nicht gestohlen haben.

Die Polizei findet bei ihrer Untersuchung Reste von Meerwasser im Boot. Nun sind Kriminalbeamte schlaue Leute. Sie wissen, dass der Salzgehalt der Meere auf dieser Welt unterschiedlich ist – so auch im Untermeer und im Obermeer.

- In 150 ml aus dem Untermeer sind etwa 0,8 g Salz gelöst.
- Nimmt man dagegen 150 ml aus dem Obermeer, findet man dort etwa 2,8 g Salz.

Mit eurem heutigen Experiment könnt ihr selbst das Alibi des Diebes überprüfen. Ihr sollt also herausfinden, ob etwa 0,8 g in 150 ml gelöst sind, oder doch eher 2,8 g. Da die Aufgabe nicht einfach ist, geben wir euch einige Schritte als Aufträge vor:

Aufträge:

Messt die Stärke des Stromes bei unterschiedlicher Salzmenge in einem Becherglas mit 150 ml Wasser.

1 Ihr beginnt mit reinem Leitungswasser. Notiert die Salzmenge und den Stromstärke-Messwert in einer Tabelle.

2 Vor der zweiten Messung löst ihr 1 g Salz im Wasser eures Becherglases auf (gut umrühren). Tipp: Ihr könnt Portionen von je 1 g Salz schon vorher in Pralinenförmchen aus Papier abwiegen und bereithalten.

3 Vor der dritten Messung gebt ihr noch einmal 1 g Salz in eure Lösung – und das bei allen weiteren Messungen ebenso.

4 Als Schaltung wählt ihr die Schaltung aus → **B1** . Achtet darauf, dass ihr zu jeder Messung die Kohlestifte bis auf den Boden absenkt.

5 Wählt zur Messung am Netzgerät jeweils 5 V Spannung (Drehknopf auf die Markierung einstellen). Ersatzweise nehmt ihr eine 4,5-V-Batterie.

6 Tragt eure Messergebnisse zusätzlich in das vom Lehrer vorbereitete Diagramm ein. Eine Mustermesskurve sieht so aus wie in → **B2** .

7 Zum Schluss spült ihr euer Glas aus und testet 150 ml des unbekannten Meerwassers. Eure Lehrerin oder euer Lehrer hat es in Sprudelflaschen bereitgestellt. Übertragt auch diesen Wert in das Diagramm.

8 Stellt das Ergebnis eurer Untersuchung in einem kurzen Vortrag vor.

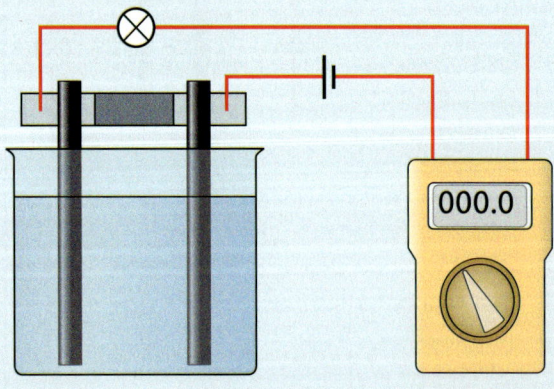

B1 So sieht der Versuchsaufbau aus, den ihr für eure Untersuchung benötigt – hier in vereinfachter Darstellung. Eure Lehrerin oder euer Lehrer wird euch sagen, wie ihr das Messgerät einstellen müsst.

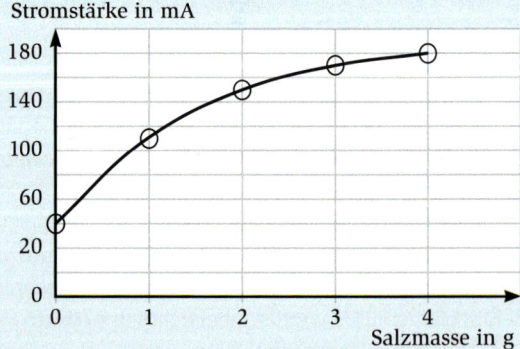

B2 So ähnlich wie diese Messkurve wird auch eure eigene aussehen, aber vielleicht liegen alle Messpunkte etwas höher oder auch etwas niedriger als die von uns gefundenen.

Projekt

Wie feucht ist die Blumenerde?

Hast du gehört, dass man Blumen auch zuviel Wasser geben kann? Sie „ertrinken" dann. Trockenheit dagegen lässt die Pflanzen schnell verwelken.

Material
Batterie,
Blumentopf,
Kohlestäbe,
Messgerät
oder Leucht-
diode, Kabel

Das Bild zeigt einen Versuchsaufbau, mit dem du die Feuchtigkeit der Blumenerde prüfen kannst. Trockene Blumenerde leitet Elektrizität nicht. Erst wenn du Wasser dazugießt, schlägt das Messgerät aus und zeigt so einen elektrischen Strom an (anstelle des Messgerätes kannst du eine empfindliche Leuchtdiode nehmen – eine sogenannte low current LED).

Steckst du die Kohlestäbe tief in die Erde, dann bestimmst du auch die Feuchtigkeit an den Wurzeln, die sich mit einer „Fingerprobe" nur schwer bestimmen lässt.

Eva möchte das Experiment noch erweitern: Nach einem Regenguss ist die obere Erdschicht feucht. Ist das Wasser auch tief genug eingedrungen? Plane eine Änderung deiner Versuchsanordnung so, dass du erkennen kannst, in welcher Tiefe es noch trocken geblieben ist (ohne dass du graben musst).

Kompetenz – Messgerät benutzen

Ein Stromstärke-Messgerät soll den elektrischen Strom messen. Also muss es in einer Reihe mit der Lampe (oder einem Motor) in den Stromkreis eingebaut werden. Mach es also immer so wie im Bild unten.

Der Messbereich eines solchen Instrumentes gibt an, bei welcher Stromstärke der Zeiger voll ausschlägt bzw. die höchste Zahl im Display eines Zifferninstrumentes (Digitalmessgerät) erscheint. Wähle zunächst den Messbereich mit dem größten Wert. Lass dies von deinem Lehrer oder deiner Lehrerin überprüfen. Schalte dann vorsichtig in den nächst kleineren Messbereich und behalte dabei die Anzeige im Auge.

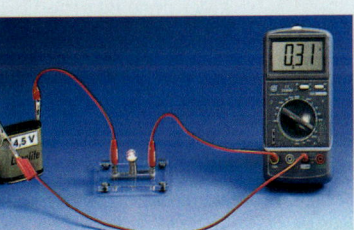

Bei analogen Messgeräten darf der Zeiger das Ende der Skala nicht überschreiten. Digitale Messgeräte zeigen eine Überschreitung des Messbereichs durch eine 1 links im Display an. Wenn du gut ablesbare Werte bekommst, hast du alles richtig gemacht.

Kompetenz – Physik anwenden

Die Physik hilft, Naturgesetze zu entdecken, mit deren Hilfe wir die Welt besser verstehen können.

Physikalisches Wissen ermöglicht aber auch, neue technische Geräte zu entwickeln und in Fabriken bauen zu lassen. Viele Leute verdienen damit ihr Geld. Wenn die Geräte nicht zu kompliziert sind, könnt ihr sie mit eurem physikalischen Wissen schon durchschauen. So habt ihr z.B. mit einfachen Stromkreisen herausgefunden, welche Stoffe Leiter oder Isolatoren sind.

Sogar nicht so leicht durchschaubare Erscheinungen konntet ihr erklären: Warum leuchtet eine Lampe nicht, obwohl sie in einen geschlossenen Stromkreis mit Wasserbecken eingebaut ist? Naheliegende Antwort: Das Wasser leitet die Elektrizität nicht.

Ihr seid durch den Umgang mit Messgeräten jetzt klüger geworden: Vielleicht reicht ja der Strom nur nicht aus, die Lampe leuchten zu lassen? Solche und ähnliche Fragen können mit geeignetem physikalischen Vorgehen beantwortet werden. So habt ihr es gemacht – mit einem empfindlichen Messgerät konntet ihr die Vermutung bestätigen.

Selbst bei der Aufklärung von Kriminalfällen hilft es, wenn man physikalische Gesetzmäßigkeiten kennt und physikalische Methoden anwenden kann. Das kann man im Projekt auf dieser Doppelseite sehen.

All dies zeigt: Man muss hinter dem, was man beobachtet, die Physik entdecken. Eure Experimente haben euch schon ein wenig den Blick dafür geschärft.

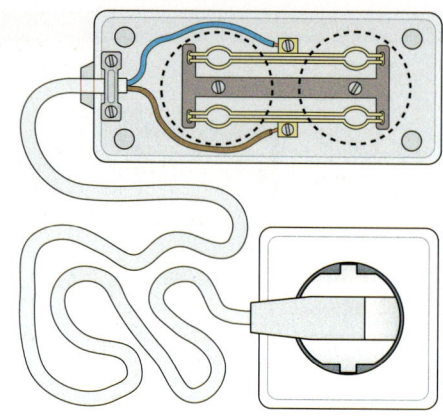

B1 Parallelschaltung an der Mehrfachsteckdose

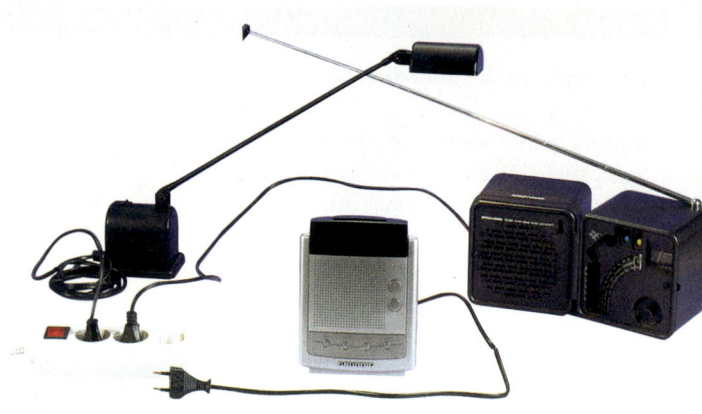

B2 Stromkreis im Haushalt: Alle Geräte sind parallel an dieselbe Stromquelle angeschlossen.

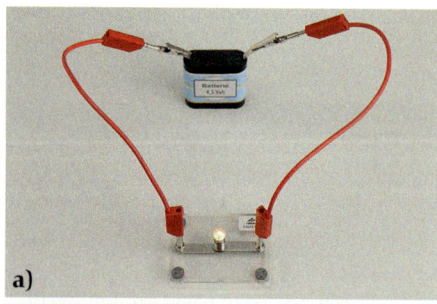

a)

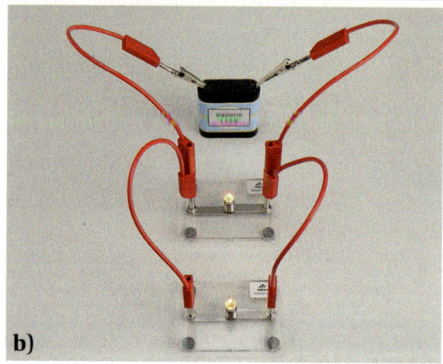

b)

V1 **a)** Eine Lampe ist mit der Batterie verbunden. **b)** Zwei Lampen sind mit den Anschlüssen der Batterie direkt verbunden: Die Lampen sind parallel geschaltet.

1. Die Parallelschaltung

In einer Wohnung muss jedes elektrische Gerät unabhängig von allen anderen an- und ausgeschaltet werden können. Dies gelingt, da jedes Gerät direkt mit der Stromquelle verbunden ist. Man sieht es nur nicht, da die elektrischen Leitungen in der Wand versteckt (und damit geschützt) sind.

In **→ B2** erkennst du eine vertraute Situation. Eine Mehrfachsteckdose ist eine Verlängerung der in der Wand verlaufenden Kabel in den Raum hinein. Unabhängig voneinander lassen sich bis zu drei Geräte an diese Mehrfachsteckdose anschließen. Jedes einzelne Gerät funktioniert auch dann, wenn die anderen Geräte nicht angeschlossen sind.
In **→ B1** erkennen wir den Grund: Alle oberen Steckkontakte sind über ein blaues Kabel mit dem einen Pol, alle unteren Steckkontakte über ein braunes Kabel mit dem anderen Pol der Stromquelle direkt verbunden.

Mit einer Batterie als Stromquelle bauen wir diese Parallelschaltung in **→ V1** nach. Zunächst verbinden wir nur eine Lampe mit den Polen der Batterie. Die Lampe leuchtet normal hell **→ V1a**. Dann schließen wir eine zweite, gleichartige Lampe ebenfalls direkt an die beiden Pole der Batterie an. Auch sie leuchtet jetzt normal hell **→ V1b**.

Es ändert sich nichts, wenn wir die Leitungen der zweiten Lampe an die Anschlüsse der ersten Lampe stecken. Auch jetzt sind ja beide Lampen mit der Batterie verbunden. In **→ B3** sehen wir auch, wie die elektrischen Ströme durch die Lampen am unteren Kontaktpunkt zusammengeführt werden. Vorher haben sie sich an der oberen Leitung aufgeteilt.

Merksatz
Bei der Parallelschaltung sind alle Lampen direkt mit der Stromquelle verbunden.

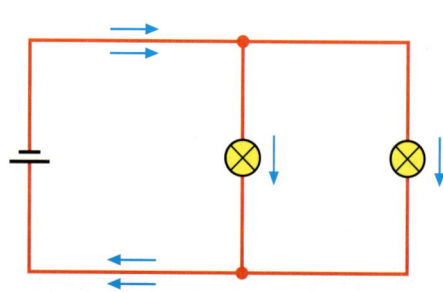

B3 Schaltplan der Parallelschaltung

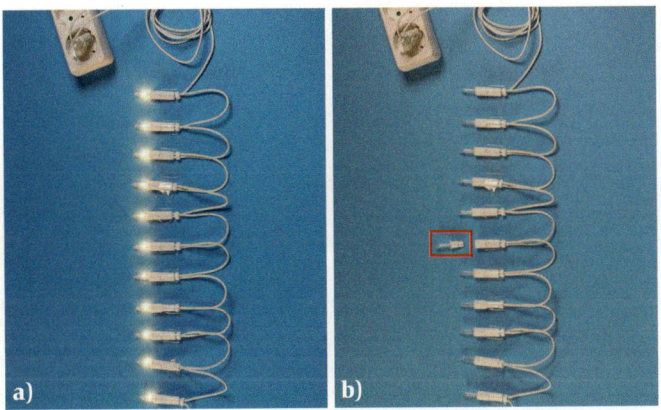

B4 Die Lampen dieser Lichterkette sind hintereinander in den Stromkreis gelegt.

B5 Die Motoren dieser historischen Straßenbahn waren in Reihe geschaltet.

2. Die Reihenschaltung

Die Lichterkette der Weihnachtsbaumbeleuchtung → **B4** benötigt nur wenige Meter Kabel. Von der Stromquelle führt nur ein Draht zur ersten Lampe. Von ihr geht ein nächster zur zweiten Lampe usw. Von der letzten Lampe geht die Leitung wieder zur Stromquelle – der Stromkreis ist geschlossen.

In → **V2** bauen wir eine solche Reihenschaltung nach und zeichnen den dazu gehörenden Schaltplan → **B6** . Wie erwartet leuchten beide Lampen gleich hell, im Gegensatz zur Parallelschaltung in → **V1** ist aber jede Lampe jetzt dunkler. Lockern wir ein Lämpchen, erlöschen alle – wie bei der Lichterkette in → **B4b** .
Bei der Straßenbahn aus dem Jahr 1921 → **B5** wären die vorhandenen Motoren zu schnell gelaufen, hätte man sie parallel an die Stromquelle gelegt. Man hat sie deshalb in Reihe geschaltet, dann liefen sie so langsam wie gewünscht.

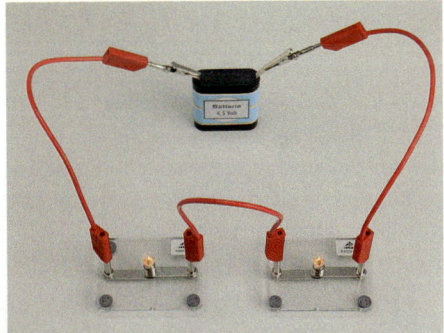

V2 Wir bauen zwei Lampen hintereinander in den Stromkreis. Beide Lampen leuchten, allerdings schwächer als die eine Lampe vorher in → **V1** .

Merksatz

Bei der Reihenschaltung liegen alle Lampen im selben Stromkreis.

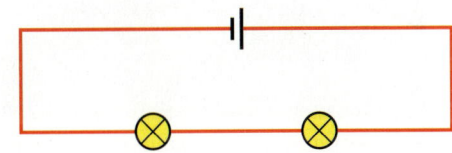

B6 Schaltplan der Reihenschaltung

Mach's selbst

A1 Zeichne je einen Schaltplan zu drei parallel geschalteten Lampen und zu drei in Reihe geschalteten Lampen.

A2 a) Baue mit einer Batterie (4,5 V), mehreren Lämpchen und Schaltern eine Parallelschaltung auf. Jede Lampe soll unabhängig von den anderen an- und ausgeschaltet werden können.
b) Zeichne einen Schaltplan.

A3 Erläutere die beiden Schaltungen. Vergleiche mit der Helligkeit bei nur einer Lampe.

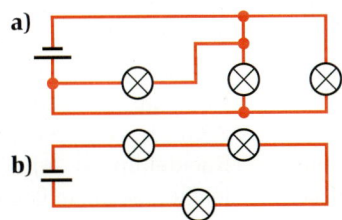

A4 Die abgebildete Lichterkette kann man durch Steckkontakte beliebig verlängern.
Liegt eine Reihen- oder Parallelschaltung vor?
Begründe deine Antwort.

B1 Trotz Dunkelheit erkennen die Radfahrer ihren Fahrweg, denn die Scheinwerfer sind hell und richtig ausgerichtet. Autofahrer, die sich von hinten nähern, werden durch die rot leuchtenden Rücklichter gewarnt. An Kreuzungen warnen die Katzenaugen und Reflexionsstreifen den Querverkehr. Diese Familie fährt sicher.

Anstoß

1. Suche bei deinem Fahrrad alle Bauteile, die zur Beleuchtungsanlage gehören. Schreibe sie auf und vergleiche deine Auflistung mit den Aufzeichnungen deiner Mitschüler. ■

B2 Leitungen vom Dynamo zu den beiden Lampen. Wo sind bei älteren Fahrrädern die Rückleitungen?

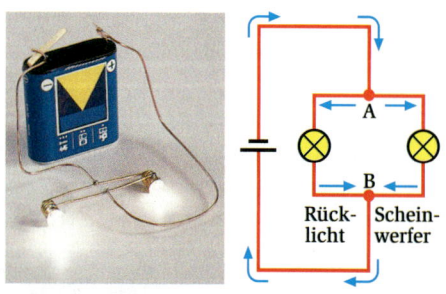

V1 Glühlampen für Scheinwerfer und Rücklicht in einer Parallelschaltung. Jede Lampe hat einen eigenen Stromkreis.

1. Parallelschaltung bei der Fahrradbeleuchtung

Timo ärgert sich: Er ist mit seinem Fahrrad in eine Kontrolle der Verkehrspolizei gekommen und „das Rücklicht ging nicht". Nun möchte er es reparieren, kommt aber mit der Anlage nicht zurecht.

- *Zwei verschiedene Lampen* (Scheinwerfer und Rücklicht) werden mit einer Stromquelle („Dynamo") betrieben;
- der Dynamo scheint nur *einen Anschluss* zu haben, von ihm führt je ein Draht zu jeder Lampe.

Zwei *Glühlampen* und *eine Batterie* – das könnte eine Reihenschaltung sein, aber auch eine Parallelschaltung.

Timo weiß: Bei der Kontrolle war nur das Rücklicht defekt, sein Stromkreis unterbrochen. Die Lampe im Scheinwerfer aber leuchtete. Timo schließt daraus, dass die Lampenschaltung eine Parallelschaltung sein muss. An dem im → **B2** am Dynamo sichtbaren Anschluss wird der Strom aufgeteilt, je ein Draht führt zu einer der beiden Lampen.

Im → **V1** ist die Parallelschaltung der beiden Glühlampen für Scheinwerfer und Rücklicht nachgebaut. Punkt A ist der Verzweigungspunkt für die Ströme zum Scheinwerfer und zum Rücklicht. Schraubt man eines der Lämpchen aus der Fassung, so „geht es aus", der andere Stromkreis bleibt mit unveränderter Helligkeit in Betrieb – wie bei Timos Fahrrad. Wie wir schon wissen, gelingt der Versuch nur mit geschlossenen Stromkreisen. Von beiden Lampen müssen Drähte zurück zum zweiten Pol der Batterie führen. Sie treffen sich im Punkt B. Dort vereinigen sich die Teilströme. Im → **B2** sind Rückleitungen auf den ersten Blick nicht zu erkennen. Vielleicht hast du an deinem Fahrrad auch schon vergeblich nach einem Draht gesucht, der als Rückleitung dient.

2. Die gesparte Rückleitung

Timo weiß, dass ein Stromkreis geschlossen sein *muss.* Das Kabel zum Rücklicht scheint in Ordnung zu sein; er hat keine Unterbrechung gefunden. Aber ein zurückführendes Kabel findet er nicht! Das Rücklichtgehäuse jedoch hängt wackelig am Schutzblech – das könnte die Ursache sein! Julia hilft ihm bei der weiteren „Forschung" und dreht das Vorderrad, während Timo das Rücklicht untersucht. Drückt er das Rücklicht dabei fest gegen das Schutzblech, dann leuchtet die Lampe. Damit haben Timo und Julia die fehlende Leitung gefunden: Sie führt von der Lampe durch das Schutzblech und weiter durch den Rahmen zurück zum Dynamo. Dessen Gehäuse ist der zweite Anschluss B. **→ B3** zeigt den vollständigen Schaltplan. Der Fahrradrahmen aus Metall erspart uns so ein Kabel als Rückleitung.

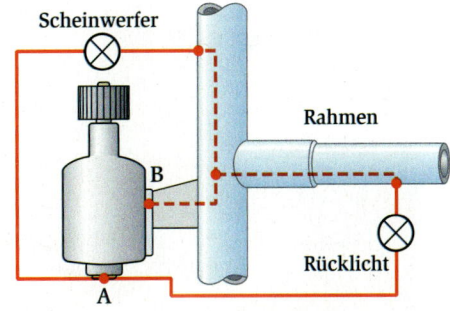

B3 Der Metallrahmen ist die Rückleitung.

3. Die Reihenschaltung ist für das Fahrrad nicht zweckmäßig

Julia ist noch nicht ganz zufrieden. Könnte man nicht doch beide Lampen *in einer Reihe* in den Stromkreis schalten? Sie weiß schon, dass beim Versagen einer Lampe auch die andere ausfällt – entweder ist Strom im ganzen Kreis, oder überhaupt nicht. Außerdem leuchten beide schwächer als eine vorher (es ist so, als stünden beim Wasserkreislauf zwei Füße auf dem Schlauch). Sie müsste also eine stärkere Batterie nehmen, um dies auszugleichen.

Etwas anderes muss sie noch probieren. Beim Fahrrad braucht das Rücklicht nicht so stark zu leuchten, man nimmt deshalb eine andere Lampe (0,6 W statt 2,4 W). Wenn man sie und das normale Vorderlicht in Reihe schaltet, leuchtet die Vorderlampe fast gar nicht mehr **→ V2** . Für die Fahrradbeleuchtung eignet sich also die Reihenschaltung nicht.

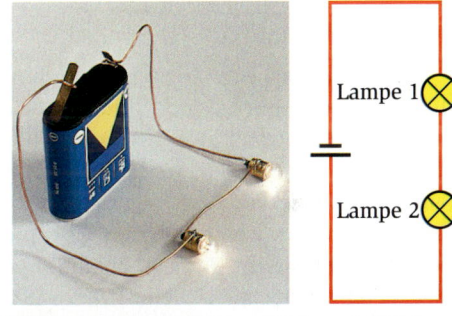

V2 Reihenschaltung mit Fahrrad-Glühlampen

a) Verwendet man zwei gleiche Glühlampen (2 x 2,4 W), so leuchten beide Lampen gleich hell – allerdings schwach.

b) Schaltet man verschiedene Glühlampen in Reihe, so leuchtet die eine fast normal (0,6 W) und die andere gar nicht mehr (2,4 W).

Physik und Technik

Ist die Fahrradbeleuchtung in Ordnung?

Die Fahrradbeleuchtung dient deiner Sicherheit im Verkehr. Deshalb solltest du sie immer wieder einmal auf ihre Funktionstüchtigkeit hin überprüfen. Dazu dient die folgende Checkliste:

- Sind beide Glühlampen heil?
- Sind die Kabel unbeschädigt?
- Sitzen die blanken Drahtenden fest in den Klemmen der Strahler?
- Sind die Klemmanschlüsse der Strahler blank?
- Falls zweite Leitung fehlt: Haben Strahler und Dynamo guten Kontakt zum Rahmen?
- Sind die Strahler sauber?
- Liegt das Dynamorädchen gut am Reifen?

Weißer Frontscheinwerfer mit Frontreflektoren fest montiert

Lichtmaschine (Dynamo) mit mindestens 3 W, 6 V

Roter Großflächenrückstrahler, höchstens 60 cm über der Straße

Je Rad ein kreisförmiger zusammenhängender weißer Streifen oder mindestens zwei gelbe Speichenrückstrahler

Gelbe Pedalstrahler, (nach vorn und hinten reflektierend)

Rote Schlussleuchte, fest montiert. Roter Rückstrahler (meist in die Rückleuchte integriert).

B1 Beide Schalter müssen betätigt werden.

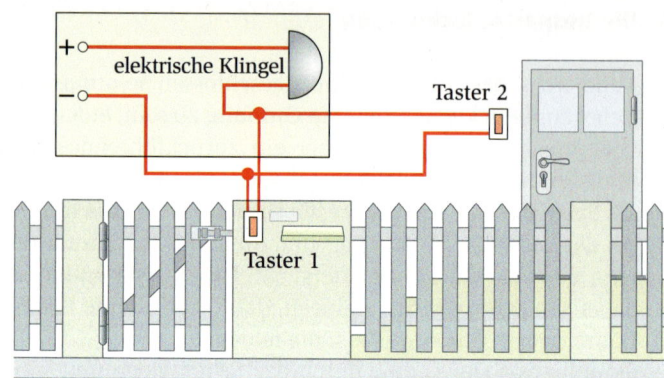

B2 Klingelanlage einer Wohnung mit Gartenpforte

Anstoß

1. Lukas hat eine Kleinbohrmaschine, mit der er gelegentlich bastelt. Neulich hat er sich den Finger verletzt, weil er versehentlich den Schalter betätigte. Jetzt hat er sich von seinem Nachbarn erklären lassen, wie z. B. eine elektrische Heckenschere gesichert ist, damit so etwas nicht passiert. Er baut daraufhin mit folgenden Bauteilen die Sicherung nach:

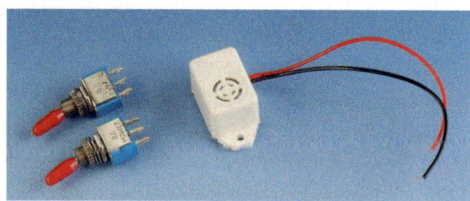

Ahnst du, wie seine Schaltung aussieht?

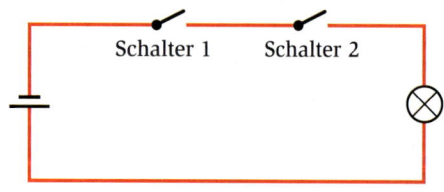

V1 Die „UND"-Schaltung mit zwei Schaltern in Reihe

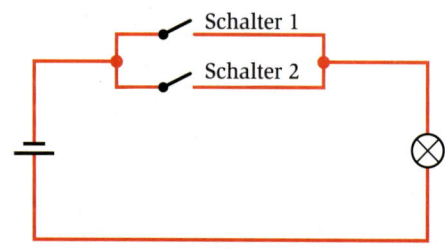

V2 Die „ODER"-Schaltung mit zwei parallelen Leitungen mit je einem Schalter

1. Eine Sicherheitsschaltung – „UND"

In die Waschmaschine läuft das Wasser erst ein, wenn du den Hauptschalter betätigst. Nein, das stimmt nicht, du musst auch die Tür zugedrückt haben. In die Tür ist nämlich ein zweiter Schalter eingebaut. Erst wenn auch dieser geschlossen ist, öffnet sich das elektrische Ventil am Wasserhahn.

Auch bei anderen Maschinen, bei denen sich Bauteile schnell oder mit großer Kraft bewegen – z.B. einer Papierstanzmaschine **→ B1** , ist man vor einem versehentlichen Einschalten geschützt. Dazu sind zwei Taster eingebaut, die man mit beiden Händen gleichzeitig herunterdrücken muss. Drückt man nur einen Schaltknopf, passiert gar nichts.

Wir ersetzen nun die Stanzmaschine durch eine Glühlampe, um eine solche Sicherheitsschaltung nachzubauen. Wenn wir in **→ V1** alle vier Möglichkeiten der Schalterbetätigung ausprobiert haben, wissen wir: Nur wenn beide in Reihe liegenden Schalter geschlossen sind, leuchtet die Lampe. Das zeigt wieder einmal, dass der Stromkreis an jeder Stelle geschlossen sein muss, damit Elektrizität fließen kann.

2. Schaltung einer Klingelanlage – „ODER"

Julia beobachtet die Innenbeleuchtung im Auto: Ob nun die Fahrer- oder die Beifahrertür geöffnet wird, in jedem Fall geht die Innenbeleuchtung an. Steffi stellt bei der Klingelanlage ihrer Wohnung ganz Ähnliches fest **→ B2** : Ob der Klingeltaster an der Gartentür betätigt wird oder an der Wohnungstür; stets klingelt es.

Wie funktioniert eine solche Schaltung? Das testen wir in **→ V2** . In der Schaltung liegen zwei Leitungen mit je einem Schalter parallel. Egal welchen Schalter wir auch betätigen, die Lampe leuchtet.
(Der Druckschalter an der Autotür ist so gebaut, dass er geschlossen wird, wenn sich die Tür öffnet.)

3. Die Ampelschaltung – „ENTWEDER – ODER"

Die meisten Fußgängerampeln haben zwei Lampen, eine für Rot, die andere für Grün. Damit die Ampel niemanden verwirrt, muss stets eine Lampe leuchten, nie dürfen beide zugleich leuchten. → **B3** zeigt die Schaltung mit einem „ENTWEDER-ODER-Schalter". Er heißt auch **Wechselschalter,** weil er die Verbindung von einer Leitung auf eine andere wechselt. Für jede der beiden Schalterstellungen ergibt sich ein anderer Stromkreis. Im Bild ist der Stromkreis für die untere Lampe gerade nicht geschlossen.

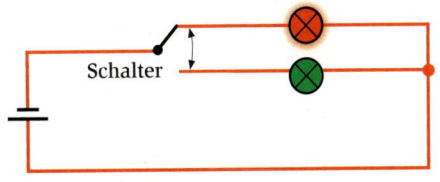

B3 „ENTWEDER-ODER"-Schaltung einer Fußgängerampel

4. Die Wechselschaltung

An jeder Seite eines langen Flures sollte das Deckenlicht ein- und wieder ausgeschaltet werden können. Lisa hat sich dazu wie in → **B4a** Gedanken gemacht: „Man müsste die UND-Schaltung nehmen, da kann man mit jedem Schalter den Stromkreis unterbrechen." Niklas hat Bedenken: „Ja, aber mit dem anderen Schalter dann nicht wieder schließen".

Mit Niklas zusammen fängt sie an zu tüfteln. Beide grübeln noch eine Weile, dann haben sie die Lösung gefunden. Sie benötigen zwei ENTWEDER-ODER-Schalter und zwei Leitungen zwischen ihnen. Die zusätzliche Leitung ist wichtig. Nur so kann vom zweiten Schalter der Stromkreis wieder geschlossen werden, wenn der erste ihn unterbrochen hat – fertig ist die Wechselschaltung → **B4b** .

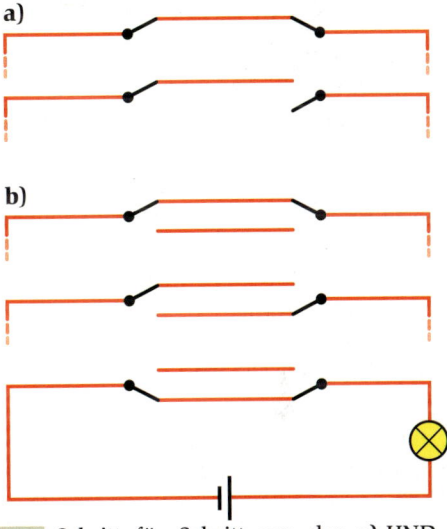

B4 Schritt für Schritt von der **a)** UND-Schaltung zur **b)** Wechselschaltung

---

Mach's selbst

A1 Zeichne die Schaltungen aus → **V1** , → **V2** in dein Heft. Fertige zu jeder Schaltung eine Tabelle an, hier die erste Zeile für V1:

Schalter 1	Schalter 2	Lampe
aus	aus	aus

A2 **a)** Baue die Wechselschaltung nach Lisas und Niklas Vorschlag auf.
b) Zeichne und prüfe die Schaltung für jede mögliche Schalterstellung.
c) Mit Kreuzschaltern kann man die Schaltung noch erweitern. Hier kann die ganze Klasse mitmachen.

A3 **a)** Wo findest du zu Hause eine Schaltung wie bei der Autotür? Suche dort den Taster.
b) Erkläre die Bedeutung des Türschalters beim Geschirrspüler.

A4 Prüfe die Behauptung: Dies ist eine Wechselschaltung mit drei Schaltern.

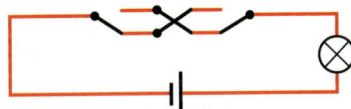

A5 **a)** Vergleiche die Helligkeit der drei Lampen.

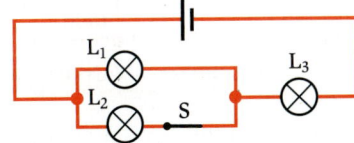

b) Schalter S wird geöffnet. Beschreibe die Änderung.

A6 **a)** Zeichne die Schalterstellungen der Wechselschaltung in → **B4b** in dein Heft. Ergänze die im Bild fehlende Schalterstellung.
b) Ergänze die Zeichnungen in → **B4a** zu einem vollständigen Stromkreis.

A7 Julia hat sich ein Schaltungsrätsel ausgedacht. Im Stromkreis leuchten drei Lampen. Zwei Schalter S_1 und S_2 hat sie mit einem Tuch verdeckt. Wenn sie S_2 öffnet, gehen alle Lampen aus. Schließt sie S_2 und öffnet S_1, dann leuchten L_2 und L_3.
Zeichne die abgedeckten Schalter ein.

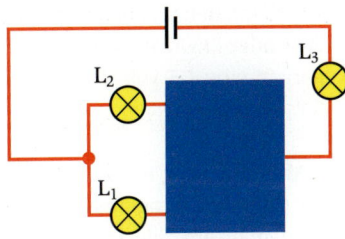

A8 Jans Alarmanlage geht so: Die Warnlampe leuchtet, wenn Fenster oder Tür geöffnet werden. Die Anlage muss dazu „scharfgestellt" werden. Baue sie nach.

Teilt euch in fünf Gruppen auf. Nacheinander sollt ihr alle Stationen durchlaufen. Hinweis: In der rechten Spalte findet ihr benötigte Geräte bzw. unvollständige Schaltkreise. Den restlichen Stromkreis müsst ihr selbst planen. Fertigt zu jeder Station eine Schaltskizze an und beschreibt die Funktionsweise der Schaltung in Stichworten. Jede Gruppe soll in einer der nächsten Stunden einen kurzen Vortrag zu einer der Stationen halten. Es können aber auch Lernplakate angefertigt werden.

1. ODER-Schaltung

Eine Haus- und Wohnungstürklingel benötigt eine „ODER"-Schaltung. Baut aus zwei Schaltern oder Tastern („Klingelknöpfe") und einem Summer (wie im Foto) oder einer Klingel eine solche Schaltung auf. Dazu benötigt ihr noch eine Batterie. Überprüft zum Schluss, ob die Klingelanlage funktioniert.

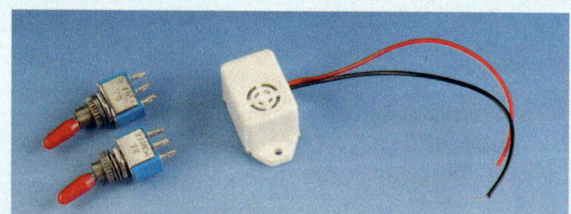

2. UND-Schaltung

Der Bewegungsmelder an der Haustür funktioniert so: Wenn es dunkel ist UND sich jemand bewegt, geht das Licht an. Ähnlich ist es auch bei einer Sicherungsschaltung. Nur wenn zwei Schalter oder Taster gleichzeitig geschlossen sind, läuft der Motor.

3. Wechselschaltung

An jeder Seite eines langen Flures soll das Deckenlicht ein- und wieder ausgeschaltet werden können. Rechts seht ihr, welche elektrischen Bauteile ihr zur Verfügung habt. Konstruiert daraus eine funktionierende Flurschaltung mit zwei Lampen.

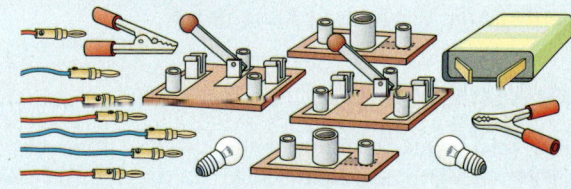

4. Ampelschaltung (Fußgänger, Auto)

a) Eine Fußgängerampel findet ihr im Buchtext unter „ENTWEDER-ODER"-Schaltung. Baut sie zunächst auf und prüft sie dann.
b) Die Autoampel ist komplizierter, ihr seht es im Schaltbild. Baut sie nach und testet sie.
Am schönsten ist die Ampel mit farbigen Glühlämpchen oder LED-Lämpchen. Die hier abgebildeten kann man an eine 4,5 Volt Batterie anschließen.

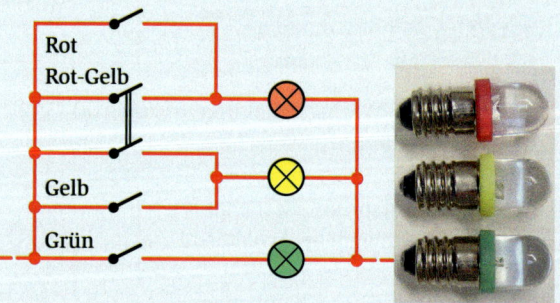

5. Modellierung mit einem Computerprogramm

Mit Computer-Programmen (z. B. „Crocodile-Physics") kann man am Bildschirm Schaltungen ausprobieren. „Baue" an dieser Station:
a) eine UND-Schaltung,
b) eine ODER-Schaltung,
c) eine Wechselschaltung auf.

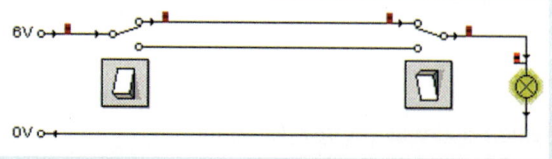

Wechselschaltung mit Crocodile-Physics

Interessantes

Die Reihenschaltung

Da echte Kerzen eine Brandgefahr darstellen, nimmt man gern elektrische Weihnachtskerzen – sogenannte Lichterketten. Ihr seht, dass die Lämpchen hintereinander in den Stromkreis geschaltet sind – sie sind „in Reihe" geschaltet. Beim Kauf einer Ersatzlampe für eine 10er-Lichterkette bekommt man ein 24-Volt Lämpchen. Alle Lämpchen hintereinander geschaltet brauchen dann die hohe Spannung der Steckdose (etwa 230 Volt). Damit darf man nicht experimentieren, es wäre lebensgefährlich! Wir wählen eine Minikette mit zwei Fahrradlämpchen und zwei 4,5-Volt-Batterien. In den Fällen **a)** und **c)** leuchten die Lämpchen normal hell. Im Fall **b)** sind beide Lämpchen zu dunkel.

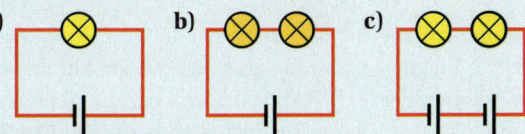

Die Parallelschaltung

Vielleicht gibt es bei euch zu Hause irgendwo eine Beleuchtungsvorrichtung wie die hier abgebildete. Es sind „Halogenlampen", die alle an derselben Stromquelle mit 12 Volt angeschlossen sind. Auch wenn 12 Volt ungefährlich sind, solltest du nicht mit solchen Lampen hantieren. Bei unserem Nachbau fällt auf, dass alle Lampen mit einem Anschluss am Pluspol, mit dem anderen Anschluss am Minuspol der Stromquelle angeschlossen sind. Man braucht hier keine große Spannung, egal wie viele Lämpchen es sind, immer reichen 12 Volt. Stattdessen wird aber mit jeder zugeschalteten Lampe der Elektrizitätsstrom im Kreis größer.

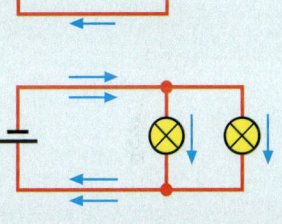

Projekt

Elektroinstallation im Modellhaus

Der Nachbau einer Elektroinstallation eines Hauses ist gar nicht so schwer. Alle Lampen sind an einer Stromquelle parallel angeschlossen. Zum Öffnen und Schließen der Stromkreise gibt es einfache Schalter oder Wechselschalter. Eine Klingelanlage hat am besten zwei Taster in einer ODER-Schaltung für z. B. Gartentor und Haustür.

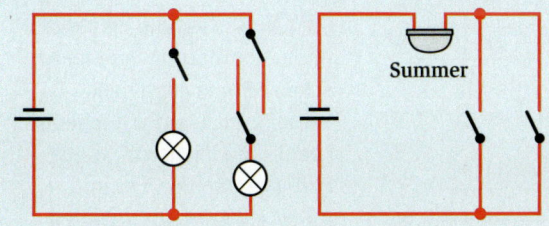

Brücke mit Beleuchtung

Im Kunstunterricht gab es das Projekt Brückenbau. Lasse, Tim und Lukas haben ihre Brücke beleuchtet. Als Laternenmasten haben sie Knickstrohhalme genommen. Als Lampen nahmen sie weiße Leuchtdioden (LEDs). Die Schaltung ist etwas Besonderes. Man muss jede LED mit dem kurzen Beinchen an den Minuspol anschließen, sonst leuchtet sie nicht. Alle LEDs sind parallel an die Babyzellen angeschlossen ➜ **Interessantes**. Viel Spaß beim Nachbau.

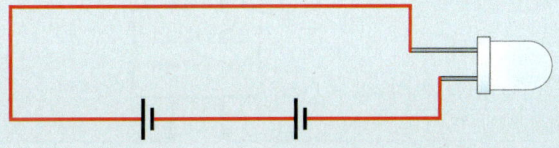

Elektrische Geräte im Haushalt

Elektrischer Strom gehört zu unserem täglichen Leben. Kaum vorstellbar, wie unsere Welt aussähe, wenn wir die mit Strom betriebenen Helfer nicht hätten. Hier sind nur Geräte einer Küche dargestellt. Du selbst könntest ein ähnliches Bild für die Geräte deines Zimmers zeichnen.

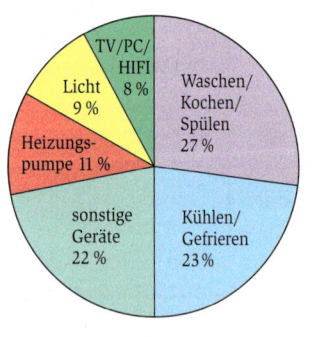

A1 Hier siehst du eine Herdplatte in Betrieb. Nenne weitere Nutzungsbeispiele des elektrischen Stroms aus deinem Erfahrungsbereich.

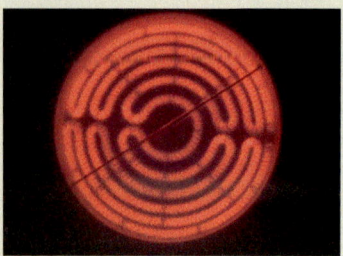

An welche Wirkungen des elektrischen Stroms denkst du beim Anblick dieses Fotos? Tragt in eurer Klasse alle Beiträge in einer Tabelle zusammen.

A2 **a)** Ein Haartrockner soll die Haare trocknen. Welche Eigenschaften des Stroms werden hier genutzt? Versuche, sie herauszufinden.

b) Was ermöglicht der Strom außerdem noch alles? Entwickelt dazu an der Tafel gemeinsam die unten abgebildete ➔ **Mindmap** weiter.

A3 Nimm diesen Zeitungsartikel zum Anlass, um mit deinen Mitschülern über die richtige, gefahrlose Nutzung des elektrischen Stromes zu diskutieren. Sammelt die Beiträge schriftlich.

Neues Buxtehuder Wochenblatt

Polizei findet Brandursache

(tk). Die Polizei hat die Ursache für den Brand eines Hauses in Engelschoff-Neuland gefunden. Kabel waren überlastet und erwärmten sich. Das Feuer war am frühen Samstagabend der vergangenen Woche ausgebrochen. Das Haus wurde vollständig zerstört. Der Schaden an dem Gebäude liegt bei rund 170 000 Euro.

A4 Wie könnte deine Welt ohne die Nutzung des elektrischen Stroms aussehen? Schreibt dazu eine Geschichte. Lest in der nächsten Stunde eure Geschichten vor und findet die Gemeinsamkeiten und Unterschiede.

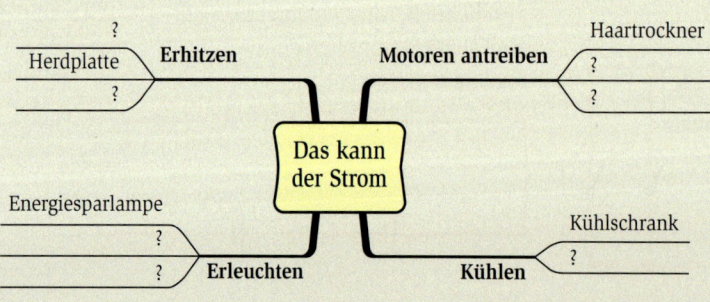

1. Ein Draht wird heiß

Wenn du zu Hause am Küchenherd ein Kochfeld anstellst, kannst du nach kurzer Zeit glühende Drähte im Innern erkennen. Auch wenn du von oben in einen Toaster schaust, beobachtest du hell glühende Drähte. Sie sind sehr heiß und rösten so das Brot. In Glühlampen heizt der Glühdraht den Glaskolben auf; du kannst dich daran verbrennen. Für die hohe Temperatur ist in beiden Fällen elektrischer Strom verantwortlich. Die Farbe des glühenden Drahtes gibt dir einen Hinweis auf seine Temperatur. Dunkelrot glühende Drähte sind sehr heiß, weißglühende Drähte einer Glühlampe aber noch viel heißer.

Sehr viele elektrische Heizgeräte enthalten außer einem elektrischen Motor ebenfalls einen Heizdraht, der heiß wird, wenn er elektrischen Strom führt. Beim Wasserkocher ist dieser Heizdraht z. B. in einem Metallrohr untergebracht. Damit der Heizdraht die elektrisch leitende Wand des Rohres nicht versehentlich berührt, ist das Rohr mit einer nicht leitenden Masse ausgegossen, die höhere Temperaturen verträgt.

2. Heißerer Draht – längerer Draht

Je stärker der Strom, desto heißer wird ein Draht. Metalle dehnen sich aber mit zunehmender Temperatur aus. Dann müsste doch die Länge eines Drahtes von der Stromstärke abhängen. **→ V1** bestätigt dies: Je größer die Stärke des Stromes, desto heißer wird der Draht und desto länger wird er auch. Das kann man zum Vergleich von Stromstärken nutzen **→ Physik und Technik**.

Merksatz

Ein Draht, der Strom führt, wird heiß und dehnt sich dabei aus. Je stärker der Strom ist, desto heißer und länger wird der Draht. ▪

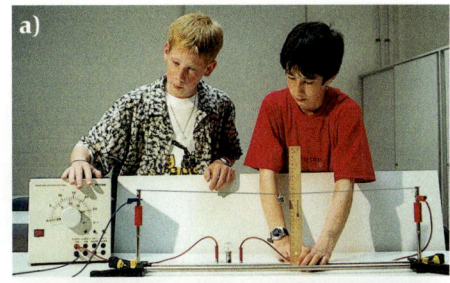

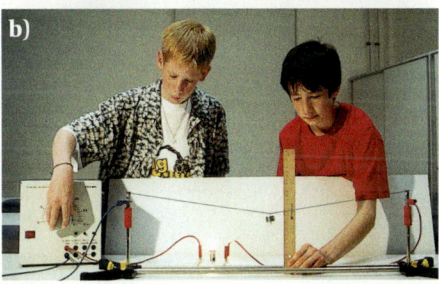

V1 a) Wir spannen einen etwa 1 m langen, dünnen Draht aus dem Metall Konstantan zwischen zwei Isolierstützen auf. Statt einer Batterie verwenden wir ein Netzgerät, mit dem man die Stärke des Stroms einstellen kann. Nun drehen wir die Stromstärke vorsichtig hoch. Die in den Stromkreis geschaltete Glühlampe war anfangs noch dunkel und wird nun immer heller. Deine Hand in der Nähe des gespannten Drahtes spürt deutlich, wie auch er heißer wird. Der Draht hängt schon etwas durch. b) Nimm deine Hand fort und drehe die Stromstärke noch höher. Der Draht beginnt zu glühen, erst dunkelrot, dann immer heller. Er wird noch länger und hängt stärker durch. Bevor er durchschmilzt, beenden wir den Versuch.

Physik und Technik

Heizdraht-Stromstärke-Messgerät

Man braucht **→ V1** nur etwas abzuändern, dann hat man schon ein einfaches und handliches Stromstärke-Messgerät.

Im Bild erkennst du, dass eine Stahlfeder über Faden und Rolle den quergespannten Draht nach unten zieht. An der Rolle sitzt ein Zeiger. Seine Spitze wandert nach rechts, wenn die Feder den Faden nach rechts ziehen kann. Dies geschieht, sobald der Draht wärmer wird. Dann nämlich wird er länger und gibt nach unten nach.

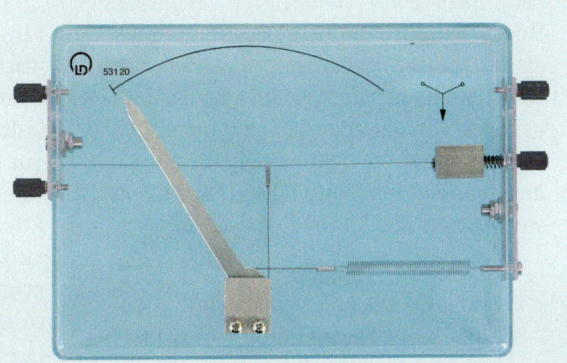

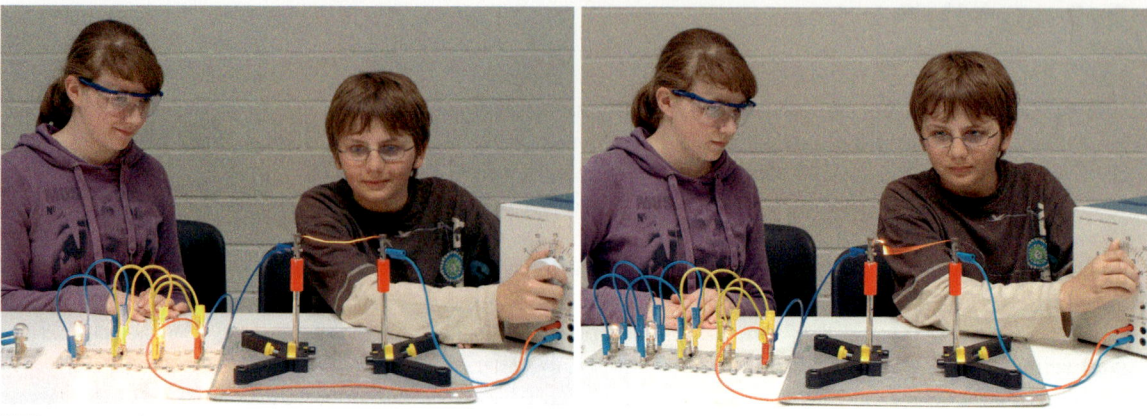

B1 Nora und Simon testen ihre Sicherung: Fünf Lampen sind zuviel, der dünne Draht schmilzt **→ V3** !

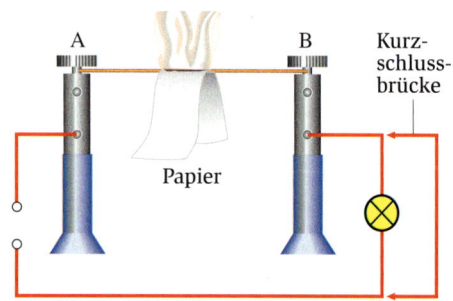

A   B   Kurz-
schluss-
brücke

Papier

V1 In dem Schaltkreis besteht eine der Zuleitungen zur Lampe aus einem Konstantandraht. Über dem Draht hängt ein Papierreiter. Wir stellen den Strom so ein, dass die Lampe hell leuchtet. Nora überbrückt nun die Glühlampe mit einem kurzen dicken Draht. Der Konstantandraht wird schnell glühend und entzündet den Papierreiter. (Achte darauf, eine nicht brennbare Unterlage für den Versuch zu benutzen!)

V2 Im Aufbau von **→ V1** wird der Konstantandraht durch einen dünneren Draht oder einen Lamettafaden ersetzt, der schon bei niedrigerer Temperatur schmilzt. Wieder sorgen wir für einen Kurzschluss an der Lampe. Wieder steigt die Stromstärke im Stromkreis an. Der statt des Drahtes benutzte Lamettafaden schmilzt durch und unterbricht so den Stromkreis, bevor die anderen, dickeren Leitungen glühend heiß werden können.

> **Vorsicht bei solchen Versuchen:**
> **Schütze deine Augen durch eine Brille**
> **vor heißen Metallspritzern!**

3. Heiße Drähte sind gefährlich

Ein kurzer dicker Schlauch behindert den Wasserfluss nicht so stark wie ein langer dünner Schlauch. Genauso stellt ein kurzer dicker Draht für die Elektrizität einen kleineren Widerstand dar als ein langer dünner Glühlampendraht. Schaltet man ein solches Drahtstück parallel zur Glühlampe, findet die Elektrizität einen zusätzlichen „bequemen" Nebenweg. Schlagartig wird der Strom im gesamten Kreis sehr stark.

Das Überbrücken der Glühlampe nennt man **Kurzschluss.** So ein Kurzschluss kann eine Brandgefahr bedeuten. Die zeigt das Entzünden des Papierreiters in **→ V1** .

Merksatz

Beim Kurzschluss besteht Brandgefahr.

4. Sicherungen helfen

In alten brüchigen Kabeln oder defekten Geräten kann es auch im Stromnetz zu Hause zu Kurzschlüssen kommen. Leitungskabel können dann so heiß werden, dass Isolierungen schmelzen, Tapeten oder Vorhänge sich entzünden und so Wohnungsbrände auslösen. Gibt es davor einen Schutz?

Ein dünner Lamettafaden sorgt in **→ V2** dafür, dass die übrigen Drähte im Stromkreis vor Überhitzung geschützt sind. So geschieht es: Beim Kurzschluss brennt der Lamettafaden durch und unterbricht so den ganzen Stromkreis, bevor die anderen Drähte glühen.
Nach diesem Prinzip arbeiten Schmelzsicherungen (**→ B2**). Ein dünner Schmelzdraht liegt gut geschützt in einer Porzellanfassung. Er ist in den Stromkreis geschaltet und schmilzt schnell durch, wenn ein Kurzschluss auftritt. Ist der Sicherungsdraht durchgeschmolzen, fällt das Kennplättchen ab. Die Schmelzsicherung muss dann gegen eine neue ausgetauscht werden.

5. Gefahr auch bei Überlastung

Manchmal brennt eine Sicherung auch ohne einen Kurzschluss durch. Vielleicht waren mehrere Großgeräte (z.B. Geschirrspüler, Wäschetrockner, Heizspirale) gleichzeitig eingeschaltet. Auch, wenn zu viele Lampen gleichzeitig angeschaltet sind, kann die Sicherung wegen Überlastung durchbrennen.

In ➔ **V3** und in ➔ **B1** ahmen wir diesen Vorgang nach. Die Lampen sind parallel geschaltet. Durch jede Lampe fließt in jeder Sekunde gleich viel Elektrizität, denn schließlich leuchten alle Lampen gleich hell. Die gemeinsame Leitung muss in jedem Augenblick die Elektrizität für alle Lampen transportieren. Mit jeder zusätzlichen Lampe quält sich also mehr Elektrizität durch den Sicherungsdraht. Schließlich „wird ihm zu heiß" und er schmilzt durch.

Merksatz

Eine Schmelzsicherung unterbricht den Stromkreis „von allein", wenn als Folge einer zu großen Stromstärke (Kurzschluss, Überlastung) der Schmelzdraht durchschmilzt.

6. Verschiedene Sicherungen

Schmelzsicherungen gibt es in verschiedenen Ausführungen zum Absichern unterschiedlicher Geräte ➔ **B2** . Sicherungen für Waschmaschine und Elektroherd müssen „mehr aushalten" als Sicherungen für die Wohnungsbeleuchtung.
Auch im Auto gibt es mehrere kleine Schmelzsicherungen für die verschiedenen Stromkreise.

V3 Baue den Stromkreis nach ➔ **B1** zunächst mit nur einer Lampe auf. Sie leuchtet und nichts weiter geschieht. Schalte nun immer mehr Lampen parallel. Plötzlich verlöschen alle Lampen gleichzeitig. Der dünne Draht ist durchgebrannt.

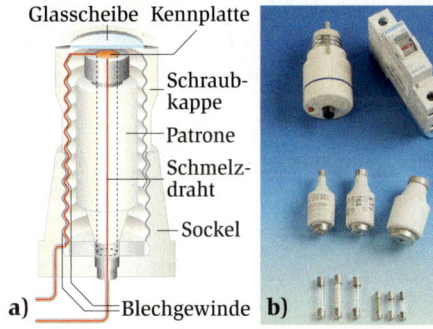

Glasscheibe Kennplatte

Schraubkappe
Patrone
Schmelzdraht
Sockel

a) Blechgewinde b)

B2 **a)** Schnittzeichnung einer Schmelzsicherung **b)** Verschiedene Schmelzsicherungen und zwei Sicherungsautomaten

Mach's selbst

A1 Suche bei dir zu Hause die Sicherungen. Welche Räume sind abgesichert?
A2 Zähle einige Ursachen auf, die zu Kurzschlüssen führen können.
A3 Beim letzten Fest waren zwei Racletteplatten in Betrieb. Max brachte noch eine mit. Als er sie anschloss, sprang die Sicherung heraus. Gib einen Grund an.

Physik und Technik

Sicherungsautomat

Das Auswechseln durchgebrannter Sicherungen ist lästig. Sicherungsautomaten (➔ **B2b** , Mitte) sind hier vorteilhaft. Die Zeichnung zeigt ein Funktionsprinzip: Du siehst dort einen Bimetallstreifen, dies sind zwei aufeinander geschweißte Bleche aus verschiedenen Metallen (z.B. Eisen und Messing). Beim Erhitzen dehnt sich das Messing stärker aus als das Eisen. Weil nun die Bleche nicht aneinander vorbeirutschen können, biegt sich der Streifen. Die um den Streifen gewickelte Heizwendel ist in die Stromleitung geschaltet. Je stärker der Strom, desto heißer wird das Bimetall. Bei zu starkem Strom biegt sich der Streifen so weit nach rechts, dass die Sperrklinke ausrastet. Die Feder zieht den Kontaktstreifen nach oben und unterbricht so den Stromkreis. Ist die Ursache der Überlastung beseitigt und der Bimetallstreifen abgekühlt, kann man den Druckknopf

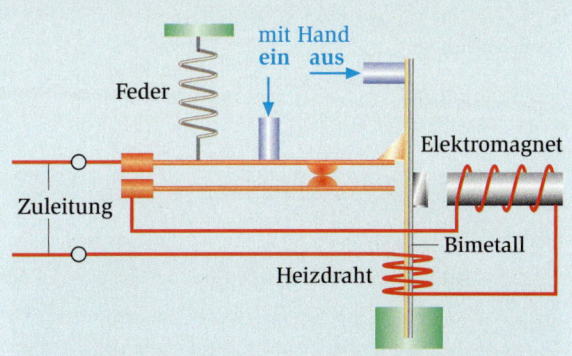

mit Hand
ein aus
Feder
Elektromagnet
Zuleitung
Bimetall
Heizdraht

zurückdrücken und den Stromkreis wieder schließen. Auf eine kurzzeitige, sehr starke Überlastung kann der Bimetallstreifen nicht schnell genug reagieren. Jetzt hilft der Elektromagnet (auf ihn gehen wir später noch genau ein): Er zieht schlagartig am Eisenklotz des Bimetallstreifens nach rechts. Auch so wird der Stromkreis unterbrochen und die Gefahr ist vorbei.

A. Der Trick mit der Glühwendel

Siehst du dir den Glühlampendraht aus Wolfram genauer an, so erkennst du, dass er gewendelt ist. Dafür gibt es einen wichtigen Grund, den das folgende Experiment zeigt:

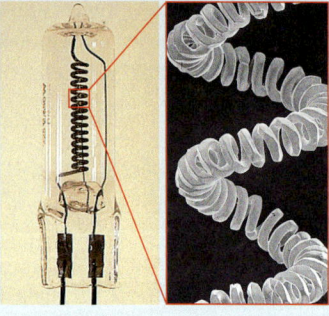

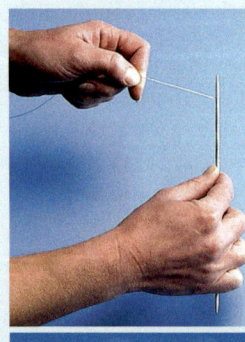

Wir nehmen drei gleiche Drähte (Konstantan, 0,2 mm Durchmesser). Den ersten belassen wir so wie er ist, den zweiten wickeln wir zu einer engen Wendel auf, bei dem dritten drehen wir eine solche Wendel gar noch zu einer Doppelwendel.

Wie in → **B1** schalten wir die Drähte in einen Stromkreis in eine Reihe. In jedem Draht ist somit die Stromstärke gleich groß. Am Netzgerät stellen wir den Strom

so ein, dass die Doppelwendel hell glüht. Die Einfachwendel glüht nur dunkelrot, der gerade Draht gar nicht – obwohl doch die Stromstärke überall gleich ist. Was ist der Grund dafür? Der heiße Draht gibt Energie an die Umgebung ab. Diese kann aber bei dem gewendelten Teil nicht so ungehindert abfließen wie beim geraden Draht. Die Wendeln „werfen" sich die Energie gegenseitig zu und heizen sich so zusätzlich auf. Bei der Doppelwendel ist dieser Effekt noch stärker. Man erhält bei der gleichen Materialmenge und bei der gleichen Stromstärke höhere Temperaturen und helleres Licht.

Farbe des Drahtes	Temperatur
dunkelrotes Glühen	etwa 700 °C
hellrotes Glühen	etwa 1000 °C
gelbes Glühen	etwa 1200 °C
weißes Glühen	ab 1600 °C

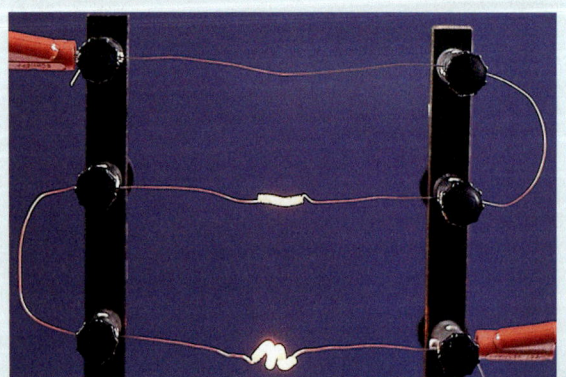

B1 Die Doppelwendel leuchtet am hellsten.

B. Geschichte der elektrischen Lampen

Der deutsch-amerikanische Ingenieur und Uhrmacher Johann Heinrich GOEBEL hatte 1854 die Idee, Bambusfasern zu verwenden. Er entnahm sie seinem Spazierstock, verkohlte sie (Kohle leitet Strom), band sie an Metalldrähte und schmolz diese Glühkörper in luftleer gepumpte Glasampullen ein. Als Stromquelle benutzte er Batterien. Mit diesen „leuchtenden Flaschen" konnte er seinen New Yorker Uhrmacherladen bis zu 200 Stunden beleuchten.

GOEBELS Lampe (um 1860)

EDISONS Lampe (um 1885)

Ab 1877 beschäftigte sich der Allrounderfinder Thomas Alva EDISON mit der Glühlampe. Nach sehr vielen, wenig erfolgreichen Versuchen mit verschiedensten Materialien benutzte auch er besonders behandelte Bambusfasern.

EDISON war aber nicht nur Erfinder, sondern auch Unternehmer. Ende 1879 beleuchtete er den Dampfer „Columbia" mit 115 „Edison-Lampen" – ein großer Werbegag. Auf der ersten elektrischen Ausstellung in Paris im Jahre 1881 ließ er gleichzeitig 1000 seiner Glühlampen aufleuchten - die Glühlampe wurde zu einem Gebrauchsgegenstand.

Zusätzlich erfand EDISON gleich alle notwendigen Techniken zum Betreiben der Glühlampe mit:
Dynamo, Verteiler, Leitungen, Stromzähler, Sicherungen, Schalter, Fassungen, Isoliermaterial und viele andere Dinge mehr.

Projekt

Der Styroporschneider

Styroporplatten kann man mit einem scharfen Messer schneiden. Allerdings werden die Kanten recht unsauber, denn das Styropor® krümelt sehr und Messer werden schnell stumpf.

Viel besser geht es mit einem elektrischen Schneidegerät. Dazu braucht man eigentlich nur einen gespannten, sehr heißen, aber noch nicht glühenden Draht. Dieser schmilzt das Styropor® und verdampft es an der Berührstelle. Schiebt man einen Styroporblock gegen einen solchen Hitzdraht, dann geht dieser durch das Styropor® wie „ein Messer durch Butter". Anschließend hat man zwei saubere Schnittflächen.

Du brauchst:
1 Styroporplatte,
1 regelbares Netzgerät
(oder Spielzeugtrafo),
Konstantandraht (0,2 mm),
2 Isolierstützen, Kabel,
Stativmaterial,
2 Lüsterklemmen
1 Laubsägebügel

Dieses Prinzip kannst du mit ein oder zwei Helfern einmal ausprobieren. Schiebe dabei den Styroporblock gleichmäßig und schön langsam gegen den Draht.

Dabei müssen die Helfer den Hitzdraht immer stramm spannen. Mit einer Rolle und einem Wägestück könnt ihr den Draht auch automatisch spannen.

Mit dieser Apparatur lassen sich Platten und Quader für verschiedene Anwendungen zuschneiden. Schwer fällt es allerdings, damit z. B. große Buchstaben oder andere krummlinige Figuren zu basteln.

Da hilft der Laubsäge-Styroporschneider:

Schraube einfach den Konstantandraht an den Sägebügelenden zusammen mit blanken Enden der Kabel fest in Lüsterklemmen ein – fertig ist das Schneidegerät.

Hiermit kannst du für das nächste Schulfest große Buchstaben oder andere Figuren ausschneiden.

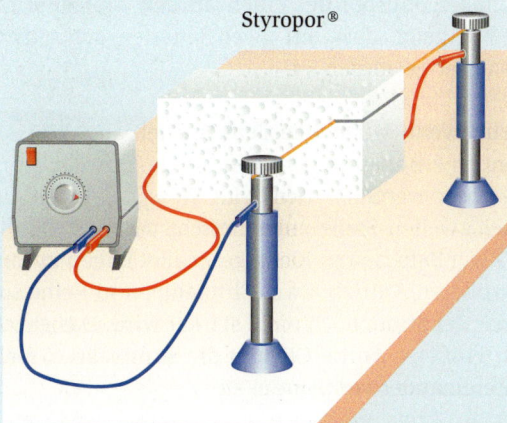

Styropor®

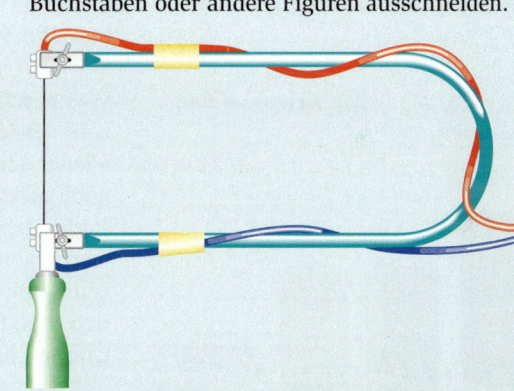

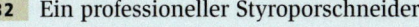

B2 Ein professioneller Styroporschneider

B3 Ein Haus – großartig gemacht aus Styropor

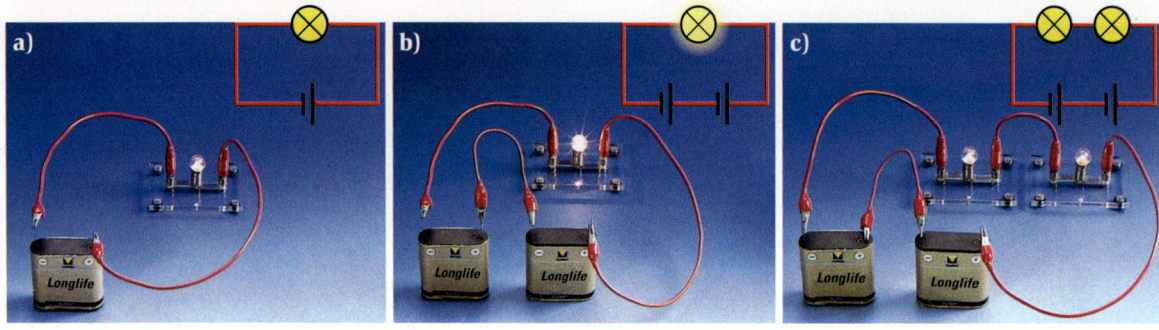

B1 Die Stärke des elektrischen Stromes hängt von der Zahl der Batterien (Antrieb) und Zahl der Glühlampen ab.

V1 **a)** Schalte wie in → **B1b** zwei Batterien in Reihe in den Stromkreis. Tatsächlich, die Lampe leuchtet nun heller als mit nur einer Batterie.
b) Schalte eine weitere Glühlampe mit der ersten in Reihe → **B1c** . Beide Lampen leuchten nun nur so hell wie eine Lampe mit nur einer Batterie → **B1a** .

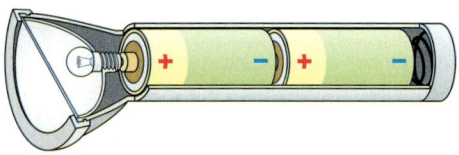

B2 Monozellen in Reihe liefern einen stärkeren Antrieb.

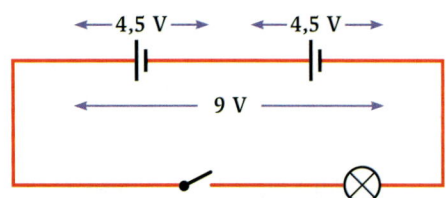

V2 Baue die Schaltung mit unterschiedlichen Batterien nach (Monozelle mit 1,5 V, Flachbatterie mit 4,5 V, Blockbatterie mit 9 V). Je größer die Voltangabe ist, desto heller leuchtet die Lampe. Eine 9 V-Batterie wirkt wie zwei in Reihe geschaltete 4,5 V-Batterien.

1. Je mehr Antrieb, desto heller die Lampe

Im → **B1a** leuchtet die Lampe normal hell. Sie soll nun heller leuchten. Lisa hat einen Vorschlag: „Heller leuchtet sie, wenn der Strom stärker ist. Wir müssen den **Antrieb** vergrößern. Hätten wir einen Wasserkreislauf, dann würden wir zwei Pumpen nehmen. Vielleicht könnten wir beim elektrischen Strom zwei Batterien statt einer nehmen?"

Lisa schaltet zwei Batterien in Reihe, so wie sie es von einer Stabtaschenlampe kennt → **B2** . Auch dort werden die Batterien so geschaltet: Pluspol der einen an den Minuspol der anderen. → **V1a** zeigt, dass mit zwei Batterien der Antrieb tatsächlich stärker geworden ist.

Was geschieht, wenn wir neben dem Antrieb auch die Anzahl der Lampen erhöhen? Eigentlich müsste jetzt der Strom wieder schwächer werden – wie beim Wasserschlauch, der noch an einer zweiten Stelle zugequetscht wird. → **V1b** bestätigt dies: Zwei Batterien in Reihe geschaltet haben zusammen einen größeren Antrieb, zwei Glühlampen in Reihe sorgen dafür, dass der Strom doch nicht stärker wird. Das gleicht sich aus: Ein größerer Antrieb erhöht die Stromstärke, mehr Lampen hintereinander verkleinern sie.

2. Die Spannung bestimmt den Antrieb

Lisa hat den Antrieb durch Zuschalten einer zweiten Batterie verstärkt. Es geht auch anders: In → **V2** verwenden wir Batterien, die sich in der Form, vor allem aber durch die Angabe 1,5 V, 4,5 V und 9 V (V: Volt) unterscheiden. Diese Angabe auf der Batterie beschreibt den Antrieb. Statt vom „elektrischen Antrieb" spricht man von der **Spannung** einer Batterie. Die bisher oft verwendeten Flachbatterien haben eine Spannung von 4,5 V → **T1** . Der starke Antrieb von 230 V erzwingt im Vergleich eine gefährlich große Stromstärke.

Merksatz
Die Stromstärke im Stromkreis hängt von der Spannung und der Anzahl der in Reihe geschalteten Lampen ab.

3. Die Spannungen müssen zusammenpassen

Auch auf den Glühlampen findest du eine Spannungsangabe in Volt aufgedruckt. Was soll diese Angabe bedeuten, Glühlampen treiben doch keine Elektrizität an?

Die Lampenaufschrift gibt die sogenannte **Nennspannung** der Glühlampe an (hier z. B. 230 V). Darunter versteht man die Spannung, die man für den normalen Betrieb der Lampe braucht.

- Liegt die Spannung unter der Nennspannung, wie in → V3 , dann funktioniert die Lampe nicht ordentlich. Sie leuchtet zu dunkel oder überhaupt nicht.
- Liegt die Spannung über der Nennspannung des Lämpchens → V4 , dann leuchtet sie zu hell.

Bei → V4 gibt es sogar eine böse Überraschung: Die Lampe geht plötzlich aus, sie hat eine Unterbrechung bekommen. Außerdem hat ein dunkler Belag den Glaskolben von innen geschwärzt → B3 . Was ist geschehen?

Die hohe Spannung am Netzgerät lieferte einen zu starken Strom durch den Glühdraht. Damit erhitzte sich der Glühdraht so stark, dass das Metall verdampfte. Der Metalldampf hat sich schließlich an der Innenseite des Kolbens niedergeschlagen (der Belag lässt sich nicht abreiben).

Merksatz

Die Spannung einer Stromquelle darf nicht über der Nennspannung angeschlossener Geräte liegen.

Beim Tausch verbrauchter Batterien eines elektrischen Gerätes musst du auf die richtige Spannung achten. Aber auch die Polung der Batterien muss stimmen: Der Pluspol der Batterie wird an den Plus-Anschluss des Gerätes angeschlossen, der Minuspol entsprechend an den Minus-Anschluss.

Stromquelle	Spannung
Alkaline-Monozelle	1,5 V
Flachbatterie (3 Monozellen)	4,5 V
Blockbatterie (6 Monozellen)	9 V
Autobatterie (Bleibatterie)	12 V oder 24 V
Spielzeugtrafo	20 V
Ab jetzt wird´s gefährlich!	
Telefonnetz	60 V
Hausnetz	230 V
Oberleitung der Straßenbahn	500 V
Oberleitung der Eisenbahn	15 000 V
Überlandleitung	bis 400 000 V

T1 Gebräuchliche Spannungen

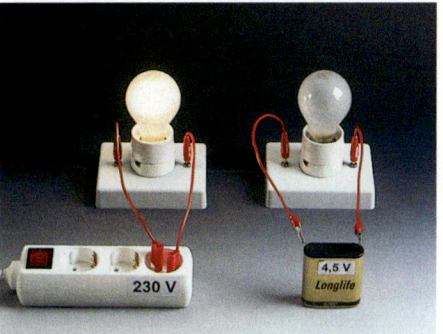

V3 (Lehrerversuch) Im Versuch wird eine übliche Haushaltslampe mit dem Aufdruck 220 V – 235 V an die Netzspannung 230 V angeschlossen. Sie leuchtet normal. Die Lampe bleibt dunkel, wenn man sie an eine Flachbatterie mit viel kleinerer Spannung (4,5 V) anschließt.

V4 Wir betreiben die Glühlampe aus einem Fahrradscheinwerfer (6 V) mit einem einstellbaren Netzgerät. Bei 6 V beginnend drehen wir langsam zu höheren Spannungen bis etwa 10 V. Die Glühlampe leuchtet hier sehr hell. Leider erlischt sie schon nach wenigen Minuten.

B3 Diese Glühlampe ist mit zu hoher Spannung betrieben worden.

Mach's selbst

A1 In Gedanken erweitern wir → V1 um einen Schritt: Wir nehmen eine der beiden Batterien wieder heraus. Schildere, was passiert.

A2 Schraube das Glühlämpchen aus deiner Taschenlampe und vergleiche den Aufdruck mit der Angabe auf den verwendeten Batterien.

A3 Recherchiere, wie groß die Netzspannung in verschiedenen Ländern ist (z. B. USA, Japan, Mexiko, Kuwait).

Gefahren durch elektrischen Strom

B1 Auch die Erde ist ein Anschluss des Stromnetzes; sie ist mit dem Neutralleiter verbunden.

A. Nicht mehr als 24 V

Schon bei der kleinen Spannung einer 4,5 V-Batterie fließt Elektrizität durch den menschlichen Körper. Jedoch ist der schwache elektrische Strom für uns völlig ungefährlich. 230 V Netzspannung an der Steckdose sind dagegen höchst gefährlich.

> Für elektrisches Spielzeug hat man 24 Volt als Höchstspannung festgelegt. Auch Schülerexperimente mit mehr als 24 Volt sind nicht erlaubt.

Die Stromquelle der Eisenbahn hat eine Spannung von 15 000 V. Hochspannungsleitungen werden mit Spannungen über 100 000 Volt betrieben. Bei solchen Spannungen ist der starke elektrische Strom durch den Körper in jedem Fall tödlich.

B. Das 230 V-Netz

Die zwei Leitungen in → **B1** , die jedem Hausanschluss vom E-Werk zugeführt werden, heißen Außenleiter und Neutralleiter. Im E-Werk, in der Trafostation und in jedem Haus ist der Neutralleiter stets mit der Erde verbunden. Alle Geräte, die man zwischen Außen- und Neutralleiter schaltet, werden von Elektrizität durchflossen (Lampen 1 und 4) – das ist normal. Aber auch die Lampe 2 leuchtet. Sie liegt zwischen Außenleiter und Erde.

Elektrizität fließt also vom Außenleiter durch die Lampe und weiter durch die Erde zum E-Werk zurück. Man nennt dies Erdschluss.

Die Lampe 3 bleibt dunkel; zwischen Erde und Neutralleiter herrscht keine Spannung. Da man aber zu Hause nicht weiß, welche der Leitungen der Neutralleiter ist, besteht beim Berühren von Leitungen ohne Isolierung stets Lebensgefahr.

C. Eine Leitung reicht schon

> Tragischer Unfall im Hauptbahnhof: Weil er auf eine Lokomotive geklettert war und mit der Hochspannungsleitung in Kontakt kam, starb ein 23-jähriger Mann.

Damit Elektrizität den menschlichen Körper durchströmen kann, muss er an mindestens zwei Stellen Kontakt mit einem elektrischen Stromkreis haben.

Wie ist dann ein Unfall möglich, wie ihn die Zeitung berichtet? Es wurde doch nur eine Leitung berührt.

Bei der Straßenbahn oder der Eisenbahn gibt es nur den Außenleiter, der Neutralleiter wird durch die Schienen ersetzt. Elektrizität fließt vom Elektrizitätswerk durch die Oberleitung zum Stromabnehmer der Lokomotive und von dort durch den Motor zu den Rädern. Durch die Schienen geht es dann zurück zum E-Werk, der Stromkreis ist geschlossen.

Berührt ein Mensch die Oberleitung und steht dabei in Verbindung mit den Schienen, z. B. über feuchtes Erdreich, erhält er einen tödlichen Stromschlag. Schon der Kontakt über eine möglicherweise etwas feuchte Drachenschnur kann gefährlich sein.

Physik und Technik

Von der Glühlampe zur Leuchtdiode

In einem Drei-Personen-Haushalt werden pro Jahr etwa 2800 kWh elektrischer Energie benötigt (ohne Warmwasserbereitung). Davon entfallen 320 kWh auf die Beleuchtung. Umweltbewusste Köpfe können durch die Wahl der richtigen Lampe Energie sparen, ohne auf genügende Helligkeit verzichten zu müssen.

A. Glühlampen

Die Glühlampe wandelt nur 5 von 100 zugeführten Energieportionen in Licht, 95 Energieportionen werden als Wärme abgegeben. Die Lichtausbeute steigt zwar mit der Temperatur des Glühfadens, doch sinkt dann die Lebensdauer der Lampe von etwa 1 000 h stark. Das Glühfadenmetall Wolfram verdampft im Vakuum schon bei 2 100 °C. Dieses Abdampfen der Wolframatome verlangsamt man durch Einfüllen eines besonderen Gases in den Glaskolben. In ihm wird das abdampfende Metall zum Glühfaden zurückgestoßen. Dessen Temperatur lässt sich so bis 3 000 °C steigern, der Draht wird dadurch heller.

Trotz dieser Maßnahmen schlägt sich Wolfram allmählich als dunkler Belag auf der Innenseite des Glaskolbens nieder – die Lichtausbeute sinkt. Geringe Lichtausbeute und kurze Lebensdauer der Glühlampe werden bei der **Halogenglühlampe** verbessert. Durch Zugabe von Halogengas erreicht man, dass keine Schwärzung des Lampenkolbens auftritt. So kann man die Temperatur und damit die Lichtausbeute noch einmal steigern. Dadurch erreicht man eine noch höhere Lichtausbeute, eine längere Lebensdauer, weißes Licht und kleine Abmessungen.

B. Leuchtstofflampen

Während bei Glühlampen ein Metalldraht den Strom leitet, ist es in Leuchtstofflampen Quecksilberdampf. Wenn er leuchtet – er muss vorher durch hohe Spannung leitend gemacht werden – entsteht viel an unsichtbarem ultraviolettem Licht (UV). Ein Leuchtstoff, mit dem die Glasröhre innen ausgekleidet ist, wandelt das UV in sichtbares Licht um und bestimmt den Farbton. Die Lichtausbeute einer Leuchtstofflampe ist etwa 5-mal höher als die gewöhnlicher Glühlampen. Ihre Lebensdauer beträgt 10 000 h. Durch häufiges Ein- und Ausschalten wird sie verkürzt.

Energiesparlampen sind Leuchtstofflampen in besonderer Form. Bei ihnen wählt man dünne Röhren, die auch noch mehrfach aufgewickelt werden. Auf diese Weise benötigen sie wenig Platz. Mit ihrem Schraubgewinde passen sie in die üblichen Lampenfassungen.

C. Leuchtdioden (LED)

Leuchtdioden kennst du als rote oder grüne Kontrolllampen von Fernsehern und Ladegeräten. Taschenlampen, Fahrradleuchten und Rücklichter von Autos sind weitere Beispiele des heutigen Einsatzes. Besondere Vorteile sind geringere Wärmeentwicklung, etwa 50 000 Betriebsstunden, Stoßfestigkeit und die kleinen Abmessungen. Als Spannungsquelle kann auch eine Batterie gewählt werden.

Ein ganz findiger Diskobetreiber hat den Tanzboden aus Fliesen gebaut, die auf und ab federn können. Wenn getanzt wird, treibt die Bewegung der Fliesen kleine Dynamos an. Mit ihnen wird die LED-Beleuchtung im Saal versorgt.

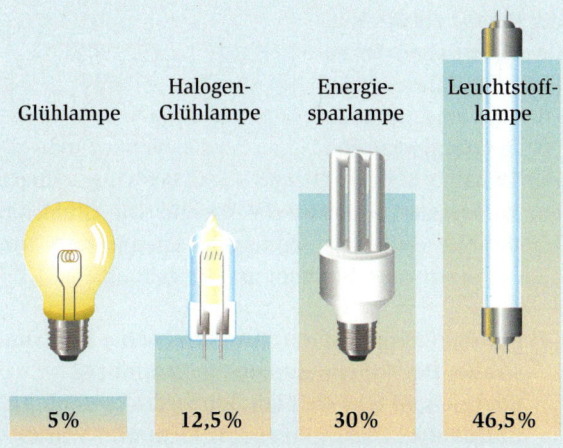

B2 Lichtausbeute verschiedener Lampen

Glühlampe	Halogen-Glühlampe	Energie-sparlampe	Leuchtstoff-lampe
5%	12,5%	30%	46,5%

B3 Lebensdauer von Lampen

Energie in der Physik

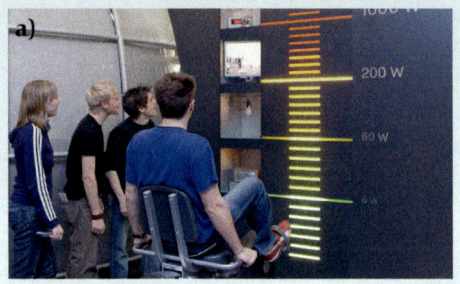 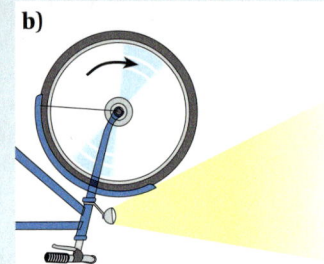 

B1 **a)** Ein Schüler auf einem Energiefahrrad im Deutschen Museum. **b)** Jan bringt das Rad in Schwung und schaltet die Beleuchtung ein. **c)** Jan bringt das Rad in Schwung und bremst es mit der Hand.

Auf einem *Energiefahrrad* (→ **B1a**) ist es mühsam, eine Glühlampe andauernd leuchten zu lassen oder gar minutenlang die Energie zum Erhitzen von Wasser zu „erstrampeln". Eine Bildschirm dieses Energiefahrrades zeigt an, wie viel Energie gerade fließt.

A. Beim Erhitzen wird Energie übertragen
Im → **B1b** und → **B1c** führt Jan eigene „Energieversuche" durch. Er gibt dem Vorderrad mit der Hand immer wieder den gleichen Schwung. Danach wird das Rad auf unterschiedliche Arten langsamer:

- Der Schwung des Rades nimmt schnell ab, wenn die Stromkreise von Scheinwerfer oder Rücklicht geschlossen sind, am schnellsten, wenn beide Lampen gleichzeitig leuchten.
- Wenn er das Rad mit der Hand mehr oder weniger abbremst, spürt er mehr oder weniger Temperaturerhöhung an seiner Handfläche.

Hier findet Energieübertragung statt. Beim Energiefahrrad muss man unentwegt treten, sonst hört die Energieübertragung auf. Bei Jans Versuchen findet sie statt, wenn das Vorderrad schneller oder langsamer wird. Jan macht das Rad schneller, indem seine Muskeln Energie liefern, er macht es langsamer, wenn er den Reifen mit der Hand abbremst oder wenn er Stromkreise für die Beleuchtung einschaltet. Beim Langsamerwerden des Rades ist Jan aufgefallen: Immer wird dabei etwas erhitzt, Glühdrähte in Lämpchen oder seine Handfläche.

Bei Jans Versuchen stammt die zum Erhitzen erforderliche Energie aus seinen Muskeln, sie steckt in der Bewegung des Rades und wird durch Reibung auf die Hand übertragen oder mithilfe eines Stromkreises auf den Glühdraht.

Wir halten fest:

(1) Temperaturänderung eines Gegenstands ist immer mit Energieübertragung verbunden.

(2) Energie kann von einem Körper auf einen anderen übertragen werden.

(3) Ein in Schwung gesetztes Rad hat Bewegungsenergie. Wird es langsamer, gibt es Energie ab.

B. Stromkreis: Einbahnstraße für Energie
Im geschlossenen Stromkreis fließt die Elektrizität im Kreisverkehr durch die Drähte. Allerdings braucht jeder Kreislauf einen Antrieb.

In einem Wasserkreislauf ist es die Pumpe, die Energie von außen bezieht und über den Wasserkreis an das Turbinenrad liefert. Das Turbinenrad gibt die

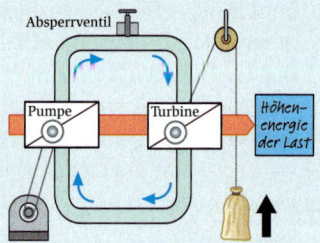

Energie beim Heben nach außen an die angehängte Last ab. Für die Energie gibt es also eine Einbahnstraße: Von der Pumpe zur Turbine.

Im elektrischen Stromkreis des Fahrrads sind Dynamo und Glühlampe die **Energiewandler.**

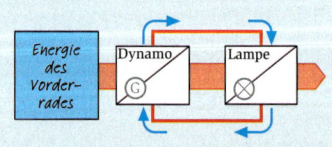

Der Dynamo wandelt Energie des in Schwung gebrachten Vorderrades in elektrische Energie. Die Glühlampe wandelt die elektrisch übertragene Energie in Wärme zum Erhitzen von Glühdraht und Umgebung.

(4) Für die Energie ist der Stromkreis eine Einbahnstraße: Der Fahrraddynamo bekommt die Energie und gibt sie über den Stromkreis an die Glühlampe. Diese gibt sie als Licht und Wärme weiter.

C. Elektrische Energie aus Höhenenergie

Sofia und Sarah haben einen Dynamo oben an die Stativstange geschraubt. Statt des Reibrädchens hat er ein Rad mit Rille, um das sie einen Faden gewickelt haben. An den Faden hängen sie Hakengewichte. Wenn sie die Gewichte loslassen, sinken diese nach unten. Solange sie sinken, leuchtet das an den Dynamo angeschlossene Glühlämpchen. Woher kommt jetzt die Energie, die das Lämpchen leuchten lässt?

Bei Jans Versuchen wurde das Rad langsamer, es hat von seiner **Bewegungsenergie** abgegeben. Bei Sofia und Sarah haben die Gewichte an Höhe verloren und dabei **Höhenenergie** abgegeben.

Und wie bekamen die Wägestückchen ihre Höhenenergie? Von Sofia oder Sarah! Eine von beiden hat ihnen „Höhe gegeben" und dabei Energie zugeführt.

(5) **Man muss einem Gegenstand Energie zuführen, damit er Höhe gewinnt. Der Gegenstand speichert dabei die Energie als Höhenenergie. Er kann die Energie durch Höhenverlust wieder abgeben.**

D. Elektrische Energie muss bezahlt werden

Viele Geräte erleichtern als Energiewandler unser Leben, aber nicht kostenlos. Für die Rechnung des Elektrizitätswerks wird der sogenannte „Stromverbrauch" am Zähler abgelesen. Dieser misst die Menge an elektrischer Energie, die der Wohnung zugeführt wird. Im Zähler dreht sich eine Scheibe und treibt ein Zählwerk an. Scheibe und Zählwerk laufen umso schneller, je mehr Geräte eingeschaltet sind. Das Zählwerk gibt die übertragene Energiemenge in Kilowattstunden (kWh) an. Wie viele Kilowattstunden zählt euer Zähler zu Hause an einem Tag?

E. Energie geht nicht verloren

Jan erhitzt kleine Wasserportionen in der Mikrowelle. Er nimmt immer die gleiche Menge in einem Plastikbecher, stellt immer die kleinste Stufe ein, immer 30 Sekunden lang.

Er bestimmt jeweils die Temperatur mit einem Digitalthermometer. Die Temperatur steigt von 20 °C auf 27 °C.

Er hat dies erwartet, die Mikrowelle liefert in 30 Sekunden immer die gleiche Menge Energie.

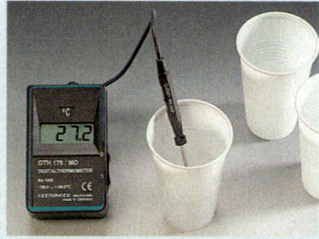

Mit dieser immer gleichen Energiemenge führen wir drei Versuche durch. Jedes Mal beginnen wir mit zwei kalten Wasserportionen (20 °C), führen insgesamt zwei Energieportionen zu und messen zum Schluss die Endtemperatur einer doppelten Wasserportion:

a) Jede der Wasserportionen wird in der Mikrowelle erhitzt, dann werden beide Portionen in dem größeren Becher zusammengeschüttet.
b) Beide Wasserportionen werden sofort zusammengeschüttet, dann zweimal 30 Sekunden lang geheizt.
c) Eine Wasserprobe wird 60 Sekunden lang in die Mikrowelle gestellt, dann mit dem Becher in die andere Wasserprobe gehalten und geschwenkt, bis sich die Endtemperatur eingestellt hat.

In allen drei Versuchen messen wir die Endtemperatur 27 °C.
Was bedeutet das? Zum Schluss haben wir immer die doppelte Wassermenge in einem Becher. Dieser doppelten Wassermenge wurde auf unterschiedlichen Wegen zweimal die gleiche Energieportion zugeführt, jeder einzelnen Wasserprobe also eine Energieportion. Welchen Weg die Energie zu ihrer Wasserportion gegangen ist, in welcher Wasserprobe sie zwischendurch gespeichert ist, spielt für das Ergebnis keine Rolle.

(6) **Beim Erhitzen wird auf das Wasser Energie übertragen. Das Wasser speichert die Energie und kann sie wieder abgeben. Energie geht bei der Übertragung nicht verloren.**

Das ist wichtig

1. Sicherheit

Experimente im Stromnetz des Haushalts sind lebensgefährlich. Experimentiere deshalb nur mit Stromquellen, die Spannungen unter 24 V haben. Geeignet ist z. B. eine Batterie mit 4,5 V.

2. Stromkreis

Elektrizität fließt nur im geschlossenen Kreis, sie wird dabei nicht verbraucht. Die Nennspannungen von Stromquelle und angeschlossenem Gerät müssen zusammenpassen.

3. Leiter – Nichtleiter

- Metalle sind gute elektrische Leiter.
- Luft, Glas, Porzellan und die meisten Kunststoffe sind Nichtleiter.
- Wasser leitet umso besser, je mehr Salz in ihm gelöst ist.
- Auch wir Menschen sind Leiter. Deshalb müssen wir vorsichtig mit elektrischen Geräten umgehen, um nicht Teil des Stromkreises zu werden.

4. Verschiedene Schaltungen

Reihenschaltung: Alle Lampen liegen hintereinander im selben Stromkreis.

Parallelschaltung: Jede Lampe ist direkt mit der Stromquelle verbunden. Die Fahrradbeleuchtung ist eine Parallelschaltung.

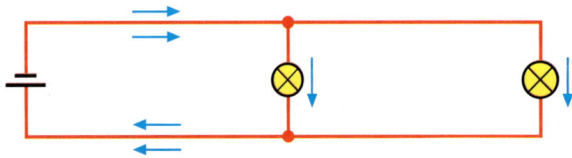

Mehrere Schalter kann man verschieden anordnen,
in Reihe: UND-Schaltung,
parallel: ODER-Schaltung,
zwei ENTWEDER-ODER-Schalter: Wechselschaltung.

5. Messgeräte

Messgeräte können auch dann noch Strom anzeigen, wenn er für den Betrieb einer Lampe zu schwach ist.

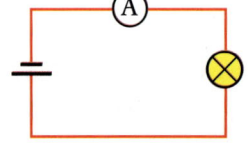

Das hilft bei der Verständigung

Kommunizieren

Zur Darstellung eines Stromkreises genügt es meistens, die verwendeten Bausteine zu benennen. „Ich habe einen Stromkreis aus einer Batterie (4,5 Volt), einer Glühlampe (6 V Nennspannung) und zwei Kabeln mit Krokodilklemmen aufgebaut."

Durch die Kennzeichnung von Stoffen als gute oder schlechte elektrische Leiter kann man ihre Bedeutung für elektrische Stromkreise darstellen.
In den Kabeln befindet sich meist ein leitender Kupferdraht, gegen Berührung von außen ist er mit nichtleitendem Material umgeben.

Man kann den Stromkreis mit einem Wasserkreislauf vergleichen: Eine Pumpe pumpt das Wasser im Kreis – durch Rohr, Turbine und wieder ein Rohr.

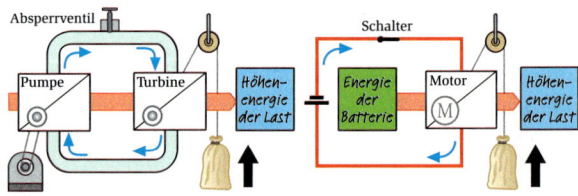

Dokumentieren

Statt über den Aufbau eines bestimmten Stromkreises zu reden, kann man ein Foto des Aufbaus zeigen.
Am einfachsten aber und immer eindeutig ist eine Schaltskizze mit den Symbolen für Quelle, Kabel, Schalter und Lampe.
Soll eine Schaltung genau nachgebaut werden, sind Angaben zu den Bauteilen sinnvoll.

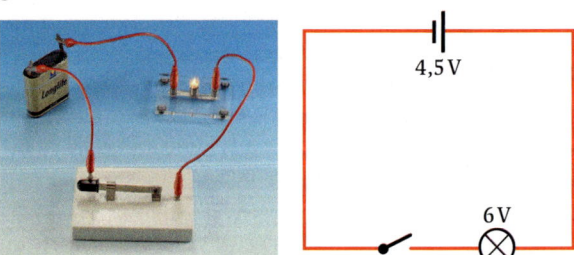

Bewerten

Zum Schutz vor gesundheitlichen oder sogar tödlichen Gefahren experimentieren Personen ohne besondere Ausbildung nur mit kleinen elektrischen Spannungen.

Für Schülerinnen und Schüler gilt: Nur Quellen benutzen, die höchstens eine Spannung von 24 Volt haben. Auf keinen Fall lässt du dich verleiten, mit Steckdosen zu hantieren oder Kletterabenteuer auf Loks oder Straßenbahnen zu bestehen.

Das Vorgehen hat sich in der Physik bewährt

Physikalisch argumentieren

Zu einfachen Stromkreisen kannst du ein Schaltbild anfertigen. Du benutzt für eine bessere Übersichtlichkeit dazu die vereinbarten Schaltsymbole.

Umgekehrt kannst du ein fertiges Schaltbild „lesen". Seine Bestandteile erkennst du und kannst sie in ihrer Funktionsweise beschreiben.

Du unterscheidest Stromquellen nach ihrer Spannung und achtest auf die angegebenen Spannungswerte, wenn du Geräte an eine Stromquelle anschließt.

Planen, experimentieren, auswerten

Du hast mit Experimenten einfache Stromkreise und auch solche mit Parallel- und Reihenschaltung erforscht. Deshalb erkennst du an einem Versuchsaufbau, welchem Zweck er dient. Bei technischen Geräten erkennst du den physikalischen Zusammenhang und kannst ihn auch deinen Mitschülerinnen und Mit-Schülern erklären.

Mathematisieren

Du kannst für die Parallel- und Reihenschaltung gleicher Glühlämpchen die Zahl der benutzten Glühlämpchen und die Stärke des elektrischen Stromes in „Je-desto"-Aussagen verbinden.

Mit Modellen arbeiten

„Im Stromkreis fließt Elektrizität". Diese Sprechweise kannst du an einem Wasserkreislauf veranschaulichen. Manche Beobachtungen am elektrischen Stromkreis kannst du durch diesen Vergleich verstehen. Du kennst aber auch einige Grenzen dieses Modells. Wasser kann z.B. aus der Rohrleitung laufen, Elektrizität aber nicht aus dem Kupferdraht.

Probleme Lösen

Mit deinem Grundwissen gelingt es dir, eine gestellte Aufgabe zu lösen und so alltägliche Technik zu verstehen. In der Fachsprache kannst du sie erklären.

Du hast gelernt, dass man schneller zum Ziel gelangt, wenn man mit Partnern zusammenarbeitet. Dies gilt bei Schülerversuchen, in Projekten oder in einer Forscherwerkstatt. Mit einem Referat oder einem Lernplakat kann eure Gruppe das Ergebnis präsentieren.

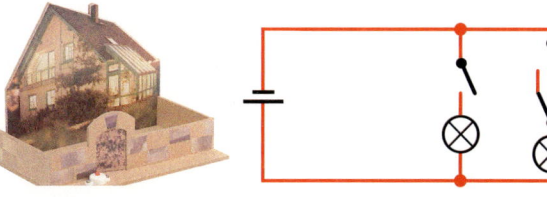

Elektrische Schaltungen

Sichere und gefährliche Stromquellen

Parallelschaltung in der Mehrfachsteckdose, UND-Schaltung der zwei Schalter (orange) in der Heckenschere

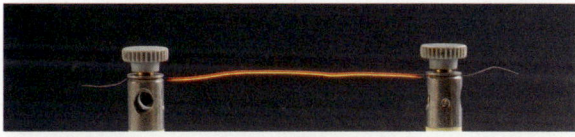

Ein Experiment zur Schmelzsicherung

Wasserkreislauf	elektrischer Stromkreis
Wasserrohr	
Pumpe	
Strömungsmesser	
Wasserhahn	
Turbine	

Tabelle zum Stromkreismodell

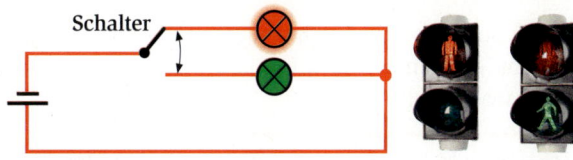

Ampelschaltung als alltägliche Technik

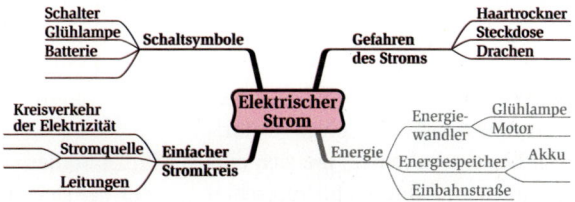

Unvollendete Mindmap auf einem Lernplakat

Kennst du dich aus?

A1 Nenne Hinweise darauf, dass im Stromkreis Elektrizität im Kreis fließt.

A2 Aus diesen Bauteilen sollst du einen Stromkreis erstellen.
a) Beschreibe dein Vorgehen.
b) Fertige einen Schaltplan an.

A3 In welchem der gezeichneten Fälle leuchten die Lampen am hellsten? Begründe deine Antwort.

a) b) c) d)

A4 Warum sind Lampen in Wohnungen nicht in Reihe geschaltet? Nenne mehrere Gründe.

A5 Plane und zeichne einen Schaltkreis für das Umschalten von Fern- auf Abblendlicht beim Auto.

A6 Schildere, was sich ändert, wenn du Lampe 1 bzw. Lampe 2 herausschraubst.

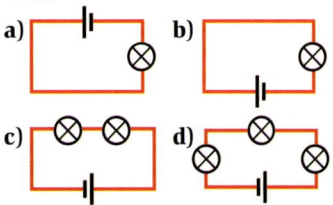

A7 Nenne Teile eines Wasserstromkreises und eines elektrischen Stromkreises, die sich entsprechen. Zähle auch Unterschiede zwischen den beiden auf.

A8 Suche die Nennspannungen verschiedener batteriebetriebener Geräte heraus, die du benutzt (Taschenlampe, Fernbedienung des Fernsehers usw.).

A9 Es ist lebensgefährlich, einen Drachen in der Nähe von Hochspannungsleitungen steigen zu lassen. Beschreibe den Stromweg für den Fall, dass die Drachenschnur eine Leitung berührt.

A10 Was haben Fahrradbeleuchtung eines älteren Fahrrades und die Stromversorgung einer Lokomotive gemeinsam? Nenne zusätzlich auch den überlebenswichtigen Unterschied.

A11 Der Schalter wird betätigt. Begründe, was in den Fällen a), b) und c) passieren wird.

a)

b)

c)

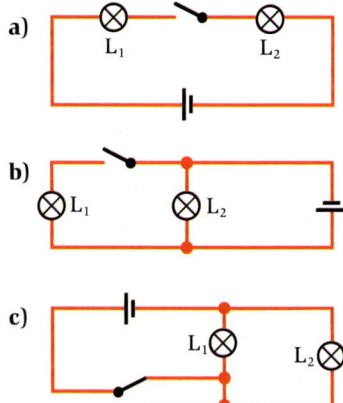

A12 Sonjas Vater ist Elektriker. Er hat sich eine Schaltung für die Urlaubszeit überlegt:

• Die Außenlampe soll nur in der Dämmerung und der Nacht angehen.
• Dann soll sie aber mit Schaltuhr immer von 22 Uhr bis 24 Uhr brennen.
• Außerdem soll sie (durch einen Bewegungsmelder) immer dann angehen, wenn sich jemand dem Haus nähert.
Baue dazu eine Modellschaltung mit drei Schaltern, Batterie und Lämpchen nach.

A13 Die Glühwendel einer Glühlampe wird sehr heiß und leuchtet deshalb hell. Erläutere, warum die Zuleitung nicht heiß wird und deshalb auch keine Brandgefahr besteht.

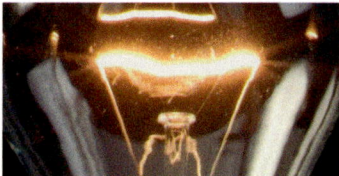

A14 Im Bild ist eine defekte Leitung zu sehen. Das Metallgehäuse der Waschmaschine ist dadurch mit der Netzleitung verbunden.

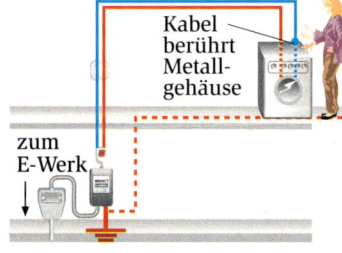

a) Beschreibe, wie Elektrizität fließt, wenn eine Person das Gehäuse anfasst. Beachte, dass bei unserem Haushaltsnetz eine der beiden Leitungen immer mit der Erde verbunden ist.
b) Erläutere, warum viele elektrisch betriebene Geräte (z. B. ein Haartrockner) ein Gehäuse aus Kunststoff besitzen.

A15 Inga hat das „elektrische Inventar" der Taschenlampe ausgebaut. Mithilfe eines Drahtstücks bringt sie die Glühlampe zum Leuchten
- normal hell in V1,
- weniger hell bei V2 und V3,
- gar nicht bei V4.

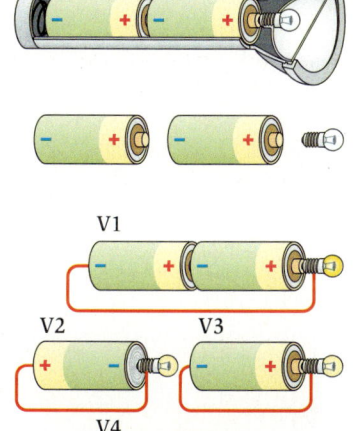

A16 Es gibt ihn noch, den Bus mit elektrischer Oberleitung – auch Trolleybus genannt. Beschreibe den Unterschied zur elektrischen Straßenbahn.

A17 Die Isolierung älterer Kabel ist oft brüchig. Welche Gefahren können dadurch entstehen?

A18 Erkläre, was ein „Erdschluss" ist. Erläutere die Gefahr, die für einen Menschen entsteht.

Bereite ein Kurzreferat vor zum Thema: „Die Batterie liefert den Antrieb im Stromkreis", in dem du Ingas Beobachtungen erklärst.

A19 Die Liste der Gründe, mit elektrischen Geräten vorsichtig umzugehen, ist lang. Sie enthält notwendige Gebote und Verbote. Schreibt die Sätze der Liste mit eigenen Worten in anderer Form: *Es ist gefährlich ..., weil ... .*

- Berühre nie die Pole einer Steckdose – auch nicht nur einen!
- Kleinkinder sollen durch Kindersicherungen in den Steckdosen geschützt werden.
- Repariere keine elektrischen Haushaltsgeräte, überlasse dies Fachleuten.
- Wechsle nie eine Glühlampe aus, überlasse dies deinen Eltern.
- Benutze keine Geräte mit defekten Leitungen.
- Ziehe Netzleitungen nicht am Kabel, sondern am Stecker aus der Steckdose.
- Benutze keine elektrischen Geräte im Bad.
- Hantiere mit elektrischen Geräten nicht mit feuchten Händen oder auf feuchtem Boden.
- Halte dich von Hochspannungsleitungen fern. Klettere nie auf Loks oder Straßenbahnen.

Projekt

Standlicht mit Energiespeicher

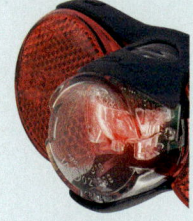

Was macht man abends, wenn der Dynamo an einer Kreuzung keine Energie liefert? Für diesen Fall gibt es Rücklichter mit Standlicht. Sie besitzen eine Leuchtdiode, die ihre Energie aus einem Speicher für elektrische Energie bezieht, sobald das Fahrrad steht.

Wir ahmen diese Schaltung nach. In dieser Form reicht sie für den Straßenverkehr aber noch nicht aus. Als Energiespeicher wählen wir einen besonderen Kondensator, z. B. einen „Goldcap". Eine Stromquelle mit maximal 5,5 V führt ihm Energie zu, das macht während der Fahrt normalerweise der Dynamo.

Hier wählen wir z. B. eine Flachbatterie (4,5 V). Sie pumpt Elektrizität von einer Seite des Kondensators auf die andere. Sie ähnelt dabei einer Pumpe, die Wasser von einer Rohrseite auf die andere hochpumpt.

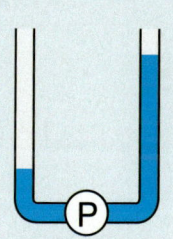

Wenn wir nun den Kondensator als Stromquelle für eine LED benutzen, fließt die Elektrizität über die LED wieder zurück (wie das Wasser im Rohr zurücklaufen und eine Turbine antreiben würde). Solange dies geschieht, leuchtet auch die LED. Dies dauert einige Minuten. Und so sieht die Schaltung aus:

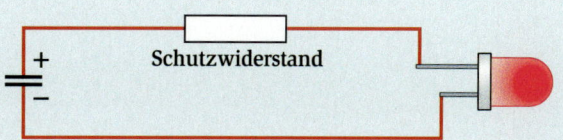

Schutzwiderstand

Magnete

Das kannst du in diesem Kapitel erreichen:

■ Du wirst die Wirkung von Magneten auf unterschiedliche Gegenstände kennen und damit alltägliche Beobachtungen mit Magneten erklären.

■ Du wirst mit Experimenten den magnetischen Nordpol vom magnetischen Südpol unterscheiden und wechselseitige Wirkungen zweier Magnete dokumentieren.

■ Du wirst das Modell der Elementarmagnete kennen und damit Experimente zur Magnetisierung und Entmagnetisierung erklären.

■ Du wirst die Erde als Magneten darstellen, die Wirkungsweise des Kompasses verstehen und seine Anwendung beschreiben.

■ Du wirst die Wirkungsweise von Elektromagneten kennen und mit deinem Wissen über den Stromkreis Anwendungen von Elektromagneten erklären.

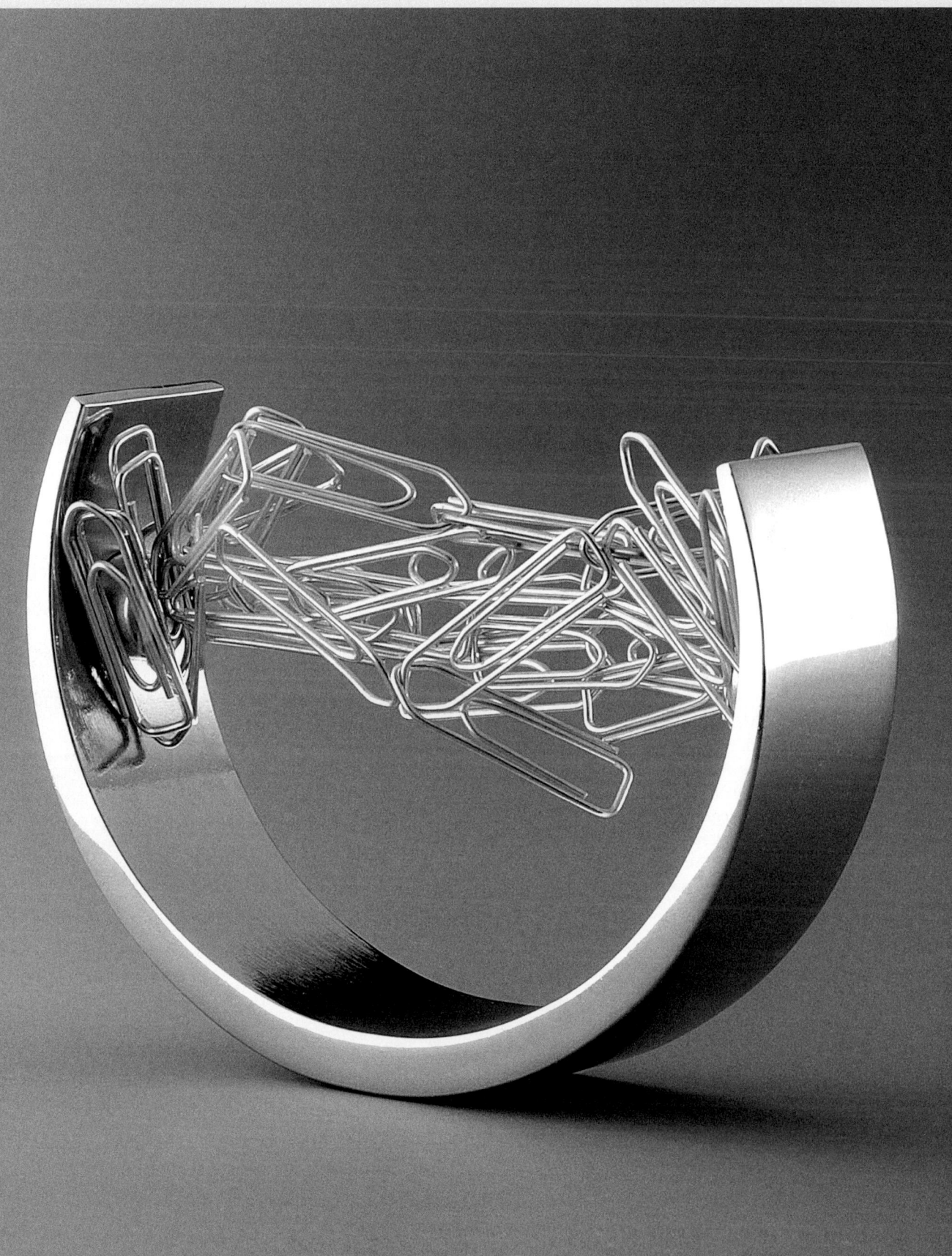

Magnete im Alltag

In diesem Zimmer lassen sich viele Magnete entdecken. An den Wänden, auf dem Tisch – überall sind Magnete als nützliche Helfer oder im Spielzeug versteckt. Darunter sind auch elektrisch betriebene Magnete.

A1 Magnete kommen in vielen Geräten in eurer Umgebung vor. Kennt ihr einige der oben abgebildeten Geräte? Notiert und beschreibt sie. Schreibt auch weitere auf, die euch einfallen. Überlegt gemeinsam, welche Funktion die Magnete in den Geräten haben. Fotografiert oder zeichnet sie. Ergänzt eure Bildersammlung durch am Computer erstellte Texte. Gestaltet daraus dann ein Plakat.

A2 Nimm einen Spielzeugmagneten und halte ihn in die Nähe verschiedener Geldmünzen. Finde so heraus, welche Münzen angezogen werden.

A3 Fabio und Niklas bauen sich selbst einen kleinen Heimkompass: Mit einem Magneten haben sie gerade eine Büroklamer „bearbeitet". Sie liegt jetzt auf einem kleinen Styroporschiffchen.

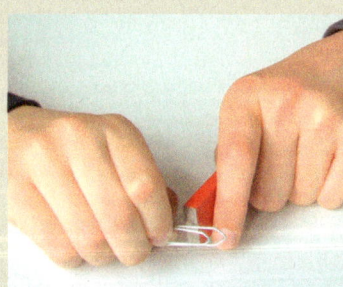

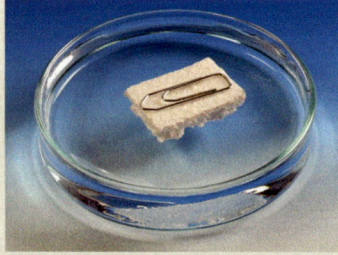

Mache es den beiden nach und lass das Schiffchen in einer wassergefüllten Schale schwimmen. Notiere deine Beobachtung.

A4 Kennst du jemanden, der eine Modelleisenbahn hat? Lass dir von ihm erklären, welche Bedeutung eine Weiche hat und wie sie funktioniert.

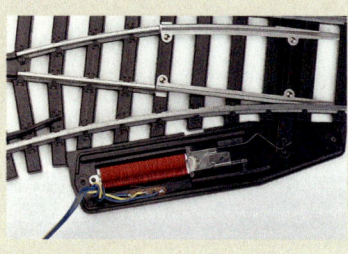

Magnete aus Neodym (Supermagnete) haben eine sehr starke Anziehungskraft. Wenn du einen Finger oder eine Hautfalte zwischen zwei Magneten einklemmst, kann das zu Quetschungen und Blutergüssen führen.

Sei deshalb vorsichtig, wenn du mit Magneten hantierst!

1. Untersuchung magnetischer Kräfte

Sicher hast du schon bei verschiedenen Gegenständen magnetische Kräfte wahrgenommen. Im Unterricht untersuchen wir die magnetischen Kräfte jetzt genauer. Zuerst halten wir einen Magneten nacheinander an verschiedene Gegenstände: Radiergummi, Lineal, Physikbuch, Tischtennisball, Schlüssel, Turnschuhe usw. Dann verteilt der Lehrer noch kleine Proben aus unterschiedlichen Materialien, wie z. B. Holz, Glas, Kupfer, Nickel, Graphit, Stein, Kobalt oder Aluminium. Unsere Ergebnisse halten wir im Versuchsprotokoll fest.
Wir sehen: Gegenstände aus Kunststoff, Gummi, Holz, Wachs, Aluminium usw. reagieren nicht auf den Magneten. Nur Metallstücke aus Eisen, Kobalt oder Nickel werden vom Magneten angezogen – sie sind magnetisch **→ B1** .

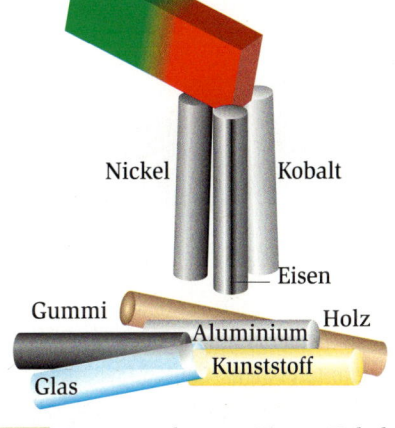

B1 Gegenstände aus Eisen, Kobalt und Nickel werden vom Magneten angezogen.

Merksatz

Magnete ziehen Gegenstände aus Eisen, Kobalt oder Nickel an.

2. Magnete brauchen keinen Kontakt

Jana ist erstaunt, dass eine Büroklammer zum Magneten „hoch hüpft", wenn man ihn ein Stück darüber hält. Offensichtlich wirkt der Magnet auch durch die Luft **→ Projekt**. Man muss mit ihm die Klammer gar nicht erst berühren. Charlotte wundert das nicht. Sie zeigt Jana einen Zaubertrick, bei dem es so ähnlich zugeht **→ B2** . Sie lässt eine Münze über den Tisch wandern, ohne sie mit der Hand zu berühren. Jana lässt sich so leicht nichts vormachen. „Klar, der Magnet wirkt auch durch die Holzplatte hindurch und unter der Tischplatte hast du heimlich einen Magneten bewegt".

B2 Charlotte lässt eine Münze tanzen.

Projekt

Abschirmung gegen magnetische Wirkung

Dass ein Magnet eine Büroklammer auch durch die Luft anziehen kann, wird besonders deutlich, wenn die Klammer an einem Stück Garn festgebunden ist. Sie schwebt dann in der Luft und spannt den Faden **→ B3** . Selbst wenn man die Hand dazwischen hält, bleibt der Faden gespannt. Auch eine Kunststofffolie hilft nicht. Daher muss man z. B. alte Musikkassetten oder Kreditkarten von Magneten fernhalten, denn ihre Hülle aus Kunststoff schützt sie nicht vor Zerstörung durch die magnetische Wirkung.
Ihr könnt nun weitere Materialien als Abschirmung testen: ein Blatt Papier, ein Stück Karton, eine Glasscheibe, ein Stück Alufolie – aber der Faden mit der Büroklammer bleibt stets gespannt. Sobald man jedoch eine Platte aus einem bestimmten Material zwischen Magnet

und Büroklammer hält, fällt die Büroklammer herunter. Findet es heraus!

B3 Die Büroklammer wird vom Magneten angezogen, obwohl eine Abschirmung aus Papier dazwischen ist.

B1 An den Enden des Stabmagneten – den sogenannten Polen – haften fast alle Nägel; seine Mitte bleibt dagegen nahezu leer.

V1 Wir hängen einen Stabmagneten wie im Bild auf. Er dreht sich einige Male hin und her. Nach einiger Zeit bleibt er in einer bestimmten Himmelsrichtung stehen. Ein Pol zeigt nach Norden, der andere nach Süden.

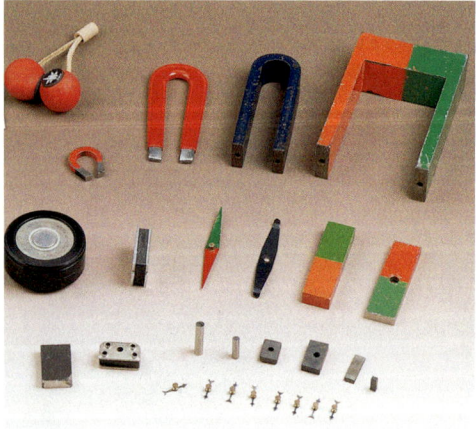

B2 Nicht allen Magneten sieht man es an, aber jeder dieser Magnete hat einen magnetischen Nordpol und einen magnetischen Südpol.

3. Jeder Magnet hat zwei Pole

Wenn wir einem stabförmigen Magneten (Stabmagneten) in eine Schachtel mit Stahlnägeln legen und vorsichtig wieder hochheben, so bleiben die Nägel fast ausschließlich an einem der beiden Enden des Magneten hängen. Dort ist die magnetische Wirkung also besonders stark. Diese beiden Enden nennen wir die **Pole** des Magneten → **B1** . In der Mitte des Stabmagneten finden wir fast gar keine Wirkung.

Merksatz

Jeder Magnet hat zwei Pole. An den Polen ist seine magnetische Wirkung besonders stark.

4. Magnetischer Nord- und Südpol – nicht beliebig

Hängt man einen Stabmagneten drehbar auf, so dreht er sich langsam hin und her, bis er nach einiger Zeit in einer bestimmten Position stehen bleibt → **V1** . Auch andere Stabmagnete, mit denen man den Versuch wiederholt, stellen sich in dieselbe Richtung ein. Größere Eisengegenstände oder weitere Magnete dürfen dabei nicht in der Nähe sein.

Der Vergleich mit den Himmelsrichtungen verrät: Ein Pol des Magneten weist nach Norden, der andere nach Süden. Danach sind die Pole des Magneten benannt. Der nach Norden weisende Pol heißt **magnetischer Nordpol**, der nach Süden weisende Pol heißt **magnetischer Südpol**.

Um die verschiedenen Magnetpole stets auseinander halten zu können, werden sie farbig markiert. Im → **V1** ist es der rot bemalte Pol, der nach Norden zeigt, also ist er der magnetische Nordpol. Wir testen auch andere Magnete aus der Physiksammlung. Auch bei ihnen erkennt man die Art des Pols an der Farbe – rot für magnetischen Nordpol, grün für Südpol. Die Farbe ist aber nicht entscheidend. Im Zweifelsfall muss man → **V1** wiederholen.

Merksatz

Jeder Magnet hat einen magnetischen Nordpol und einen magnetischen Südpol. Der Nordpol ist meist rot und der Südpol grün markiert. Ist der Magnet frei beweglich, so zeigt sein magnetischer Nordpol nach Norden.

Materie lässt sich nach verschiedenen Eigenschaften sortieren. Wir kennen schon elektrische Eigenschaften – Leiter und Nichtleiter. Die Metalle sind alle mehr oder weniger gute Leiter, so auch Kupfer und Eisen.

Die Untersuchung der magnetischen Eigenschaften zeigt bei den Metallen starke Unterschiede. Nur Eisen, Kobalt und Nickel sind magnetisch. Die guten Leiter Kupfer oder Silber sind dagegen nicht magnetisch.

5. Magnetpole wirken wechselseitig aufeinander

Im → **B3** ist zwischen der Decke des Gleiters und der Schiene etwas Platz. Auch zu den Seiten ist ein schmaler Spalt zu erkennen. Schubst man den Schlitten an, gleitet er geräuschlos und ohne stehen zu bleiben über die Bahn. Es sieht so aus, als wenn die oben und seitlich angeklebten Magnete von der Bahn weggehalten würden. Zieht nicht ein Magnet Gegenstände aus Eisen an, egal mit welchem Pol man sich nähert? Was ist hier anders als sonst?

Beim Test fällt auf, dass auch an der Fahrbahn selbst Eisennägel haften bleiben. Sie selbst ist also auch ein Magnet! Jetzt wirken also oben und seitlich jeweils zwei Magnete aufeinander. Welche Wirkung können sie untereinander haben?

In → **V2** nähern wir die beiden Magnete einander an. Wenn wir die Nordpole der Magnete zusammenbringen, so spüren wir, wie sie sich gegenseitig abstoßen. Je näher wir sie aneinander halten, desto stärker stoßen sie sich ab. Dasselbe geschieht beim Annähern der beiden Südpole.

Hält man aber Nordpol an Südpol, so spürt man die Anziehungskräfte zwischen den beiden Magneten. Auch sie werden stärker, wenn wir den Abstand zwischen den Polen verringern. Geben wir den Kräften nach, so bleiben die Magnete aneinander haften.

Merksatz

Gleichnamige Magnetpole stoßen sich voneinander ab, ungleichnamige Pole ziehen einander an.

Im täglichen Leben haben wir schon oft erfahren, dass zwei Körper wechselseitig aufeinander einwirken. Bringt man einen heißen Körper in Kontakt mit einem kälteren, so gibt der heiße Körper Energie an den kalten ab – ganz von selbst. Jetzt haben wir eine neue Art der Wirkung zwischen zwei Körpern erfahren: Die Pole zweier Magneten können sich gegenseitig abstoßen → **B4** oder auch anziehen. Sie müssen sich dabei nicht einmal berühren, die Wirkung ist auch schon bei einigem Abstand spürbar.

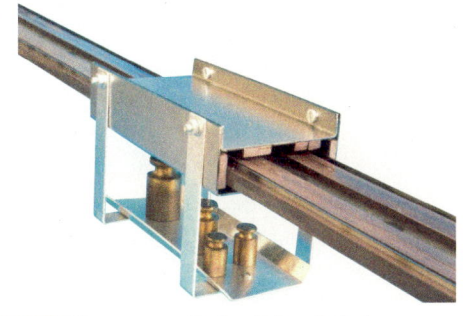

B3 Eine magnetische Schwebebahn

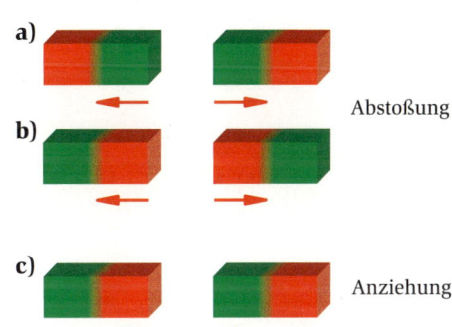

a)

b)

Abstoßung

c)

Anziehung

V2 **a)** Zuerst nähern wir die beiden Südpole einander an. Sie stoßen sich gegenseitig ab. **b)** Wir drehen nun beide Magnete um. Auch die beiden Nordpole stoßen sich ab. **c)** Zuletzt nähern wir den Südpol des rechten Magneten dem Nordpol des linken. Jetzt spüren wir deutlich die Anziehung.

B4 In diesem Sattel sind zwei Magnetfedern (rechts eine ausgebaute).

Mach's selbst

A1 Der unterste Ringmagnet zeigt mit seinem „roten" Nordpol nach unten. Ordne allen anderen Schichten den richtigen Magnetpol zu. Fertige eine Zeichnung an.

A2 Beschreibe, wie du beim Magneten aus → **B1** die Pole ermitteln kannst, **a)** wenn du einen anderen gekennzeichneten Magneten zur Verfügung hast (z.B. in der Schule), **b)** wenn du keinen zweiten Magneten hast (z.B. zu Hause).

A3 Erkläre den Vorgang mit Worten. Schreibe eine Fortsetzung.

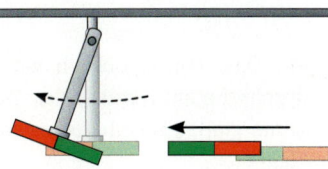

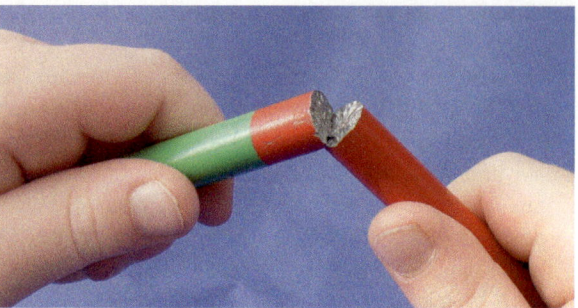

B1 Ein Stabmagnet ist zerbrochen.

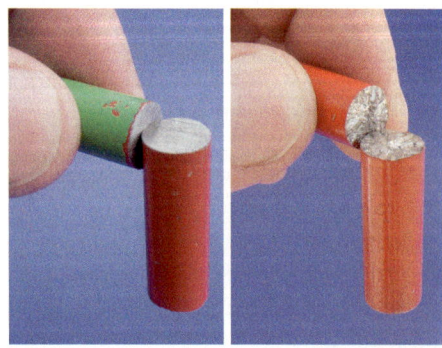

N N

B2 Ein Spiel mit Tücken: Magnet-Weitschuss mit Geomag-Magneten.

V1 Das Bruchstück haftet mit seiner Bruchseite am Nordpol des Magneten. Mit seiner glatten Seite haftet es am Südpol des Magneten.

1. Kann man reine Nordpole erzeugen?

Björn und Kai spielen mit einem Magnetbaukasten, der viele kurze starke Magnete enthält. Sie haben sich eine Art Magnet-Weitschuss ausgedacht: Man nimmt zwei Magnete. Einer wird mit seinem Nordpol an den Nordpol eines anderen gepresst. Dann wird einer losgelassen und fliegt davon. Meist gelingt dies wie in → **B2** dargestellt. Doch Kai ist noch nicht ganz zufrieden: „Der eine Magnet lässt sich nicht optimal wegschießen. Manchmal dreht er sich im Flug, weil sein Südpol vom anderen Magneten angezogen wird." Kai hat eine Idee: „Der Südpol muss weg! Wir brauchen einen einzelnen Nordpol als Geschoss."

In der nächsten Physikstunde stellen Kai und Björn ihren Wunsch dem Lehrer vor: „Ein Stabmagnet hat eine grüne und eine rote Hälfte. Wenn wir die rote Hälfte von der grünen abtrennen, erhalten wir einen reinen Nordpol.", vermutet Kai und hält seine mitgebrachte Eisensäge hoch. Der Lehrer lobt die jungen Forscher für ihren Tatendrang, schlägt ihnen aber eine kleine Änderung des Experiments vor: „Beim Experimentieren ist kürzlich ein Magnet zu Boden gefallen und zerbrochen", erläutert er. „Diese Bruchstücke können wir untersuchen, um eure Frage zu klären."

Björn führt den Versuch vor der Klasse durch. Der zerbrochene Magnet sieht zunächst fast unversehrt aus, denn die Bruchstücke haften aneinander. Mit ein wenig Kraft kann er aber ein Bruchstück an der Bruchstelle wieder abknicken und vom Rest des Magneten trennen → **B1**. Er nähert nun das Bruchstück dem Südpol des Magneten. Die glatte Seite des Bruchstücks wird wie erwartet angezogen → **V1**. Überraschenderweise wird das andere Ende vom Nordpol angezogen. Das Bruchstück ist also wieder ein vollständiger Magnet mit Nord- und Südpol! Auch erneutes Teilen der Bruchstücke liefert immer nur vollständige Magnete, niemals einen magnetischen Einzelpol.

Merksatz

Es gibt keine magnetischen Einzelpole. Jedes Stück eines Magneten besteht aus einem magnetischen Nord- und Südpol.

2. Das Modell der Elementarmagnete

In → **V1** haben wir beobachtet, dass Magnetstücke immer zwei Pole besitzen. Man nennt sie daher auch **Dipole** (denn *di* ist griechisch und bedeutet „zweifach"). Diese Gesetzmäßigkeit wollen wir nun mithilfe eines Modells versuchen zu verstehen:

Wir stellen uns vor, wir zerbrechen einen Magneten in immer kleinere Stücke. Jedes dieser Bruchstücke wäre wieder, wie in → **B3** gezeigt, ein neuer Magnet mit Nord- und Südpol. Irgendwann hätten wir den Magneten so oft zerteilt, dass er in seine kleinsten Bestandteile zerlegt wäre. Diese kannst du dir wie winzige, unteilbare Magnetnadeln vorstellen. Weil wir annehmen, dass alle Magnete aus solch kleinen Magnetnadeln bestehen, nennen wir sie **Elementarmagnete.** Wir haben so in Gedanken ein Modell entworfen und wollen versuchen, damit die vielen rätselhaften Eigenschaften der Magnete zu erklären → **B4** .

Merksatz

Wir stellen uns die kleinsten Bestandteile eines Magneten als Elementarmagnete mit einem magnetischen Nordpol und einem magnetischen Südpol vor.

3. Ordnung im Stabmagnet

Wir nutzen nun unser Modell, um zu erklären, warum alle Magnete zwei verschiedene Pole besitzen. Dazu nehmen wir an, dass die Elementarmagnete eines Stabmagneten eine feste Ordnung haben: Wir stellen uns vor, dass sie, wie in → **B5** dargestellt, alle parallel zueinander liegen und in dieselbe Richtung weisen.

Am oberen Ende des Stabmagneten zeigen die magnetischen Nordpole der Elementarmagnete nach außen. Sie bilden gemeinsam den magnetischen Nordpol des Magneten. Am unteren Ende des Stabmagneten zeigen die magnetischen Südpole der Elementarmagnete nach außen und bilden entsprechend seinen magnetischen Südpol → **B5**. Die Pole der Elementarmagnete sind also für die starke magnetische Wirkung an den Polen des Stabmagneten verantwortlich.

An den Seitenflächen des Magneten ist diese Wirkung kaum zu spüren, da dort genauso viele magnetische Nordpole wie magnetische Südpole der Elementarmagnete liegen, die sich gegenseitig neutralisieren. Wie in → **B5** zu erkennen, kann man den Stabmagneten an einer beliebigen Stelle zerteilen. Jedes Bruchstück ist immer wieder ein vollständiger Dipol.

Merksatz

Im Stabmagneten liegen die Elementarmagnete parallel zueinander. Sie haben alle dieselbe Ausrichtung. Dadurch bilden sie an den Enden des Magneten seine magnetischen Pole.

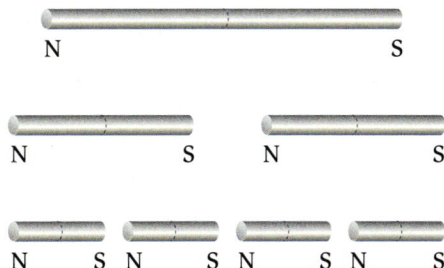

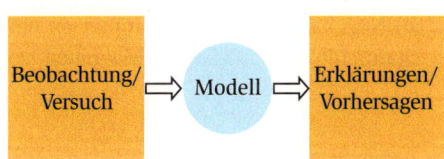

B3 Wir zerbrechen den Magneten in immer kleinere Stücke. An den neu entstandenen Enden bilden sich immer wieder zwei unterschiedliche Pole aus.

Beobachtung/Versuch ⇨ Modell ⇨ Erklärungen/Vorhersagen

B4 Modellbildung – eine wichtige Methode der Physik

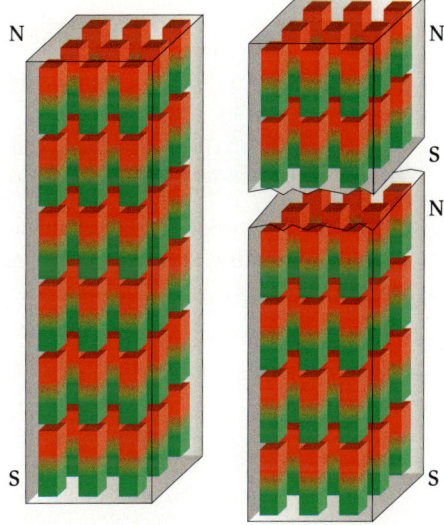

B5 Die parallele Anordnung der Elementarmagnete erklärt das Zustandekommen der Pole des Stabmagneten – auch nach dem Durchbrechen.

Mach's selbst

A1 Zeichne die Ordnung der Elementarmagnete in einem Hufeisenmagneten und in einem Scheibenmagneten ein.

A2 Zwei magnetisierte Stahlstricknadeln haften mit ihren Enden aneinander. Wirft man sie auf den Boden, gelingt dies nicht mehr. Begründe dies.

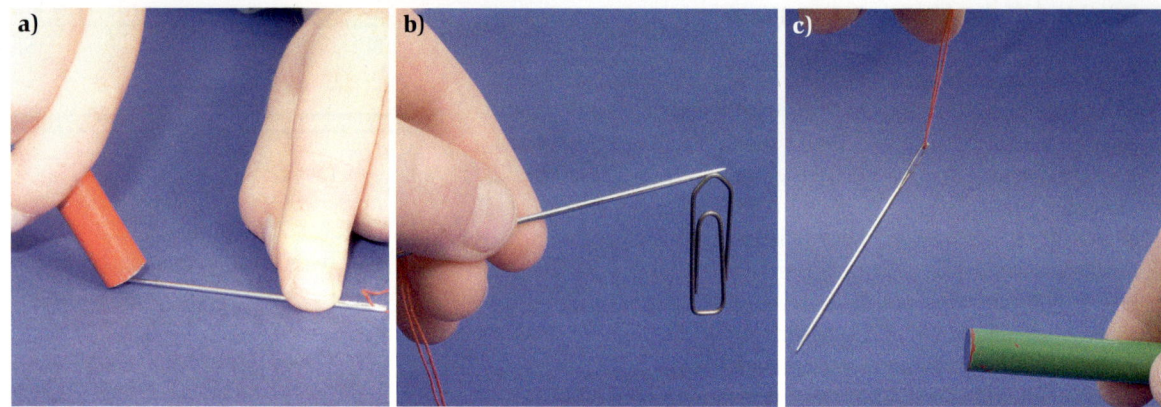

a)   b)   c)

V1   **a)** Eine Stahlnadel wird mehrfach in derselben Richtung mit dem Nordpol eines Magneten überstrichen. **b)** Nun haftet eine Büroklammer an einem Ende der Nadel. **c)** Nähert man dem unteren Ende der aufgehängten Stahlnadel den Südpol des Magneten, so wird es abgestoßen. Die Nadel ist nun selbst ein Magnet.

B1   In der Stahlnadel sind die Elementarmagnete ungeordnet. Sie zeigen in alle möglichen Richtungen.

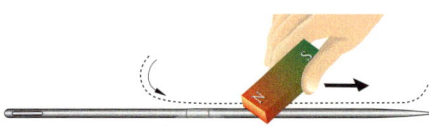

N   S

B2   Durch das Überstreichen mit dem Stabmagneten drehen sich die zuvor ungeordneten Elementarmagnete in der Stahlnadel. Ihre Südpole weisen nun zum Nordpol des Stabmagneten. Auf diese Weise entsteht eine Magnetnadel mit Nord- und Südpol.

1. Elementarmagnete auch in Eisen und Stahl

Magnete kann man leicht selber herstellen. Führe dazu **→ V1** durch. Durch das Überstreichen der Stahlnadel wird sie selber zu einem Magneten, der Eisengegenstände wie z. B. die Büroklammer anzieht. Man sagt, die Stahlnadel wurde **magnetisiert.** Lena folgert: „Wenn aus der Stahlnadel nun ein Magnet geworden ist, dann muss sie Elementarmagnete enthalten. Da diese nicht einfach aus dem Nichts entstehen können, waren sie auch schon vorher im nicht magnetischen Stahl vorhanden."

Lena hat Recht. Aus unserem Modell der Elementarmagnete schließen wir, dass die magnetische Wirkung eines Magneten erst durch die Ordnung der Elementarmagnete entsteht. Die Lösung ist für Lena klar: „Auch die Stahlnadel besitzt Elementarmagnete. Sie sind aber völlig durcheinander gewürfelt und daher von außen nicht zu bemerken."

Tatsächlich lässt sich die **Magnetisierung** der Stahlnadel mit dem Elementarmagnetmodell leicht erklären, wenn wir unser Modell um eine Feinheit erweitern:
Wir stellen uns vor, dass sich die Elementarmagnete drehen können. Wie **→ B1** vereinfacht zeigt, sind sie im Stahl zunächst völlig ungeordnet. Ihre magnetische Wirkung ist daher nicht zu spüren. Durch den Einfluss des Stabmagneten drehen sie sich, bis sie alle gleich ausgerichtet sind (**→ B2**). An dem einen Ende der Stahlnadel entsteht so ein magnetischer Nordpol und am anderen Ende ein magnetischer Südpol.

Merksatz

Stahl lässt sich durch den Einfluss eines Magneten magnetisieren. Dabei werden die Elementarmagnete in einer festen Ordnung ausgerichtet.

2. Warum wird Eisen vom Magneten angezogen?

Dass Gegenstände aus Eisen von Magneten angezogen werden, weiß Lena schon lange. Mit dem Modell der Elementarmagnete kann sie nun erklären, warum dies geschieht.

Lena weiß, dass Eisen aus ungeordneten Elementarmagneten besteht, die sich durch den Einfluss eines Magneten drehen können. Wie in → **B3** dargestellt, drehen sich Elementarmagnete in dem Eisennagel schon, wenn der Magnet nur in die Nähe des Eisennagels kommt. So wird der Eisennagel selbst zu einem Magneten. „Erst dann", folgert Lena, „ziehen sich der magnetisierte Eisennagel und der Stabmagnet an und haften aneinander wie zwei Magnete."

3. Dauerhafte und vorübergehende Magnetisierung

Nicht alle Materialien lassen sich gleich einfach magnetisieren → **B4** . Die Nähe eines Magneten reicht aus, um ein Eisenstück so zu magnetisieren, dass man die magnetische Wirkung zwischen dem Eisenstück und dem Magneten spüren kann. Im Modell stellen wir uns vor, dass sich dann einige Elementarmagnete drehen – eine magnetische Ordnung entsteht. Entfernt man den Magneten wieder, so drehen sich die Elementarmagnete in ihre vorherige Unordnung zurück; die Magnetisierung verschwindet wieder.

Um jedoch eine Stahlnadel zu magnetisieren, muss man sie mehrfach mit demselben Magnetpol in einer Richtung überstreichen, ehe sie magnetisiert ist → **V1** . Auch das kann man mit dem Modell der Elementarmagnete erklären. Im Stahl und bestimmten Legierungen stellen wir uns die Elementarmagnete schwerer drehbar vor. Daher sind stärkere Magnete bzw. ist häufigeres Überstreichen erforderlich, um sie in die gewünschte Ordnung zu bringen. Das hat aber auch einen Vorteil: Die Elementarmagnete drehen sich nicht so leicht wieder zurück, d. h. die Magnetisierung hält länger an.

Dauermagnete sind aus Materialien hergestellt, die ihre Magnetisierung ohne äußere Einwirkung gar nicht verlieren. Nur bei starken Erschütterungen kann man ihren Magnetismus „zerstören". In der Modellvorstellung fällt es Lena nun leicht, diesen Sachverhalt zu verstehen: In Dauermagneten sind die parallel ausgerichteten Elementarmagnete zwar sehr schwer drehbar, aber wenn die Erschütterung stark genug ist, verdrehen sie sich doch. Dadurch wird die Magnetisierung schwächer und geht bei Wiederholung des Vorgangs schließlich verloren. Dies kann außer durch Erschütterung auch durch Erhitzen des Magneten geschehen.

Merksatz

Beim Entmagnetisieren wird die magnetische Ordnung der Elementarmagnete wieder zerstört.

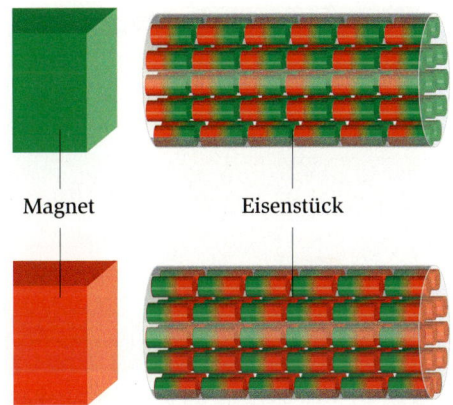

B3 Durch die Nähe eines ausreichend starken Magnetpols drehen sich die Elementarmagnete im Eisen und bilden so magnetische Pole.

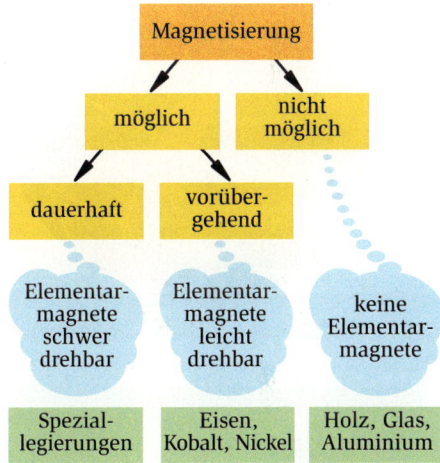

B4 Verschiedene Stoffe sind unterschiedlich magnetisierbar. Das liegt in unserer Vorstellung an der unterschiedlichen Beweglichkeit der Elementarmagnete.

Mach's selbst

A1 An einer magnetisierten Stahlnadel hängt unten eine Büroklammer. Berührt man nun die Nadel oben mit dem Südpol des Magneten, fällt die Büroklammer zu Boden. Erkläre.

A2 Halte eine Stahlnadel mit der Zange fest, magnetisiere sie mit einem starken Magneten und hänge eine Stecknadel oder Büroklammer an ihre Spitze. Erhitze nun die Stahlnadel mit einem Feuerzeug. Beschreibe deine Beobachtung und erkläre sie mit dem Modell der Elementarmagnete.

Einstellring
Windrose
Kompassnadel
Missweisungsmarke

Kimme und Korn

a) b)

B1 **a)** Was zieht da an der Kompassnadel? **b)** Aufbau eines Kompasses

Wanderer verwenden manchmal eine Landkarte und einen **Kompass** zur Orientierung. Die Kompassnadel ist eine drehbar aufgehängte Magnetnadel. Meistens ist ihr magnetischer Nordpol besonders markiert. Wir haben bereits gesehen, dass er immer nach Norden zeigt, egal wie wir den Kompass auch drehen. Dafür kennen wir nur eine Ursache: Der Nordpol wird immer vom Südpol eines anderen Magneten angezogen.

Also muss sich im Norden der Erde ein magnetischer Südpol befinden. Man kann es sich so wie in → **B2** vorstellen: Der Erdmagnet gleicht einem Stabmagneten mit seinem magnetischen Südpol im Norden und seinem magnetischen Nordpol im Süden. Dieser gigantische Magnet kann Kompassnadeln überall auf der ganzen Welt in Nord-Süd-Richtung ausrichten. Das wollen wir genauer an einem kleinen Modell untersuchen.

B2 Modell – die Erde als Stabmagnet

1. Die Feldlinien eines Stabmagneten

In Gedanken verkleinern wir den Erdmagneten auf die Größe eines Stabmagneten. So können wir seine Wirkung auf Kompassnadeln in seinem Umfeld einfacher untersuchen. Wenn man den kleinen Kompass in → **V1** vom magnetischen Nordpol zum magnetischen Südpol immer in Richtung der Nadelspitze verschiebt und dabei die Spur der Nadel markiert, erhält man bestimmte Linien. Diese Linien nennen wir in der Physik **Feldlinien**. Sie verbinden die beiden magnetischen Pole eines Magneten miteinander.
An jedem Ort in der Umgebung des Magneten gibt eine Feldlinie die Richtung an, in die sich eine Kompassnadel an diesem Ort ausrichtet. Mit einer Pfeilspitze auf der Linie kennzeichnet man den Verlauf der Linie vom magnetischen Nord- zum Südpol.

V1 Lege einen Stabmagneten auf ein Blatt Papier, zeichne seine Form nach und beschrifte die Magnetpole. Stelle einen Kompass irgendwo auf das Blatt und markiere die Nadelposition. Verschiebe den Kompass immer wieder in Richtung der Pfeilspitze und markiere erneut die Nadelposition bis du beim Südpol des Magneten angekommen bist. Verbinde die Markierungen zu einer Linie.

Merksatz

Magnetische Feldlinien verlaufen vom magnetischen Nordpol zum magnetischen Südpol. Sie zeigen an jeder Stelle die Richtung an, in welche der Nordpol der Magnetnadel weist.

2. Die Feldlinien des Erdmagneten

Um die Feldlinien eines Stabmagneten sichtbar zu machen, verwendet man statt Kompassnadeln oft auch Eisenfeilspäne, die auf einer Plastikplatte ausgestreut werden. Sie werden vom Stabmagneten darunter magnetisiert. Wenn man sie durch leichte Erschütterung der Platte kurzzeitig in die Luft wirbelt, können sie sich leicht drehen. Jetzt richten sie sich genauso aus wie Kompassnadeln. Der Vorteil ist, dass der Verlauf der Feldlinien auf einen Blick im ganzen Umfeld des Magneten erkennbar ist. In → **V2** liegt der Stabmagnet unter einem halben Ball. Wenn wir uns diesen Ball als Erde vorstellen, erhalten wir modellhaft ein Feldlinienbild unserer Erde.

Lena erkennt, dass die Feldlinien vom Südpol der Erde aus weit in den Weltraum hinauslaufen und dann schließlich am Nordpol wieder ankommen. Allerdings fällt ihr auch eine Unstimmigkeit auf: „Dort, wo sich Deutschland befindet, kommen die Feldlinien schräg vom Himmel aus und laufen in die Erde hinein. Eine Kompassnadel sollte deshalb eigentlich schräg in den Boden zeigen."

Ihre Überlegung ist richtig. Bei einem normalen Kompass kann sich die Nadel nur um eine vertikale (aufrecht stehende) Achse drehen. Die Inklinationsnadel in → **V3** kann sich um eine horizontale (liegende) Achse drehen. Mit ihrer Hilfe erkennt man, dass die Feldlinien hier in Deutschland tatsächlich in nördlicher Richtung schräg in die Erde hineinlaufen.

3. Auf der Suche nach dem magnetischen Südpol

An einem Globus kannst du sehen, dass Nordpol und Südpol die Punkte sind, an denen der Globus drehbar gelagert ist. Zwischen ihnen verläuft die Erdachse, um die sich der Globus dreht, hier laufen alle Längengrade zusammen. Man nennt diese Orte **geografischen Nordpol** bzw. geografischen Südpol. So lassen sie sich leicht von magnetischen Polen der Erde unterscheiden.

Wenn du dir in einem Atlas das Gebiet um den geografischen Nordpol etwas genauer ansiehst, dann entdeckst du etwas Merkwürdiges: Der magnetische Südpol liegt gar nicht genau am geografischen Nordpol, sondern auf dem Packeis des Nordpolarmeeres. Der Nordpol der Kompassnadel zeigt deshalb auch nicht genau zum geografischen Nordpol, sondern zum etwas abseits liegenden magnetischen Südpol. Diese Abweichung wird **Missweisung** genannt. Sie musste früher bei sehr genauen Kursberechnungen berücksichtigt werden.

In allen Regionen der Welt nutzt man heute Satelliten zur Orientierung (GPS: Global-Positioning-System). Der Magnetkompass hat in der Schifffahrt an Bedeutung verloren, in der Freizeit dient er gelegentlich noch als Orientierungshilfe.

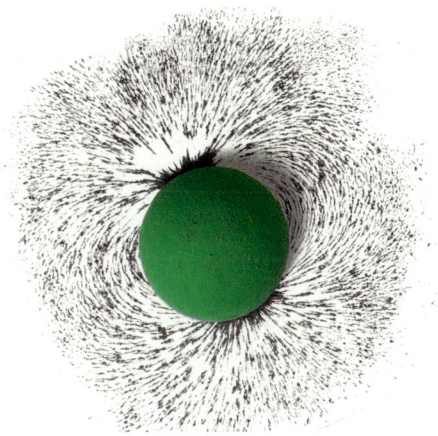

V2 In diesem Modell richtet ein Stabmagnet unter dem Ball Eisenspäne aus und zeigt so den Verlauf der Feldlinien an.

V3 Eine Inklinationsnadel zeigt den Verlauf der Feldlinien an. In Deutschland verlaufen sie steil in den Erdboden hinein.

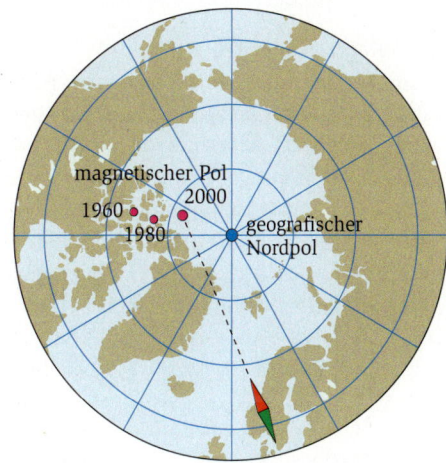

B3 Der Nordpol der Kompassnadel zeigt nicht genau zum geografischen Nordpol, sondern zum magnetischen Südpol. Der liegt etwas abseits und ändert im Laufe der Jahre seinen Ort.

Karte, Kompass, GPS

A. Der Kompass als Sportgerät

Kennst du die auf den Piktogrammen (links im Bild) abgebildeten Sportarten? Beim *Orientierungslauf* müssen Sportlerinnen und Sportler zwischen Start und Ziel Kontrollstellen anlaufen, die auf einer speziellen *Karte* eingezeichnet sind.

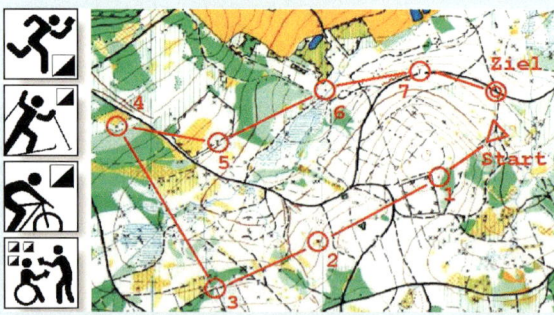

Der *Kompass* ist beim Orientierungslauf ein ständiger Begleiter der Sportlerinnen und Sportler. Mit ihm bestimmt man die Richtung zum nächsten Kontrollposten und mit ihm kontrolliert man unterwegs, ob man nicht von der Route abgekommen ist. Man will ja in der kürzesten Zeit und ohne unnötige Umwege zum Ziel kommen. Den richtigen Umgang mit Karte und Kompass müssen auch andere *Outdoor-Sportler* und *Pfadfinder*, aber auch Wanderer und Abenteuer-Touristen lernen, damit sie ans Ziel kommen, wenn Wegweiser und Straßenschilder für die Orientierung fehlen.
Darauf kommt es an:

Die Karte einnorden

Eine Landkarte ist ein verkleinertes und vereinfachtes Bild der Erdoberfläche. Wenn sie uns bei der Orientierung helfen soll, dann müssen wir Orte und Richtungen auf der Karte mit der Landschaft vergleichen.

Dazu ist es zweckmäßig, die Karte so zu halten, dass Norden auf der Karte und Norden in der Wirklichkeit die gleiche Richtung haben. Der Kompass mit drehbarer Teilscheibe hilft uns dabei:

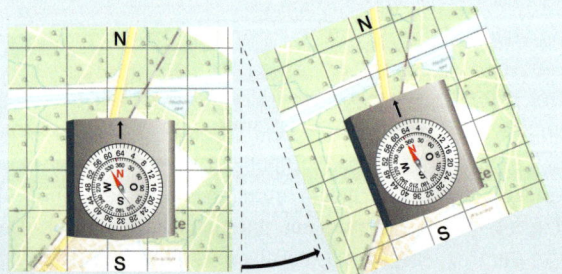

- Teilscheibe drehen, bis die Nordmarkierung (N) mit der Ablesemarke (↑) übereinstimmt.
- Kompass mit der Anlegekante an eine Gitterlinie in Nord-Süd-Richtung anlegen. Die Ablesemarke muss zum oberen Kartenrand zeigen.
- Karte samt Kompass solange drehen, bis die Magnetnadel auf N zeigt.

Jetzt ist die Karte eingenordet.

Die Richtung zum Ziel finden

Die Teilscheibe des Kompasses ist wie ein Winkelmesser in Grad eingeteilt, rundherum sind es 360°. Jeder Richtung kann ein Winkel in Grad zugeordnet und auf der Karte mit einem Winkelmesser gemessen werden, von der Nordrichtung aus im Uhrzeigersinn.

In der Landschaft kann man mit dem Winkelmesser nicht viel anfangen, auch hier hilft der Kompass:
- Den Kompass so halten, dass die Ablesemarke zum Ziel zeigt (das Ziel *anpeilen*).
- Die Teilscheibe drehen, bis die Nordmarke (N) mit der Kompassnadel übereinstimmt.
- An der Ablesemarke den Winkel ablesen.

Die Richtung zum Ziel kontrollieren

Vielleicht führt der Weg durch einen Wald. Man kann das Ziel eine Weile nicht sehen. Wie prüft man, ob man nicht von der Richtung abgekommen ist?

Wenn man die Teilscheibe nicht verdreht hat, muss man nur den Kompass so ausrichten, dass Kompassnadel und Nordmarke übereinstimmen. Die Ablesemarke des Kompasses zeigt die Richtung zum Ziel.
Orientierungsläufer benutzen den abgebildeten *Daumenkompass*. Der Daumen dient als Ablesemarke, die Winkelbereiche von 0° bis 360° sind in 30°-Schritten durch Farben und Punkte unterschieden. So kann man auch in vollem Lauf die Richtung zum nächsten Kontrollposten kontrollieren.

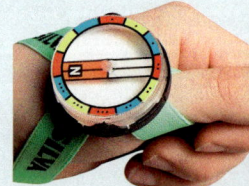

B. GPS – Satelliten sagen dir, wo du bist

Vielleicht hast du schon einmal eine Straße auf einem Stadtplan gesucht. „E7" stand im Straßenverzeichnis und hat ein ganzes Planquadrat bezeichnet. Mit den Gitterlinien auf Landkarten kann man Orte genauer bezeichnen. Wie in einem Koordinatensystem gibt man Rechtswert und Hochwert an. Wo aber bekommt man die Koordinaten her, wenn man nicht weiß, wo man sich befindet?

Stell dir vor, du irrst in einer Stadt umher und hast drei Freunde, die dir je eine SMS schicken können: „Ich bin am Ort X und Y km von dir entfernt". Ob deine Mathematikkenntnisse wohl ausreichen, um daraus deinen Standort zu berechnen?

Mit dem Zirkel und deinen Geometriekenntnissen schaffst du es wahrscheinlich.

Bei **GPS** (*Global Positioning System*), dem erdumspannenden System zur Positionsbestimmung, sind es mehrere Satelliten, die ständig Signale über ihren Standort zusammen mit sehr genauer Zeitangabe aussenden. Das GPS-Gerät berechnet mit Physik und viel Mathematik den Standort, zeigt ihn an und kann sie auch in eine elektronische Landkarte eintragen.

Beim *tracking* wird auf dieser Landkarte die Spur einer Bewegung eingetragen. Daraus lassen sich Bewegungsrichtung und Geschwindigkeit berechnen. Das macht alles blitzschnell der Computer im GPS-Gerät. Für Outdoor-Sportler und -Sportlerinnen gibt es solche Geräte auch mit einer Kompass-Anzeige.

C. Suche nach dem Nordpol der Erde

Um 1900 wussten die Seefahrer, dass die Kompassnadel nicht genau nach Norden zeigt. Ihnen war für vertraute Fahrtgebiete die Größe der Missweisung, den Winkel zwischen magnetisch Nord und geografisch Nord, bekannt. Man wusste damals aber noch nicht, wo im Norden der magnetische Südpol der Erde liegt.

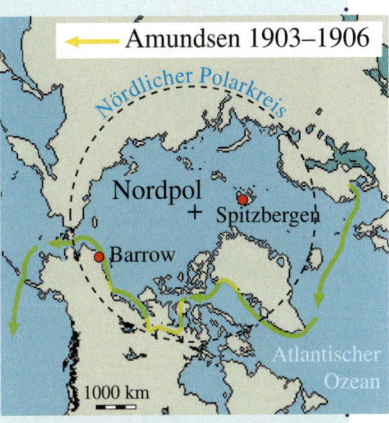

Von 1903 bis 1906 machte der norwegische Entdecker Roald AMUNDSEN seine erste Expedition ins Polarmeer. Sein Schiff Gjöa war eine kleine Jacht, die er mit einem Eisgürtel und einem ca. 10 kW starken Motor ausgerüstet hatte. Er wollte als erster die Nordwest-Passage vom Atlantik zum Pazifik befahren und den Ort des magnetischen Südpols bestimmen. Beides ist ihm gelungen.

Über den Magnetismus selbst wusste man zu AMUNDSENs Zeiten schon mehr als über den Erdmagnetismus. Wenn sich auf einem Schiff viel Eisen befindet (z. B. der Motor auf AMUNDSENs Holzschiff), dann wird die Magnetnadel abgelenkt, sie zeigt nicht mehr die Richtung der erdmagnetischen Feldlinien an. Der Seemann spricht von *Ablenkung*. Diese Ablenkung der Kompassnadel wird durch zusätzlich in der Nähe des Kompasses angebrachte Eisenkörper wettgemacht. Die braunen Eisenkugeln rechts

und links am Kompass im Bild haben genau diese Aufgabe, sie gleichen die Wirkung des Motors und anderer fest montierter Eisengegenstände an Bord aus.

Heute haben Schiffe GPS und elektronische Seekarten, aber immer noch einen Magnetkompass – aus Sicherheitsgründen. Man sieht ihn oft gut eingepackt auf dem Dach der Kommandobrücke. Bei Schiffen mit Eisenrumpf ist das Ausgleichen der magnetischen Ablenkung noch wichtiger als bei den Holzrümpfen der Segelschiffzeit.

B1 Ein starker Hebemagnet auf dem Schrottplatz

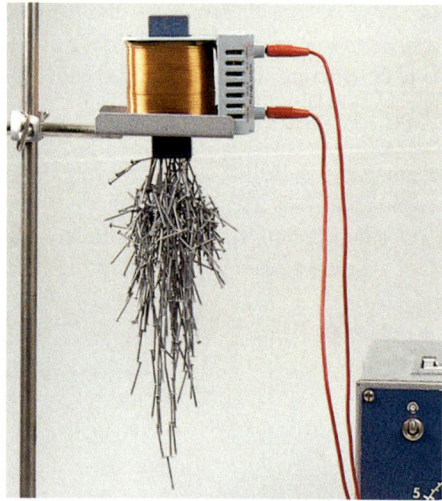

V1 Eine Strom führende Spule mit Eisenkern zieht eine große Menge Nägel an.

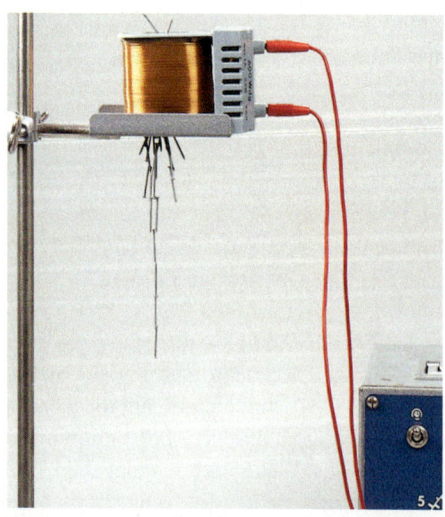

V2 Auch ohne Eisenkern bleiben einige Nägel an der Spule hängen.

1. Magnete zum Abschalten – wichtig für Maschinen

Auf einem Schrottplatz arbeiten Kräne mit Hebemagneten. Da dort viele Gegenstände aus Eisen transportiert werden sollen, bietet sich ein starker Magnet zum Heben der Eisenteile geradezu an → B1 . Außerdem kann ein Magnet Eisenteile von Aluminiumstücken trennen, da Aluminium und Messing von Magneten nicht angezogen werden. Zum Abladen müssen die Eisenteile wieder vom Magneten gelöst werden.

„In einem Schrottkran kann sich kein normaler Dauermagnet befinden", stellt Jana fest, „denn dann ließen sich die am Magneten haftenden Eisenteile wohl kaum wieder lösen."

2. Magnetismus – allein mit Spule und Strom

Jana hat Recht, hier wird ein **Elektromagnet** verwendet. Dieser lässt sich nämlich abschalten und schon fallen die Schrottteile wieder zu Boden. Elektromagnete werden auch in vielen elektrischen Geräten verwendet. Beim Zerlegen eines defekten Gerätes erkennt man ihn daran, dass er nur aus einer Spule mit einem Eisenkern besteht.

Eine Spule ist ein dünner isolierter Kupferdraht, der in vielen Windungen um eine Kunststoffröhre gewickelt ist und an eine Stromquelle angeschlossen wird.
Eisenkern heißt das Eisenstück im Inneren der Spule, an dem beim Schließen des Stromkreises Gegenstände aus Eisen hängen bleiben.

Die Stärke des Magneten lässt sich über die Stromstärke regeln → V1 . Bei kleiner Stromstärke bleiben nur einzelne Nägel am Eisenkern hängen. Je stärker der Strom, desto größer wird das Nagelbüschel, das am Magneten hängen bleibt. Man kann den Magneten also nicht nur ein- und ausschalten, sondern auch noch in seiner Stärke einstellen.

Jana denkt nach: „Beim Einschalten des Stromes wird aus dem Eisenkern auf einmal ein Magnet, der die Eisennägel anzieht. Also wird das Eisenstück von der Strom führende Spule magnetisiert." Sie stellt sich die Spule vor wie einen „unsichtbaren Magneten", der die Elementarmagnete im Eisen ausrichten kann, ohne selber welche zu besitzen. „Ob dieser unsichtbare Magnet auch ohne den Eisenkern funktioniert?", fragt sie sich. → V2 schafft Klarheit: „Tatsächlich!", staunt Jana, „die Spule ist der Elektromagnet, der das Eisenstück magnetisiert."

Merksatz

Eine Strom führende Spule ist ein Elektromagnet. Man kann ihn über die Stromstärke regeln und man kann ihn abschalten. Ein Eisenkern verstärkt die magnetische Wirkung der Spule.

Kompetenz – Das Modell der Elementarmagnete anwenden

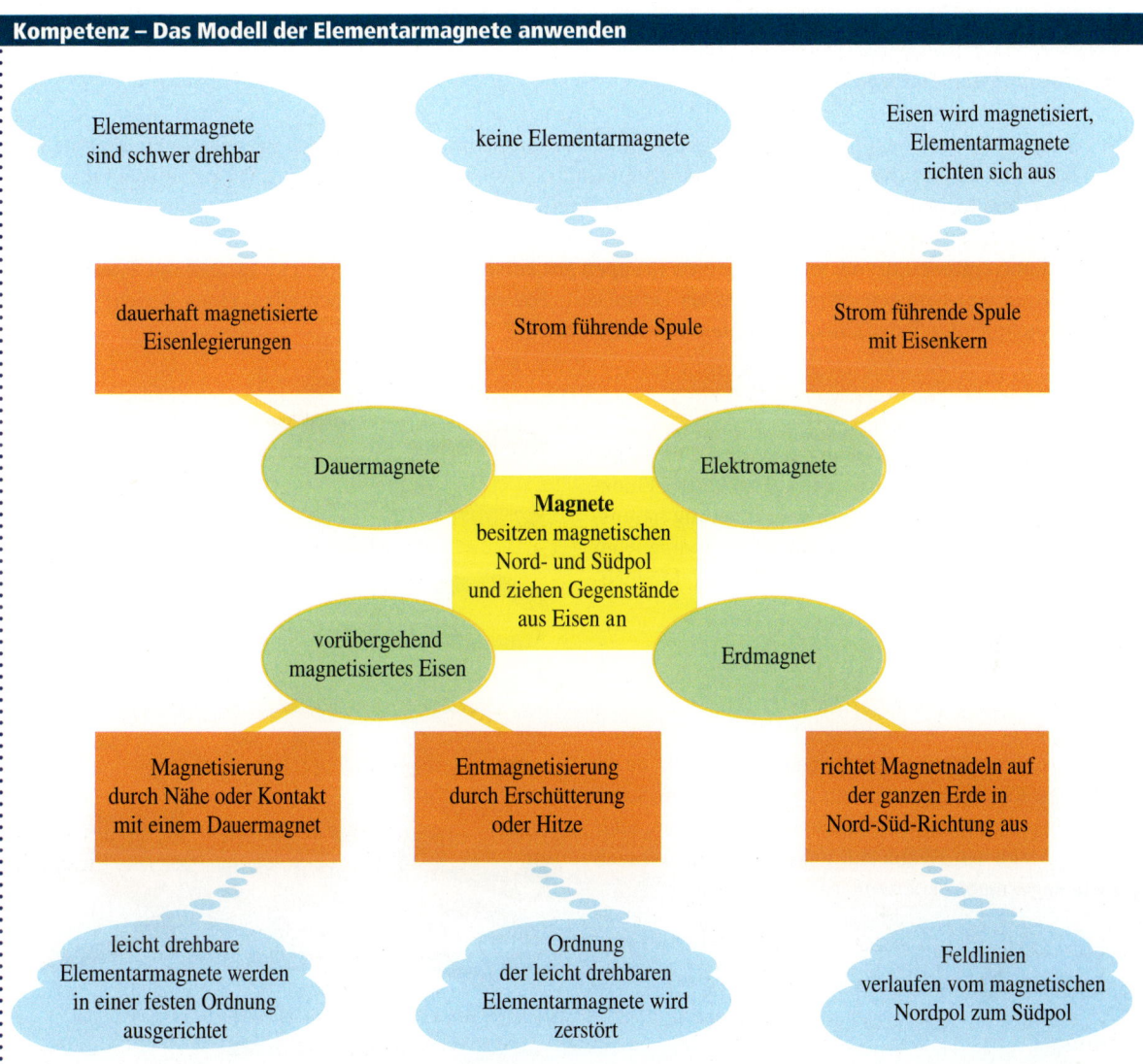

Die Grafik gibt einen Überblick über das Thema „Magnete". Die Farben zeigen an, ob es um Magnetsorten, um mögliche Beobachtungen oder um Vorstellungen im Gedankenmodell der Elementarmagnete geht.

Mach's selbst

A1 Nenne die Bestandteile eines Elektromagneten. Erkläre ihre jeweilige Bedeutung.

A2 Ein Eisenstab und ein zylindrischer Stabmagnet sehen völlig gleich aus.

a) Finde durch ein Experiment heraus, welcher Stab der Dauermagnet ist. Du darfst nur die beiden Gegenstände benutzen.

b) Bestimme den Südpol des Dauermagneten.

c) Magnetisiere den Eisenstab so, dass sein magnetischer Südpol zu deinem Partner weist.

A3 Plane eine elektromagnetische Sicherung. Zur Verfügung stehen dir Kabel, Lampe und Batterie, zwei Kohlestäbe, eine Stahlstricknadel und ein Elektromagnet. Erkläre deinen Plan und baue die Sicherung auf, falls dir die benötigten Geräte zur Verfügung stehen und teste sie.

A4 Hat dein Fahrrad einen Tacho? Möglicherweise führt ein Kabel von ihm zum Sensor an der Vorderradgabel. Bringe einen Magneten in die Nähe des Sensors und beschreibe deine Wahrnehmung (es muss dabei sehr leise sein). Wiederhole den Vorgang schnell und beobachte die Tachoanzeige. Erkläre, wie der Tacho von der Geschwindigkeit des Fahrrades erfährt.

Untersuchung von Elektromagneten

Die Klasse bildet vier unabhängige Arbeitsgruppen. Jede Gruppe bearbeitet eine der folgenden experimentellen Aufträge zu Elektromagneten. Innerhalb einer Gruppe können sich Teilgruppen bilden. Vor der Präsentation der Ergebnisse besprechen die Teilgruppen eines Auftrags ihre Rollenverteilung.

Präsentationen müssen für die jeweils anderen Gruppen gut verständlich sein. Mögliche Formen der Präsentation sind: Vortrag von Gruppenvertretern, kleines Lernplakat, Powerpoint-Vortrag, Schreiben eines Berichtes, häusliches Protokoll aller Teilnehmer, das später verlesen wird.

Auftrag 1
Baut aus den rechts angegebenen Materialien einen einfachen Elektromagneten mit Eisenkern. Findet durch systematisches Verändern der Schaltung heraus, wie man die magnetischen Pole eines Elektromagneten vertauschen kann. (Hinweis: Es gibt zwei Möglichkeiten.)

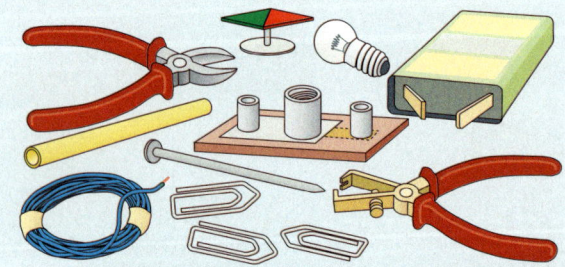

Auftrag 2
Baut aus den rechts angegebenen Materialien einen einfachen Elektromagneten mit zunächst einem Nagel als Eisenkern. Findet eine Messmethode für die „Stärke" des Magneten. Wählt mit jedem weiteren Versuch einen Nagel mehr als Eisenkern.

Auftrag 3
Baut aus den rechts angegebenen Materialien einen einfachen Elektromagneten mit Eisenkern. Überlegt, wie ihr in einer Reihe von Messungen herausfinden könnt, wie die „Stärke" des Magneten von der Anzahl der Windungen abhängt.

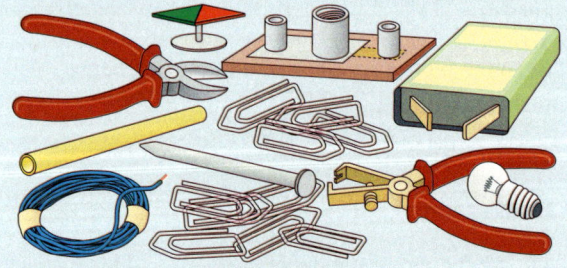

Auftrag 4
Baut aus den rechts angegebenen Materialien einen einfachen Elektromagneten mit Eisenkern. Plant, wie ihr mit den vorhandenen Gegenständen die Stärke des elektrischen Stroms in eurem Stromkreis verändern könnt. Untersucht dann, wie die „Stärke" des Magneten von der Stromstärke abhängt.

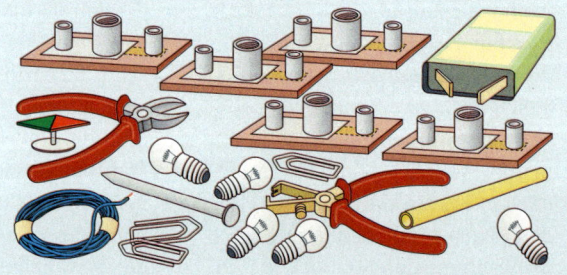

Magnetschalter kontrollieren den Wasserstand

Auch vor Hochwasser kann man sich mithilfe einer Klingel und eines Magnetschalters warnen lassen.

Katharina, Aylin und Samantha füllen ein Becherglas langsam mit Wasser. Bevor es überläuft, ertönt zur Warnung eine Klingel.

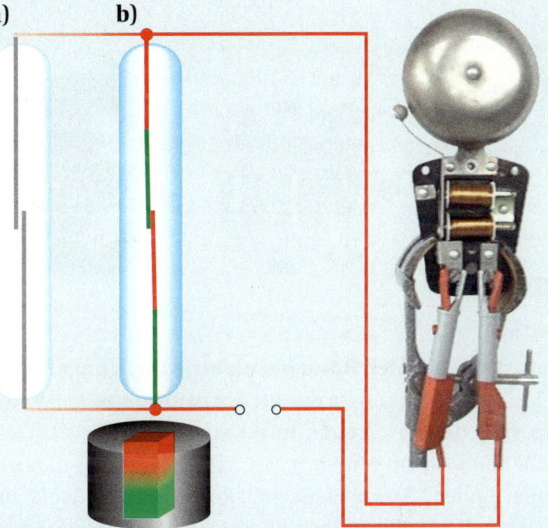

a)   b)

Wir beobachten genauer:
Bei diesem Aufbau wird der Stromkreis, in dem sich Klingel und Stromquelle befinden, durch eine Art Schwimmschalter geschlossen.
Die Klingel beginnt zu schellen, wenn sich der Schwimmer dem über ihm liegenden Bauteil bis auf einen bestimmten Abstand genähert hat. Er hat ihn noch nicht erreicht, also nicht berührt, da geht der Alarm schon los. Wie ist das möglich?

Ein Blick ins Innere des Schwimmschalters hilft uns bei der Suche nach einer Antwort weiter:

In das obere Bauteil ist ein sogenannter **Reed-Schalter** eingebaut. Dieser Schalter besteht aus zwei dünnen Eisenplättchen, die sich nahezu beühren. Sie sind in einen Glaskolben eingeschlossen. Ihre Enden ragen zum elektrischen Anschluss aus dem Glaskolben heraus. Wenn diese beiden Kontakte in den Stromkreis eingebaut sind, so ist der Stromkreis zunächst unterbrochen (Bild a).

In dem Schwimmer befindet sich ein kleiner Magnet. Nähert sich nun dieser Magnet den beiden Eisenplättchen, so werden sie, wie im Bild obendargestellt, magnetisiert und ziehen einander an (Bild b).
Auf diese Weise wird der Stromkreis mit Stromquelle und Klingel geschlossen – der Alarm wird ausgelöst.
„Das ist ja genial," erkennt Katharina „dieser Schalter braucht keine Berührung, und er ist sogar wassergeschützt.

Die drei Mädchen „erfinden" einen Regelkreis:
Anstelle der Warnglocke wird eine Pumpe angeschlossen, die das Wasser aus dem Gefäß (in ein anderes) pumpt, so lange bis der Pegel wieder weit genug abgesenkt ist. Eine solche Einrichtung könnte man für eine *Regenwassergewinnungsanlage* verwenden. Viele Häuser besitzen im Keller einen „Pumpensumpf". Auch aus ihm wird Wasser mit einer ähnlichen Vorrichtung abgepumpt.

Elektromagnete melden Besuch oder Gefahr

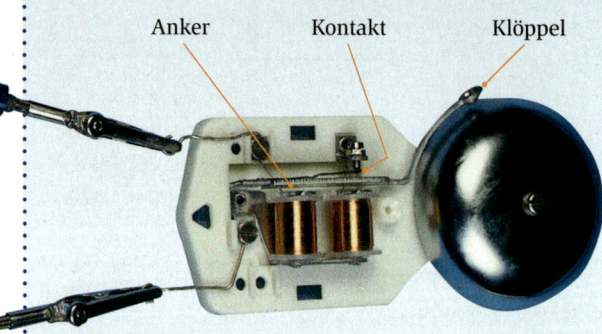

Anker   Kontakt   Klöppel

A. Erwünschter Besuch – elektrische Klingel

In Lisas Wohnung ist die alte Haustürklingel gegen einen modernen Türgong ausgetauscht worden. Als Lisa die Klingel zum Müll bringen will, bemerkt sie die beiden Spulen. „Das sind doch Elektromagnete", denkt sie sich und beschließt, die Klingel genauer unter die Lupe zu nehmen. „Wenn die Spulen Strom führen, ziehen sie das Eisenplättchen darüber an und der Klöppel haut gegen die Glocke. Logisch! – Aber warum macht es nicht nur einmal *Kling* sondern immer wieder?" fragt sich Lisa. Ein Modellversuch im Physikunterricht bringt Klarheit.

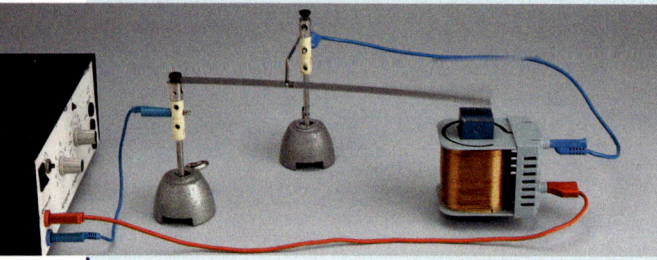

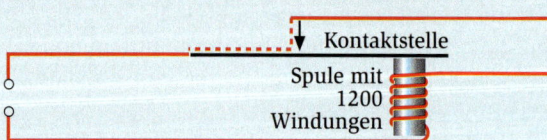

Kontaktstelle
Spule mit 1200 Windungen

Ein langes Eisenblatt ist zwischen A und D so befestigt, dass es über dem Elektromagneten auf und ab schwingen kann. Zu Beginn ist der Stromkreis über B und D geschlossen. Der Elektromagnet zieht das Eisenblatt nach unten. Dadurch wird aber der Stromkreis an der Kontaktstelle unterbrochen – der Elektromagnet ist ausgeschaltet. Das Eisenblatt schwingt nach oben und schließt den Stromkreis wieder; das Spiel beginnt von neuem. Der Stromkreis unterbricht und schließt sich immer wieder von selbst. Ein solcher **Selbstunterbrecher** befindet sich auch in der Klingel.

B. Unerwünschter Besuch – Alarmanlage

Manchmal bekommt man auch „Besuch", wenn man gar nicht zu Hause ist. Man kann sich aber vor einem Einbruch, bei dem Fensterscheiben eingeschlagen oder aufgeschnitten wurden, schützen. Wird die Scheibe zerstört, so wird z. B. ein Stromkreis geschlossen, in dem sich eine Alarmsirene befindet. – Technisch wird dies durch zwei getrennte Stromkreise in einem **Relais** möglich. In die Glasscheibe ist ein feines Drähtchen eingearbeitet. Dieses liegt im **Steuerstromkreis.** Dort zieht ein eingeschalteter Elektromagnet einen Schalter vom Kontakt im **Arbeitsstromkreis** weg.

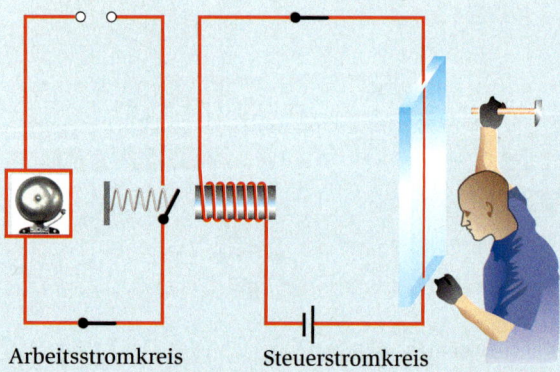

Arbeitsstromkreis   Steuerstromkreis

Wird das Drähtchen beim Zerstören der Scheibe zerrissen, so geht der Schalter in seine Ausgangsstellung zurück und schließt dabei den Arbeitsstromkreis: Die Sirene heult los – der Einbrecher vor Schreck auch!

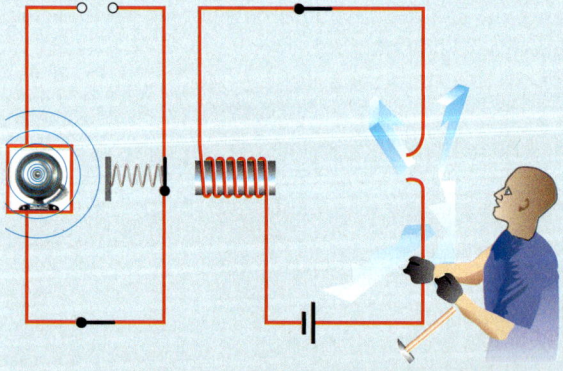

Damit bei der Alarmanlage nicht dauernd ein Steuerstrom fließen muss, um ein Losheulen der Sirene zu verhindern, benötigt man einen weiteren Schalter im Arbeitsstromkreis. Wenn dieser Schalter offen ist, kann die Stromquelle im Steuerstromkreis ruhig ausgeschaltet werden. Die Alarmanlage ist außer Betrieb.

Interessantes

Die Magnetschwebebahn

Schwebegestell

Eisenpaket

Führ-magnet
Tragschiene
Eisenband
Tragmagnet

Eine Bahn mit magnetischem Wagenheber . . .

Sicher hast du schon einmal etwas von dem Transrapid gehört. Der Transrapid ist ein Zug, der durch die anziehende Wirkung von Magneten angehoben und in einer bestimmten Höhe gehalten wird. Er kommt daher ganz ohne Räder aus. Dies ist ein großer Vorteil. Herkömmliche Züge verlieren durch Reibung zwischen Rad und Schiene dauernd Energie an die Umgebung. Da der Transrapid nichts berührt, kann er diese eingesparte Energie nutzen, um schneller zu werden als der normale Zug. Er erreicht so eine extrem hohe Geschwindigkeit von bis zu 500 km/h.

Tragen

Magnete sollen die Bahn schweben lassen. Dauermagnete ließen die Fahrzeuge sofort am Fahrweg haften. Damit dies nicht geschieht, baut man Elektromagnete in den Fahrweg. Andere Elektromagnete werden im Schwebegestell des Zuges angebracht. Der Strom wird nun dauernd so geregelt, dass zwischen den Tragemagneten des Schwebegestells und den Elektromagneten des Fahrweges ein etwa 1 cm breiter Spalt entsteht. Dieser Abstand wird während der ganzen Fahrt eingehalten.

Führen

Auch seitlich an den Führungsschienen sind Magnete befestigt. Im Schwebegestell des Zuges (graue Kästen im Bild oben) sind dazu passende Führungsmagnete montiert. Zusammen sorgen sie für gleich bleibenden Abstand zwischen Bahn und Fahrweg und verhindern so ein seitliches Anstoßen.

. . . und magnetischem Antrieb

Auch zum Antrieb verwendet man Elektromagnete. Im Fahrweg befinden sich sogenannte Vorschubmagnete. Diese wirken auf die am Fahrzeug angebrachten Elektromagnete so ein, dass sich das Fahrzeug in Fahrtrichtung nach vorne bewegt. Durch die Bewegung des Fahrzeugs ändert sich aber die Lage dieser Magneten zueinander. Daher müssen die Magnete im Fahrweg zeitlich passend genau so umgepolt werden, dass sie die Bahn immer weiter in Fahrtrichtung antreiben. Dies siehst du in der Zeichnung unten zu drei Zeitpunkten → **B1** .

Beim Abbremsen macht man es genau umgekehrt. Die Elektromagnete im Fahrweg werden nun so gepolt, dass sie das Fahrzeug nach hinten ziehen. Dadurch wird es langsamer, bis es steht.

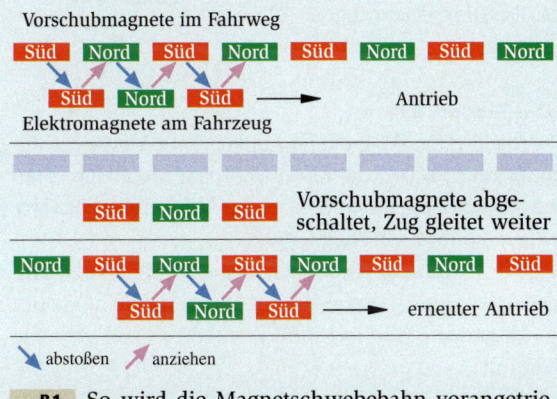

Vorschubmagnete im Fahrweg

| Süd | Nord | Süd | Nord | Süd | Nord | Süd | Nord |

| Süd | Nord | Süd | Antrieb
Elektromagnete am Fahrzeug

Vorschubmagnete abge-schaltet, Zug gleitet weiter

| Süd | Nord | Süd |

| Nord | Süd | Nord | Süd | Nord | Süd | Nord | Süd |

| Süd | Nord | Süd | erneuter Antrieb

↘ abstoßen ↗ anziehen

B1 So wird die Magnetschwebebahn vorangetrieben: blaue Pfeile: Abstoßung, violette Pfeile: Anziehung

Das ist wichtig

1. Magnete
Ein Magnet zieht Gegenstände aus Eisen, Nickel oder Kobalt an. An seinen Enden ist diese anziehende Wirkung besonders stark. Man nennt diese Enden die Pole des Magneten.

2. Die Magnetpole
Jeder Magnet hat einen magnetischen Nordpol und einen magnetischen Südpol. Frei beweglich dreht jeder Magnet seinen Nordpol in nördliche Himmelsrichtung, seinen gegenüberliegenden Südpol nach Süden. Diese Eigenschaft hat den Magnetpolen den Namen gegeben.

magnetischer Nordpol

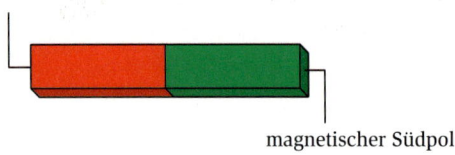

magnetischer Südpol

Mit gleichnamigen Polen stoßen sich Magnete gegenseitig ab. Mit ungleichnamigen Polen ziehen sie sich gegenseitig an.

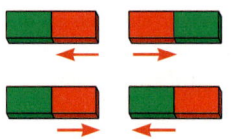

3. Der Kompass
Die Eigenschaft der Nord-Südausrichtung nutzt man beim Kompass aus. Er ist ein kleiner stabförmiger Magnet, der sich in einem Gehäuse auf einer Nadelspitze frei drehen kann. So kann er über einer Windrose die Himmelsrichtugen anzeigen.

4. Das Magnetfeld
Im Umfeld eines Magneten werden Kompassnadeln abgelenkt und Körper aus Eisen selbst zu Magneten. Man nennt diesen Bereich, in dem es zur Wirkung auf andere Magnete kommt, ein Magnetfeld.
An jedem Punkt eines Magnetfeldes stellt sich eine Kompassnadel in eine ganz bestimmte Richtung. So bekommt das Magnetfeld ein wiedererkennbares Muster, eine „Struktur".

Auch die Erde ist von einem Magnetfeld umgeben. Der magnetische Südpol der Erde liegt in der Nähe des geografischen Nordpols.

Das hilft bei der Verständigung

Kommunizieren
Sich verständigen heißt nicht immer, sich zu unterhalten. Auch ohne viele Worte lässt sich ein Magnetfeld besonders gut durch das Zeichnen von Magnetfeldlinien darstellen. An jedem Punkt einer solchen Feldlinie erkennt man, wie sich eine Kompassnadel dort ausrichten würde:

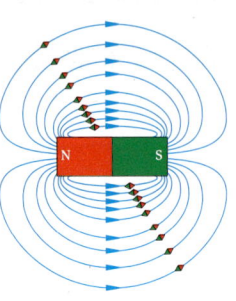

Sie liegt in Richtung der Feldlinie, ihr Nordpol folgt der eingezeichneten Pfeilspitze.

Dokumentieren
Bei der Partner- oder Gruppenarbeit sprichst du mit den anderen ab, wie ihr die Arbeit aufteilt.
So kommt ihr schneller zu eurem selbst gesteckten Ziel.

Euer Produkt könnt ihr z. B. mit einem gemeinsamen Bericht, einem Lernplakat oder einer selbstgefertigten Mindmap präsentieren.

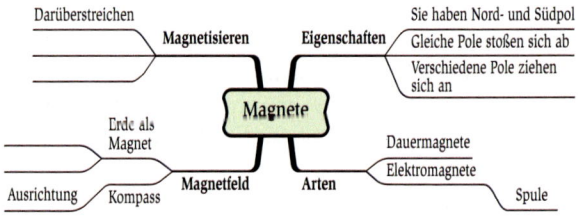

Bewerten
Magnetische Erscheinungen haben die Menschheit schon im Altertum fasziniert. Über Jahrhunderte hinweg wurden mithilfe wachsender Erkenntnis wichtige Werkzeuge für die zivilisierte Welt entwickelt.
So kennt heute jeder den Kompass und seine Nutzung zur Richtungsorientierung.

Die anziehende Eigenschaft der Magnete macht sie zu einem wichtigen Helfer im Alltag, als Haftmagnete an der Pinwand, als dicht schließende Türdichtung am Kühlschrank.
Da die anziehende Kraft bei kleinem Abstand sehr groß sein kann, bist du beim Hantieren vorsichtig:
Du weißt, dass sie bei heftigem Aufeinanderprallen leicht splittern könnten.

Ein an- und abschaltbarer Elektromagnet findet sich in Türöffnern, in Fernschaltern und in großer Ausführung auf dem Schrottplatz.

Das Vorgehen hat sich in der Physik bewährt

Physikalisch argumentieren

Du verwechselst nicht Plus- und Minuspol einer Spannungsquelle mit Nord- und Südpol eines Magneten. Diesen wiederum kannst du vom geografischen Nordpol und geografischen Südpol der Erde unterscheiden.

Die Ausrichtung einer Magnetnadel im Magnetfeld deutest du mithilfe der dir bekannten Magnetfeldlinien.

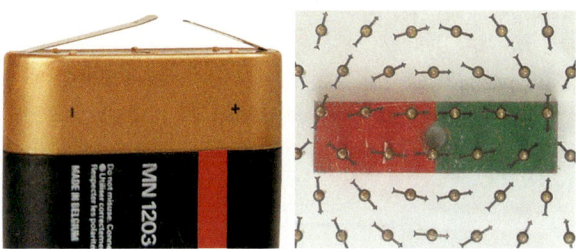

Plus- und Minuspol einer Stromquelle im Vergleich zum magnetischen Nord- und Südpol eines Magneten

Planen, experimentieren, auswerten

Die Verbindung von elektrischem Strom und Magnetismus hast du selbst im Experiment erforscht. Deshalb erkennst du an diesem Versuchsaufbau, dass er den Stromkreis vor einem zu großen Strom bei einem Kurzschluss schützt.
Du kannst dir die fehlenden Teile der Schaltung denken und eine Schaltskizze zeichnen. Den physikalischen Sinn kannst du deinen Mitschülerinnen und Mitschülern erklären.

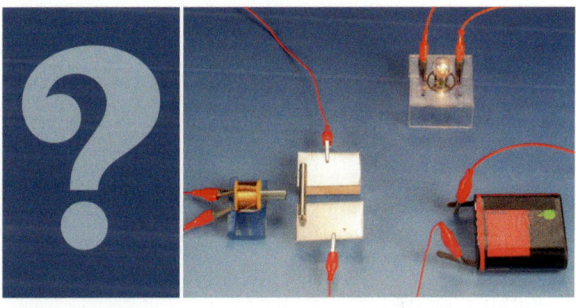

Eine lose aufliegende Metallstrebe vor einem Elektromagneten – wie wird daraus eine Sicherung?

Mathematisieren

Du hast im Experiment erfahren, dass die Wirkung zwischen den Polen von Magneten von verschiedenen Gegebenheiten abhängt wie z.B.:
Je mehr Magnete man zu einem größeren Magneten zusammenfügt, *desto stärker* ist die Wirkung auf den Pol eines weiteren Magneten.

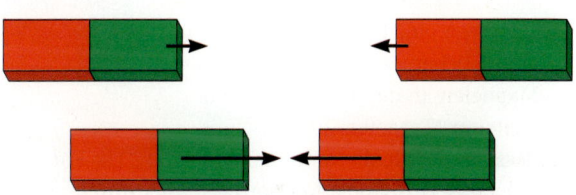

Je kleiner der Abstand zwischen den Magnetpolen, *desto größer* ist die Anziehungskraft.

Mit Modellen arbeiten

Das Denkmodell der Elementarmagnete kann genutzt werden, um magnetische Erscheinungen bei Eisenkörpern vorherzusagen und zu verstehen.
So verstehst du, dass sich zwei vom Nordpol eines Magneten angezogene Eisennägel gegenseitig abstoßen:
Ihre Elementarmagnete richten sich gleichermaßen aus. So entsteht jeweils unten ein Südpol und oben ein Nordpol – die Nägel stoßen sich ab.

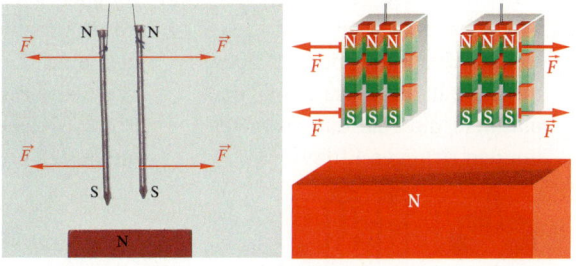

Mit dem Modell der Elementarmagnete kann man die gegenseitige Abstoßung erklären.

Probleme lösen

Stricknadeln hängen nach dem Magnetisieren aneinander.
Man wirft sie auf den Boden. Jetzt gelingt der Versuch nicht mehr.

Das hättest du noch vor wenigen Wochen nicht erklären können. Jetzt löst du das Problem mithilfe der Vorstellung von Elementarmagneten.

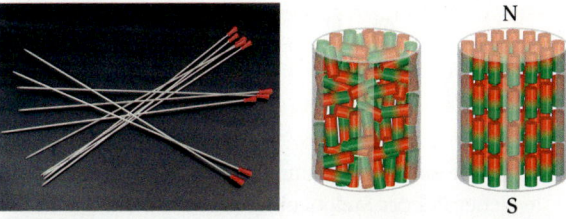

Stricknadeln haften nach dem Hinwerfen nicht mehr aneinander. Was ist passiert?

Kennst du dich aus?

A1 Übertrage die Zeichnung in dein Heft. Färbe anschließend den rechten Magneten richtig ein. Begründe deine Wahl.

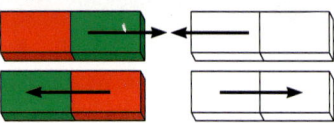

A2 Finde heraus, ob der Rahmen deines Fahrrades aus Eisen oder Aluminium ist. Beschreibe dein Verfahren.

A3 Eine Schraube ist hinter die Werkbank gerutscht. Mit der Hand kann Lukas sie nicht erreichen. Beschreibe, wie er sie mithilfe eines Eisendrahtes und eines Magneten wieder hervorholen kann.

A4 Lege einen Lautsprecher auf eine Küchenwaage. Nähere dem Magneten an der Rückseite einen weiteren Magneten zunächst mit dessem Nordpol, anschließend mit dessem Südpol. Notiere deine Beobachtungen und deine Schlussfolgerung.

A5 Schaue dir die im Bild dargestellten Versuche genau an. Übertrage sie dann in dein Heft und markiere die Pole der Magneten mit den richtigen Farben.

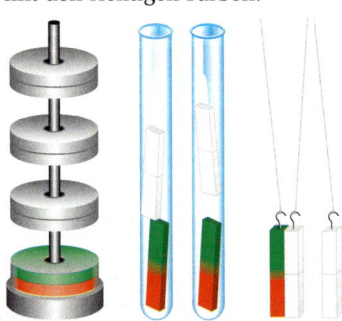

A6 Wie kannst du herausfinden, welcher Pol der Südpol eines Magneten ist? Nenne verschiedene Möglichkeiten.

A7 Eine Stahlnadel wurde durch mehrfaches Überstreichen mit dem Nordpol eines Stabmagneten magnetisiert.
Nähert man sie – wie im Bild – dem Südpol eines Stabmagneten, so wird sie abgestoßen.
Kommt man ihr zu nahe, so schwingt sie plötzlich zum Südpol des Magneten und bleibt dort haften. Erkläre diese Beobachtung mit dem Modell der Elementarmagnete.

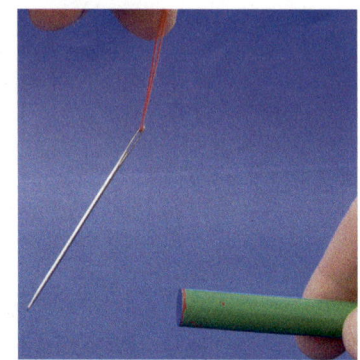

A8 Führt einen Wettbewerb durch: „Wer baut den besten Kompass".
Die Bilder sollen eine Anregung für euch sein. Als Kompassnadeln könnt ihr einen dünnen Eisennagel, eine Stahlnadel (Nähnadel) bzw. eine Büroklammer wählen. Prüft, welcher Gegenstand sich am besten eignet.

Teller mit Wasser

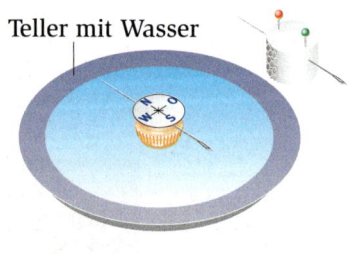

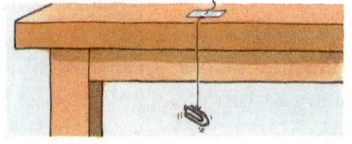

A9 Erkläre, warum das Gehäuse eines Kompasses nicht aus Eisen sein darf.

A10 Eine der beiden Magnetnadeln wird langsam in eine Drehbewegung versetzt. Schildere, was passieren wird und begründe deine Vermutung.

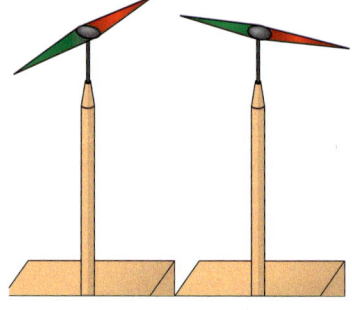

A11 Die Pole dieses Magneten sind nicht farbig markiert. Beschreibe, wie du vorgehst, um den Südpol des Magneten herauszufinden. Nenne verschiedene Möglichkeiten.

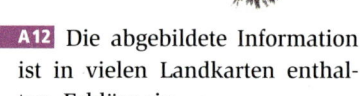

A12 Die abgebildete Information ist in vielen Landkarten enthalten. Erkläre sie.

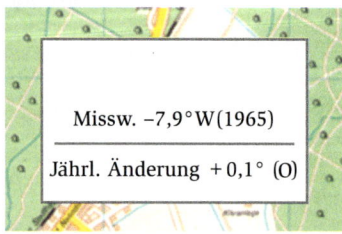

Missw. −7,9° W (1965)

Jährl. Änderung +0,1° (O)

A13 Der Magnet ist zerbrochen. Argumentiere und bewerte mit dem Elementarmagnetmodell.

A14 Diesen Auftrag solltest du im Team ausführen: Plant und baut einen elektrisch betriebenen Kompass. Er soll auf einer Styroporplatte in einer Schüssel schwimmen. Überlegt, wie ihr die nördliche Himmelsrichtung findet.

A15 **a)** Beschreibe, was du im Bild siehst und was außerhalb des Bildes sein muss. **b)** Einiges passiert in dem dargestellten Versuch, was man nicht sehen kann. Erläutere dies.

A16 Auf dem Bild ist eine Rohstofftrennungsanlage vereinfacht dargestellt.

a) Beschreibe die Arbeitsweise der Maschine.
b) Nenne beispielhaft Stoffe, die auf diese Weise zurückgewonnen werden können und erläutere das Verfahren.

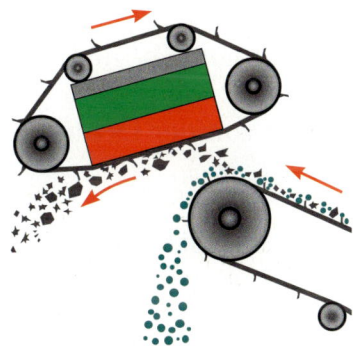

A17 Entnimm dem folgenden Zeitungsartikel wichtige Informationen, deute sie physikalisch und nimm anschließend Stellung dazu:

Köln – Eltern sollten beim Kauf von Magnetspielzeug besondere Vorsicht walten lassen. Gerade bei kleinen Kindern sind etwa mit Magneten versehene Tierchen, die auf vielen Flächen haften, besonders beliebt. Die dabei verwendeten Magnete sind aber oft so stark, dass sie beim Verschlucken gefährlich werden können.
Werden zwei starke Magnete oder ein starker Magnet und ein magnetisierbarer Gegenstand von Kindern verschluckt, so ziehen sich die Teile im Magen-Darm-Trakt an. Dies kann nach Angaben der Behörde durch Druck und Reibung zu inneren Verletzungen führen. In der Vergangenheit gab es demnach bereits Unfälle mit Magneten, bei denen Kinder nur durch schwere Operationen gerettet werden konnten.

Projekt

Die Küche wird zum Magnetlabor

Ihr habt sicherlich schon gefühlt, dass die abstoßende Kraft zwischen zwei gleichnamigen Polen um so größer ist, je näher die Pole aneinanderrücken. Mit einer kleinen elektronischen Waage könnt ihr zu Hause diesen Zusammenhang in einer Versuchsreihe genauer untersuchen. Ihr benötigt
- eine elektronische Waage,
- vier kurze Rund- oder Scheibenmagnete,
- eine verstellbare Halterung für einen Magneten,
- Lineal mit mm-Einteilung, Papier und Schreibstift.

Zu Beginn einer Messung stellt ihr den oder die benötigten Magnete auf die Waage. Vor der eigentlichen Messreihe müsst ihr die Anzeige im Display auf Null stellen, denn ihr sollt ja nicht das Gewicht des Magneten ermitteln. Achtet darauf, dass kein Magnet umfällt oder auf andere stößt.

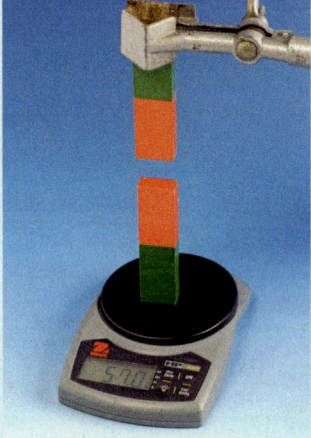

Führt nun folgende Versuche durch; als Maß für die Kraft nehmt ihr jeweils den Zahlenwert des Displays (ohne Einheit g):

1 Untersucht die Größe der abstoßenden Kraft zwischen gleichnamigen Polen bei unterschiedlichen Abständen – z. B. 12 cm, 10 cm, 8 cm bis etwa 2 cm.

2 Führt die gleiche Messung mit zwei oder drei zusammengebundenen Magneten auf der Waage und einem sich von oben nähernden Magneten durch.

3 Nach der abstoßenden Wirkung soll auch die anziehende zwischen ungleichnamigen Polen auf gleiche Weise untersucht werden.

Sammelt die Messergebnisse in einer Tabelle und stellt die Ergebnisse in einem Diagramm dar – z. B. auch mit einem Computerprogramm.

Das kannst du in diesem Kapitel erreichen:

- Du wirst erkennen, dass man ohne Licht nichts sieht.

- Du wirst lernen, wie sich Licht von der Lichtquelle weg ausbreitet.

- Du wirst entdecken, wie Licht und Schatten zusammen-hängen und du wirst Bilder einer Lochkamera untersuchen.

- Du wirst verstehen, wie der Mond im Laufe des Monats sein Aussehen verändert.

- Du wirst mit Spiegeln und Linsen experimentieren, dabei Gesetzmäßigkeiten erkennen und die Bildentstehung im Auge verstehen.

- Du wirst nachvollziehen können, warum Sonnenlicht farbige Lichter enthält

Wir sehen mit den Augen

Die Scheinwerfer des Autos leuchten die Straße aus.
Die Heckleuchten machen den nachfolgenden Verkehrsteilnehmer auf das Auto aufmerksam. Am beleuchteten Nummernschild erkennt die Polizei den Fahrzeughalter.
Die leuchtende Ampel ist rechtzeitig zu sehen.

A1 „Zum Sehen braucht man Licht", diesen Merksatz findet man in jedem Physikbuch.
a) Nennt Beispiele anhand des Bildes oben auf dieser Buchseite.
b) Überlegt euch einen Versuch, der den Merksatz bestätigt.

A2 Ob wie früher mit Gas, oder wie seit 150 Jahren elektrisch, Straßenbeleuchtung kostet Geld. So kam ein Bürgermeister auf die Idee, die Straßenbeleuchtung um Mitternacht abzuschalten und ließ es so bekannt geben. In der Stadt begann eine heftige Diskussion. Entwickelt eine Spielszene mit Pro und Contra.

A3 Um eine Lampe zu sehen, müssen wir den Kopf in Richtung der Lampe drehen.
a) Stellt eine Vermutung auf, warum dies so ist.
b) Beobachtet eine Glühlampe durch einen Schlauch.

Stellt eine Vermutung auf, wie sich das Licht der Lampe ausbreitet.

A4 Das Licht einer Taschenlampe trifft schräg auf verschiedene Objekte: Spiegel, Glasplatte, Milchglas, Holz, Papier (verschiedene Farben, glatt bzw. rau), ... Eine gewölbte weiße Pappe steht der Taschenlampe gegenüber. Notiert, was ihr auf der Pappe beobachtet.

A5 Die Straßenverkehrsordnung schreibt für Fahrräder eine bestimmte Anzahl von Lampen und Reflektoren vor.

Nennt alle vorgeschriebenen Lampen und Reflektoren und notiert jeweils ihren Zweck.

1. Lichtquellen

Die Polizei oder die Feuerwehr sind in der Nacht schon von weitem zu erkennen. Ihr blaues Blinklicht fällt sofort auf. Es ist hell und besonders auffällig. „Hinter einem blauen Glas befindet sich eine helle Lampe die automatisch ein- und ausgeschaltet wird.", sagt Lukas. Sein Vater erklärt ihm, dass das so nicht stimmt. Vielmehr befindet sich hinter dem blauen Glas eine helle Lampe, die ständig leuchtet. Ein gekrümmter Spiegel verdeckt die Lampe zum Teil **→ B1** . Der Spiegel wird von einem Elektromotor um die Lampe herum gedreht. Dadurch wird das Licht immer in eine andere Richtung gelenkt. Nur wenn das Licht vom Spiegel kurzzeitig in unser Auge trifft, registrieren wir das blaue Licht.

Gegenstände, die Licht erzeugen, heißen **Lichtquellen.** Wir erkennen sie, wenn ihr Licht in unser Auge trifft **→ V1** . Manchmal erkennt man Lichtquellen auch daran, dass sie andere Gegenstände beleuchten. Die Kerzenflamme, die Lampe oder auch die Sonne erhellen sogar die kompletten Wände eines Zimmers. Man sagt: Lichtquellen erzeugen Licht und senden es aus.

In **→ V1** haben wir mit vielen Lichtquellen experimentiert. Sie erzeugen das Licht auf unterschiedliche Arten. Die Kerze verbrennt dabei Wachs. Auch ein Kaminfeuer erzeugt Licht durch Verbrennung. In der Taschenlampe und in der Glühlampe der Stehleuchte wird das Licht mithilfe von Elektrizität erzeugt. Dabei wird die Glühlampe sehr heiß, wie du vielleicht schon einmal schmerzhaft festgestellt hast. Wie die Kerze ist also auch die Glühlampe ein Beispiel für eine *heiße* Lichtquelle. Damit meint man, dass sie Licht erzeugt und darüber hinaus auch noch ihre Umgebung aufheizt.

Unsere wichtigste Lichtquelle ist die Sonne. Sie beleuchtet aus weiter Ferne die Erde und heizt die Erdoberfläche dabei auch auf. Auch die Sonne ist eine heiße Lichtquelle – wie ein riesiger weiß glühender Ofen. Sie benötigt zur Lichterzeugung weder Elektrizität noch Kerzenwachs oder Holz. Vielmehr wird in ihrem Inneren Wasserstoff zu Helium verwandelt.

Unter den in **→ V1** untersuchten Lichtquellen befinden sich zwei modernere Exemplare. Der Laserpointer und die Leuchtdiode erzeugen ihr Licht mithilfe von Elektrizität, aber im Gegensatz zur Glühlampe entstehen dabei keine hohen Temperaturen. Wir nennen sie deshalb im Gegensatz zu den oben beschriebenen Lichtquellen *kalte* Lichtquellen. Heiße Lichtquellen heizen vor allem ihre Umgebung auf, während kalte Lichtquellen vergleichsweise mehr Licht erzeugen. Ersetzt du die Glühlampe deiner Taschenlampe durch eine solche Lampe, so hält die Batterie länger. Auch für die Raumbeleuchtung setzen sich solche Lampen immer mehr durch.

B1 Blaulicht

V1 **a)** Wir experimentieren mit den abgebildeten Gegenständen. Sie alle erzeugen Licht. Das erkennen wir allerdings nicht bei allen diesen Gegenständen sofort. Bei der Taschenlampe erkennen wir es erst, wenn wir sie direkt von vorne anschauen – nur dann trifft ihr Licht in unser Auge. Dagegen erkennen wir von allen Seiten, dass die Kerzenflamme und die Glühlampe Licht aussenden. Verdunkeln wir den Raum, so erkennen wir auch die eingeschaltete Taschenlampe von allen Seiten sofort, nämlich an einem hellen Fleck an der Wand.
b) (Lehrerversuch) Der Lehrer schaltet einen Laserpointer ein. Wir bemerken zunächst überhaupt nicht, dass er eingeschaltet ist. Lediglich an der Wand erkennen wir einen kleinen roten Fleck.

> **Achtung:** Es ist gefährlich, wenn Laserlicht ins Auge trifft. Deshalb dürfen nur Lehrerinnen und Lehrer Versuche mit dem Laserpointer durchführen.

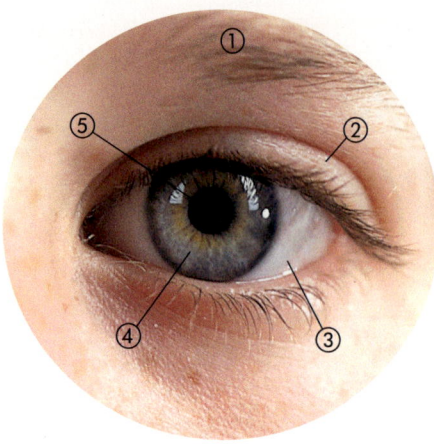

B1 Das äußere Auge: ① Augenbraue, ② Augenlid mit Wimpern, ③ Lederhaut, ④ Iris, ⑤ Pupille

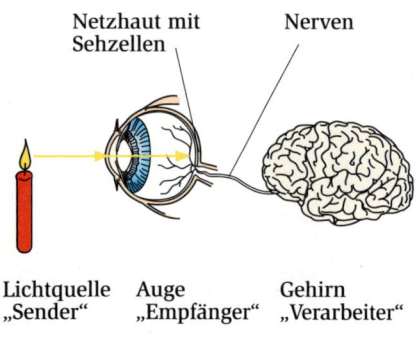

Netzhaut mit Sehzellen   Nerven

Lichtquelle   Auge   Gehirn
„Sender"   „Empfänger"   „Verarbeiter"

B2 Das Auge als Lichtempfänger

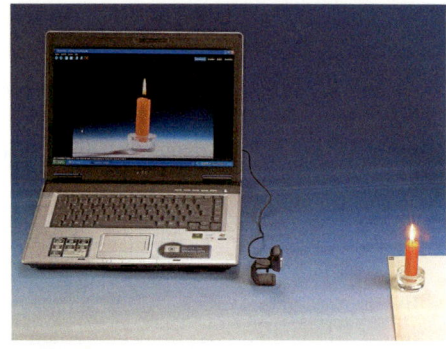

V1 Der leuchtende Gegenstand ist die Kerzenflamme, die Kamera übernimmt die Funktion des Auges, und der Computer ersetzt das Gehirn.
Wir halten eine Hand zwischen Lampe und Kamera. Wir sehen die Flamme nicht mehr auf dem Computerschirm. Wir sehen nur dann das Bild der Flamme, wenn Licht von ihr in die Kamera trifft.

2. Lichtempfänger

Bei all unseren Versuchen hast du natürlich mit offenen Augen beobachtet. Schließt du sie, so bemerkst du nicht, dass irgendwo eine Lichtquelle eingeschaltet ist. Das Auge ist also der menschliche **Lichtempfänger.** Betrachtest du dein Auge → B1 im Spiegel, so erkennst du seine äußeren Bestandteile. Die schwarz erscheinende Pupille ist die Eintrittsöffnung für das Licht. Wir können Licht nur dann wahrnehmen, wenn es von vorne kommend in die Pupille eintritt. Betrachten wir den Sehvorgang genauer:

Trifft Licht einer Kerzenflamme in unser Auge, so meldet es den Lichtempfang über die Nerven an das Gehirn → B2 . Das Gehirn übernimmt dann die Entscheidung, wie der Körper auf das Licht reagieren soll.
Zum Sehen benötigt man also drei Bestandteile. Die Lichtquelle *sendet* das Licht aus, das Auge *empfängt* es und das Gehirn *verarbeitet* die Information.

Unser Auge ist, wie das der Tiere, ein *natürlicher* Lichtempfänger. Es gibt aber auch *künstliche* Lichtempfänger. Der Fotoapparat oder eine Webkamera sind hierfür Beispiele. In → V1 experimentieren wir mit einer Webkamera. Wir können in diesem Versuch den Sehvorgang in einem Modellversuch nachbauen:
Die Kerzenflamme ist die Lichtquelle. Ihr Licht trifft die Webkamera. Die von ihr aufgefangenen Informationen werden durch das Kabel zum Computer übertragen. Der Computer übernimmt die Rolle des Gehirns und erzeugt ein Bild. In der Kamera trifft das Licht auf einen Chip, der Millionen von einzelnen Empfangspunkten (Pixel) besitzt. Jeder Empfangspunkt gibt seine Information an den Computer weiter. Unser Auge muss also ähnlich aufgebaut sein.

Wir erkennen in → V1 , dass nur dann ein Bild auf dem Computerbildschirm entsteht, wenn Licht von der Lichtquelle zum Lichtempfänger gesendet wird.
Wir sehen auf dem Bildschirm nicht nur das Bild der Flamme, sondern auch das Bild der Kerze. Warum auch sie zu sehen ist, untersuchen wir im nächsten Kapitel genauer.
Licht breitet sich also stets vom Sender zum Empfänger aus. Lichtquellen sind dabei der aktive Partner, Lichtempfänger der passive. Die umgangssprachliche Redewendung „wir werfen einen Blick in die Runde" ist also physikalisch falsch. Wir müssen richtigerweise sagen: „Wir öffnen unsere Augen, drehen den Kopf und empfangen Licht aus allen Richtungen."

Merksatz

Sonne, Glühlampe und Leuchtdiode sind Beispiele für Lichtquellen. Das Auge und die Webkamera sind Beispiele für Lichtempfänger.
Licht breitet sich stets vom Sender zum Empfänger aus.

3. Licht kann gefährlich sein

Wir haben bereits darauf hingewiesen, dass der Umgang mit dem Laserpointer gefährlich sein kann. Trifft nämlich zu viel Licht gebündelt auf eine Stelle ins Auge, so können dort Schäden entstehen. Deshalb ist das Experimentieren mit dem Laserpointer für Schüler verboten.

Aber auch das Licht gewöhnlicher Lichtquellen kann dem Auge schaden. So weißt du aus Erfahrung, dass zu helle Lampen blenden und deine Augen schmerzen. In diesem Fall trifft sehr viel Licht gleichmäßig verteilt auf das gesamte Auge. Trägt man an wolkenlosen hellen Tagen eine Sonnenbrille, so ist dies für die Augen viel angenehmer.

Betrachten wir → **B3** genau. Es zeigt einen Skifahrer, der eine Sonnenbrille trägt – zum Schutz seiner Augen bei sehr großer Helligkeit über den weißen Schneeflächen. Zunächst reiben sie aber ihre Gesichter, besonders die Lippen, mit einer dicken Schicht Salbe ein. Auch unsere Haut ist ein Lichtempfänger. Sie reagiert besonders empfindlich auf UV-Strahlung, die die Sonne mit dem Licht abstrahlt. UV-Strahlung reizt die Haut. Bei schwacher Dosierung führt es zur Bräunung, bei starker Bestrahlung zu Sonnenbrand → **B4**. Dabei sind die oberen Hautschichten geschädigt. Beim starken Sonnenbrand sterben die äußeren Hautzellen ab und die oberen Hautschichten lösen sich ab.

Die Natur hat einen Selbstschutz vor Sonnenbrand entwickelt, die Bräunung der Haut. Deshalb ist die noch nicht gebräunte Haut im Frühling besonders stark gefährdet. Aufgetragene Sonnencreme schwächt die UV-Strahlung ab. Damit sind längere Aufenthalte bei Sonnenschein möglich, ohne dass die Haut durch einen Sonnenbrand geschädigt wird.

In → **B5** sind die wichtigsten Schutzmaßnahmen vor Licht und UV-Strahlung zusammengestellt.

B3 Skifahrer schützen sich vor gefährlicher Sonnenstrahlung.

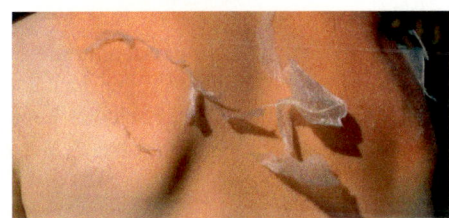

B4 Sonnenbrand durch UV-Strahlung

Schutz der Augen:
- Trage eine Sonnenbrille bei sehr großer Helligkeit.
- Benutze eine Sonnenbrille mit UV-Schutz.

Schutz der Haut:
- Vermeide unnötige Sonnenbestrahlung.
- Schütze dich durch Kleidung vor der gefährlichen UV-Strahlung.
- Gewöhne die nicht gebräunte Haut durch kurze Sonnenbäder an die UV-Strahlung.
- Reibe die Haut mit Sonnencreme ein.

B5 Schutz vor starker Sonne

Projekt

Wir bauen einen Reaktionstester

Als Radfahrer musst du schnell reagieren können, wenn z.B. plötzlich ein spielendes Kind hinter einem parkenden Auto auf die Fahrbahn läuft. Mit einem Reaktionstester kannst du deine Reaktion messen.

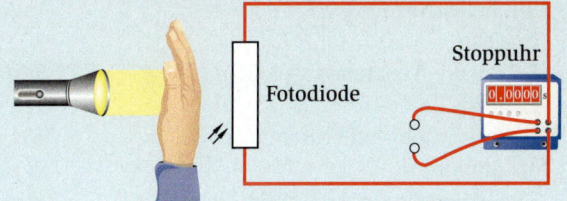

Bauteile: elektronische Stoppuhr mit Stromversorgung, Fotodiode, Taschenlampe, Verbindungskabel.

Die Fotodiode ist ein besonderer Lichtempfänger. Sie funktioniert wie ein Schalter. Trifft Licht auf sie, schließt sie den Stromkreis – ohne Licht unterbricht sie ihn.

Baue den Versuch, wie im Bild dargestellt, auf.

Dein Freund startet die Stoppuhr. Sobald du das siehst, versuchst du sofort mit deiner Hand den Lichtstrom zwischen Taschenlampe und Fotodiode zu unterbrechen. Die Uhr zeigt deine Reaktionszeit an.

B1 Nur die richtige Kleidung ist gut zu erkennen.

B2 Das beleuchtete Stofftier ist gut sichtbar **→ V1** .

V1 Im verdunkelten Klassenraum erkennen wir trotz geöffneter Augen nichts von unserer Umgebung. Jetzt schaltet jemand eine Taschenlampe ein und beleuchtet damit ein Stofftier. Das Stofftier **→ B2** ist von jedem Platz aus gut zu sehen. Aber auch den Boden, die Wände und unsere Mitschüler können wir jetzt erkennen.

Kompetenz – Physik hilft bewerten

Physik hilft zu bewerten, was die Sicherheit im Straßenverkehr bei Dunkelheit besonders gut erhöhen kann.

Selbst sehen:
• Fußgänger sollten auf dunklen Wegen eine Taschenlampe verwenden.
• Radfahrer müssen einen Scheinwerfer einschalten.
• Autofahrer müssen zwei Scheinwerfer einschalten, die so eingestellt sind, dass sie die Fahrbahn gut ausleuchten und Entgegenkommende nicht blenden.

Gesehen werden:
• Mit heller Kleidung wirst du besser gesehen.
• Leuchtstreifen streuen viel Licht zurück.
• Helle Taschen sind besser zu sehen als dunkle.
• Rückstrahler am Fahrrad (rot hinten, weiß vorn, gelb in den Speichen und in den Pedalen) streuen das Licht gezielt zum Autofahrer zurück.
• Durch die eingeschaltete Fahrradbeleuchtung wirst du selbst früher gesehen.

Bei Dunkelheit auf der Straße zu gehen ist besonders gefährlich. **→ B1** zeigt uns, dass die richtige Kleidung Autofahrer auf Fußgänger aufmerksam machen kann. Insbesondere der helle Reflektorstreifen wirkt so hell wie eine Lampe – er ist aber keine Lichtquelle.

1. Wir sehen nicht nur Lichtquellen

Das beleuchtete Stofftier in **→ V1** ist von jedem Platz aus sichtbar. Marie überlegt: Das Stofftier selbst ist keine Lichtquelle, sonst bräuchten wir die Taschenlampe nicht. Weil es aber von allen Positionen aus sichtbar ist, gelangt also Licht vom Stofftier in alle Richtungen.
Damit ist für Marie der Vorgang klar: Die Taschenlampe erzeugt das Licht, von dort gelangt es zum Stofftier und von dort geht es in alle Richtungen. Man sagt: Das Licht wird am Stofftier **gestreut.**

Merksatz
Wir sehen einen Gegenstand,
• wenn er selbst Licht erzeugt, das in unser Auge gelangt,
• wenn er beleuchtet wird und Licht in unser Auge streut.

Weil das Licht am Stofftier gestreut wird, werden auch die Wände etwas heller **→ V1** . Licht gelangt also auch von der Lampe über das Stofftier zur Wand und erst dann in unser Auge.

2. Gegenstände streuen das Licht unterschiedlich

Wir sehen die Personen in **→ B1** deshalb, weil das Scheinwerferlicht des Autos an der Kleidung der Fußgänger gestreut wird. Der helle Mantel erscheint deshalb so hell, weil von ihm mehr Licht in unser Auge gestreut wird. Die Person links erscheint schwarz, weil sie kein Licht streut. Der weiße Leitpfahl am linken Rand erscheint dagegen hell, er streut viel Licht. Noch mehr Licht streuen die Leuchtstreifen.

Mit dem jetzt Erlernten können wir Sicherheitsregeln im Straßenverkehr verstehen und bewerten **→ Kompetenz.**

3. Wir machen den Lichtweg sichtbar

Mit einer Lampe erzeugen wir auf der Wand einen hellen Fleck. Das von der Wand gestreute Licht trifft unser Auge. Auf welchem Weg gelangte aber das Licht von der Lampe zur Wand? Wir sehen ja vom Lichtweg nichts.

In **→ V2** wird der Lichtweg sichtbar. Am Kreidestaub wird ein Teil des Lichts gestreut und gelangt von dort in unser Auge. Die beleuchteten Staubteilchen verraten uns den Lichtweg. Sie zeigen auch, dass das Licht der Taschenlampe einen breiten Weg einnimmt – es bildet ein **Lichtbündel.** Lichtbündel sind stets geradlinig begrenzt. Schmale Lichtbündel (wie beim Laser) nennen wir auch **Lichtstrahlen.**

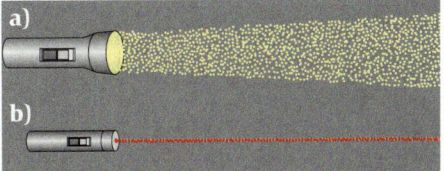

V2 Im verdunkelten Raum wird eine Wand mit **a)** einer Lampe, **b)** einem Laser beschienen. Wird Kreidestaub zwischen Lichtquelle und Wand gestreut, so wird eine Lichtspur sichtbar.

> **Merksatz**
> Licht breitet sich zwischen Sender und Empfänger geradlinig aus.

4. Durchsichtige Gegenstände und Spiegel

Spiegel streuen das Licht nicht nach allen Richtungen wie etwa ein Stofftier. Stattdessen wird das Lichtbündel vom Spiegel in eine ganz bestimmte Richtung gelenkt **→ V3a** . Man sagt dazu: Der Spiegel reflektiert das Licht.

An einer Glasscheibe **→ V3b** wird das Licht kaum gestreut und auch nur ein wenig reflektiert. Es geht stattdessen nur wenig geschwächt hindurch. Beleuchtete Gegenstände oder Lichtquellen, die sich hinter einer Glasscheibe befinden, sind also nach wie vor sichtbar. Man sagt: Glas ist **durchsichtig.**

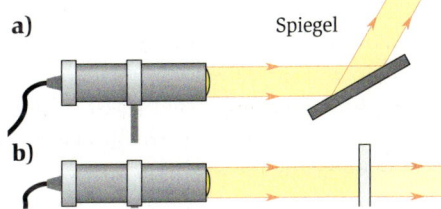

V3 **a)** Ein Lichtbündel trifft auf einen Spiegel. Es wird in eine bestimmte Richtung abgelenkt. **b)** Durch Glas geht das Lichtbündel hindurch.

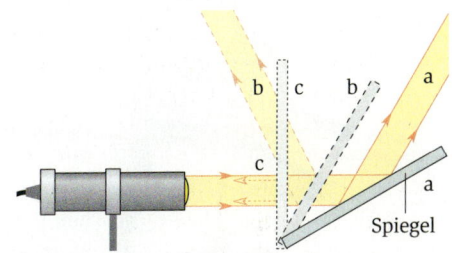

In **→ V4** untersuchen wir die Reflexion am Spiegel genauer. Stets wird das Licht in eine bestimmte Richtung reflektiert – je nach Neigung des Spiegels eine andere. Trifft es senkrecht auf den Spiegel, wird es zur Lampe zurückgeworfen.

V4 Ein Lichtbündel trifft auf einen Spiegel. Die Neigung des Spiegels wird dabei verändert.

Betrachten wir in **→ B3** eine Discokugel, die von einem Scheinwerfer beleuchtet wird. Wir erkennen an den Wänden des Raumes gleichzeitig an mehreren Stellen Lichtflecke. Widerspricht dies der Reflexion am Spiegel?

Wir betrachten die Discokugel genauer. Das Lichtbündel des Scheinwerfers trifft auf viele kleine Spiegel, jeder Spiegel reflektiert das Licht in eine bestimmte Richtung – abhängig vom Neigungswinkel. Die Discokugel als Ganzes reflektiert dann ein Lichtbündel gleichzeitig in verschiedene Richtungen.

B3 Eine Discokugel

Mach's selbst

A1 Du richtest im Dunkeln deine Taschenlampe gegen den Himmel. Erkläre: Ist es neblig, so erkennst du auch von der Seite, dass sie eingeschaltet ist.

A2 Lege schwarzes Papier und Alufolie dicht unter eine Glühlampe. Schalte nach einiger Zeit die Lampe aus und prüfe die Temperaturen mit den Händen. Erkläre.

A3 Informiere dich bei Fachleuten, was einen Spiegel von einer einfachen Glasplatte unterscheidet. Fasse deine Rechercheergebnisse schriftlich zusammen.

Messung der Beleuchtungsstärke

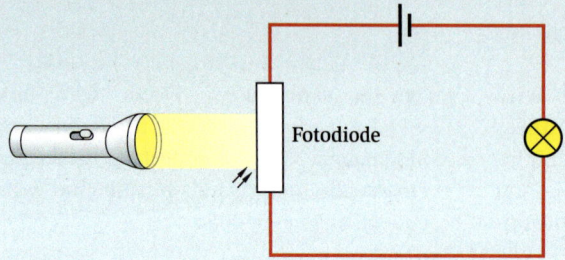

Fotodiode

Wir bauen einen Stromkreis mit einer Batterie, einer Fotodiode und einem Glühlämpchen. Das Lämpchen leuchtet nur, wenn wir die Fotodiode mit einer Lampe bestrahlen. Die Fotodiode ist also ein Schalter, der bei Licht den Stromkreis schließt und ohne Licht den Stromkreis unterbricht.

Mit diesem Wissen haben Techniker einen Helligkeitsmesser gebaut. Unter der gewölbten weißen Fläche be-

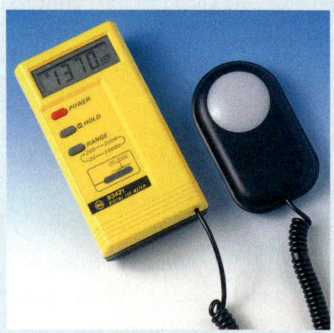

findet sich eine Fotodiode. Je mehr Licht auftrifft, desto besser leitet die Fotodiode den Strom: Ist es in einem Raum dunkel, so lässt die Fotodiode nur einen schwachen Strom zu. Ist es hell, dann ist der Strom stark.

Das Messgerät misst die Beleuchtungsstärke in lx (Lux). Man nennt das Messgerät daher auch **Luxmeter.**

A. Beleuchtungsstärken am Arbeitsplatz

Wie wir bereits wissen, ist zum Sehen Licht notwendig. Insbesondere sind wir von beleuchteten Gegenständen umgeben. Je nach Tätigkeit ist also eine bestimmte Beleuchtungsstärke am Arbeitsplatz erforderlich. Zum Beispiel ist es wichtig, bei der Arbeit ohne Anstrengung gut sehen zu können.

Die Berufsgenossenschaften haben zum Schutz der Arbeitnehmer Richtwerte für den Arbeitsplatz herausgegeben. Diese Werte sollten bei den entsprechenden Tätigkeiten am Arbeitsplatz nicht unterschritten werden.

Einige Beispiele:
- Schreiben und Lesen im Büro: 500 lx
- Fürs Kassieren im Geschäft: 500 lx
- Fürs Untersuchen beim Arzt: 1000 lx

Im Umgebungsbereich dieser Tätigkeiten genügt eine Beleuchtungsstärke von minimal 300 lx.

B. Beleuchtung in der Schule

Für Klassenräume in Schulen wird als Empfehlung eine Mindestbeleuchtungsstärke von 300 lx angegeben.

Beleuchtungsstärke in unserer Schule

Ihr bildet mehrere Teams. Jedes Team erhält ein Luxmeter und wählt eine Protokollführerin oder einen Protokollführer. Nach den Messungen entwirft jedes Team ein Plakat mit den Versuchen und den Messergebnissen. Eine Empfehlung für das Einschalten der Beleuchtung im Raum sollte ebenfalls nicht fehlen. Die Messaufträge lauten:

Team A
Besucht mehrere Klassenräume in unterschiedlichen Fluren eurer Schule. Messt dort die Beleuchtungsstärke auf den Tischen an verschiedenen Stellen im Klassenraum.

Team B
Messt die Beleuchtungsstärke in verschiedenen Fluren und Treppenhäusern eurer Schule. Messt jeweils bei ein- und bei ausgeschalteter Beleuchtung.

Team C
Messt die Beleuchtungsstärke im Lehrerzimmer und im Sekretariat eurer Schule. Führt die Messung an verschiedenen Arbeitsplätzen des Raumes durch.

Forscherwerkstatt

Wie hell sind Lampen?

Licht ist Voraussetzung zum Sehen. So ist es nicht verwunderlich, dass es einige Firmen gibt, die immer weiter versuchen, verbesserte Lampen herzustellen.

Unterschiedliche Lampen beleuchten einen Raum verschieden gut. Dies erkennen wir bereits mit unseren Augen. Die Empfindung für hell und dunkel hängt von der beurteilenden Person ab, sie ist subjektiv. Messen wir dagegen die Beleuchtungsstärke mit einem Luxmeter, so können wir die durch eine Lampe erzielte Beleuchtungsstärke unabhängig von der messenden Person vergleichen – also objektiv.

Arbeitsaufträge:

1 Vergleicht die Beleuchtungsstärken verschiedener Glühlämpchen in gleicher Entfernung.

2 Untersucht, wie die Beleuchtungsstärke auf einer Wand von der Entfernung zum Glühlämpchen abhängt.
- Verdunkelt dazu den Raum.
- Messt die Beleuchtungsstärken in Abständen von 20 cm, 40 cm, 60 cm, … .
- Fasst die Ergebnisse in einer Tabelle zusammen.
- Erstellt als Versuchergebnis ein Plakat mit einem Diagramm als Versuchsergebnis.

3 Wiederholt Versuch 2 diesmal mit dem Lichtbündel einer Taschenlampe.

4 Vergleicht die Ergebnisse von Versuch 2 und 3. Begründet den Unterschied.

Kompetenz – Diagramm lesen

Dichter Nebel führt immer wieder zu schweren Verkehrsunfällen. Oft sieht der nachfolgende Autofahrer das vor ihm fahrende Fahrzeug zu spät, um noch rechtzeitig bremsen zu können. Der Nebel verschluckt das Licht der Heckleuchten des Autos. Nebelschlussleuchten sind besonders helle Lampen. Sie sind aus größerer Entfernung noch zu erkennen. Damit kann man sich vor Auffahrunfällen bei Nebel schützen.

Wir wollen im Folgenden untersuchen, wie Licht von einem durchsichtigen Gegenstand verschluckt wird. Wir experimentieren mit einem Stapel Kunststofffolien. Bestrahlen wir sie mit Licht, so wird ein Teil an der Oberfläche reflektiert und beim Durchgang wird ein Teil verschluckt. In der folgenden Versuchsreihe wollen wir dies genauer untersuchen.

Wir zerschneiden eine Overheadfolie in kleine Quadrate. Eine dieser kleinen Folien legen wir auf die Pappröhre und messen die Beleuchtungsstärke unter dieser Folie. Dann legen wir immer mehr Folien darüber und messen jeweils die Beleuchtungsstärke. Wir tragen die Messwerte in eine Tabelle ein und stellen sie anschließend in einem Diagramm dar.

Aus dem Diagramm lesen wir ab:
- Je mehr Folien das Licht durchdringt, desto geringer wird die Beleuchtungsstärke.
- Die Kurve wird immer flacher, d. h. die Abnahme der Beleuchtungsstärke wird mit zunehmender Zahl der Folien immer geringer.
- Etwa immer durch Auflegen von 6 weiteren Folien hat sich die Beleuchtungsstärke jeweils halbiert.

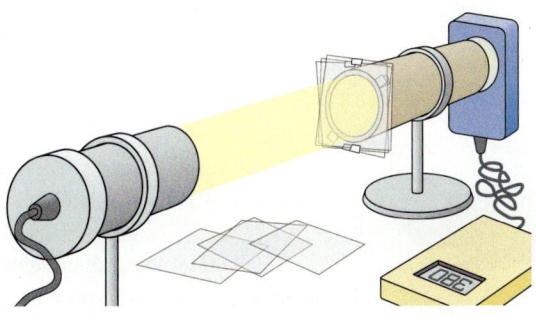

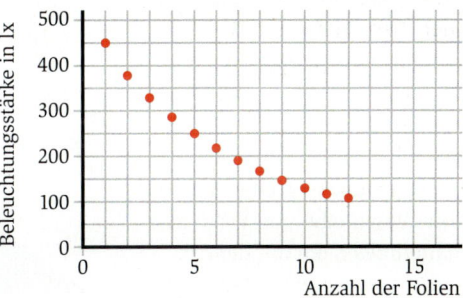

„Wo viel Licht ist, ist auch viel Schatten" (J.W.GOETHE)

Der Mond sieht jeden Tag etwas anders aus. Seine Form in diesem Foto heißt „Mondsichel".
An manchen Tagen sieht man auch den vollen Mond. Die Sterne dagegen erscheinen uns stets gleich als helle Lichtpunkte.

A1 Sonne und Mond sind zwei Himmelskörper. Nenne Gemeinsamkeiten und Unterschiede.

A2 In einem Kinderbuch ist die folgende Zeichnung zu sehen.

Erkennst du einen Fehler?

A3 Erzeuge mithilfe einer Lampe und einer Wand Schattenbilder. (z.B. einen Hund, einen Hasen usw.)
a) Untersuche, wie du die Größe des Schattenbildes verändern kannst.
b) Verwende als Lampe eine Kerze, eine Taschenlampe und eine Leuchtstoffröhre. Beschreibe und vergleiche die Schattenbilder, die mit den verschiedenen Lampen entstehen.

A4 Das Portrait-Studio:

Erzeugt, wie im Bild dargestellt, in Partnerarbeit gegenseitig Portraits eurer Mitschüler. Stellt sie anschließend als Bildergalerie aus.

A5 Du stehst in einer Kurve im Dunkeln vor einer Hauswand. Ein Auto nähert sich. Auf der Hauswand ist dein Schatten zu sehen. Beschreibe, wie sich dein Schatten während der Vorbeifahrt des Autos verändert.

A6 „Niemand kann über seinen Schatten springen.", sagt ein Sprichwort. Was sagst du dazu?

1. Die beleuchtete Erdkugel

„Die Erde ist eine Kugel", sagt Anna, „das weiß doch jedes Kind." Aber wirklich gesehen hat sie das noch nicht. Erst 1968 zur Vorbereitung der Mondlandung sind Astronauten zum ersten Mal so weit von der Erde weggeflogen, dass sie die Erde vollständig im Weltall gesehen haben.

In ihrer Weltraumsonde haben sie haben den Mond umrundet und dabei das obige Foto → **B1** aufgenommen. Das Foto zeigt am unteren Rand etwas Mondlandschaft und darüber schwebend die Erde im Weltall. Wir erkennen Ozeane, Kontinente und auch Wolken. Bis auf die Wolken hat das Bild damit Ähnlichkeit mit dem Globus, den du aus der Erdkunde kennst. Beim Globus sehen wir immer die halbe Kugel. Das Foto zeigt weniger als die halbe Erdkugel. Warum sehen wir nur einen Teil?

Wir können leider nicht in den Weltraum hinausfliegen, um uns vom tatsächlichen Anblick zu überzeugen. Wir versuchen es durch Überlegungen auf der Erde.

Wir haben bereits gelernt, dass wir Gegenstände nur dann sehen können, wenn sie selbst leuchten oder aber beleuchtet werden. Wäre die Erde selbst eine kugelförmige Lichtquelle, wie etwa eine Glühlampe, dann wäre sie auch als Kugel auf dem Foto zu erkennen – das ist aber nicht der Fall. Also ist die Erde eine *beleuchtete* Kugel.
Offensichtlich beleuchtet die Sonne die Erde so, dass sie im Weltall so aussieht wie auf dem Foto. Gelingt es uns, das im Unterricht nachzustellen?

→ **V1** kann als Modellversuch für den Weltraumflug angesehen werden. Die leuchtende Glühlampe übernimmt die Rolle der Sonne, die Styroporkugel die Rolle der Erdkugel – und du selbst spielst Astronaut. Du „fliegst" um die „Erde". Dabei beobachtest du stets einen etwas anderen Teil der beleuchteten „Erde". Du „fotografierst" sie von unterschiedlichen Positionen aus.

Der Versuch zeigt uns folgende Ergebnisse:
- Stets ist die Hälfte der Erdkugel beleuchtet. Auf der beleuchteten Seite ist es Tag, auf der anderen ist es Nacht.
- Wie viel der Astronaut von der beleuchteten Hälfte sieht, hängt von seiner Position ab → **B2** .
- Die Linie zwischen A und B gibt die Grenze von Tag und Nacht auf der Erde an. Es fällt auf, dass A und B stets gegenüberliegende Punkte auf der Kugel sind.

Damit können wir erklären, wie → **B1** entstanden ist. Die Sonne hat die Erdkugel von oben beleuchtet. Die Astronauten hatten also damit einen ähnlichen Anblick wie wir aus Position 3 unseres Modellversuchs → **V1** .

B1 Foto der Erde aus dem Weltall

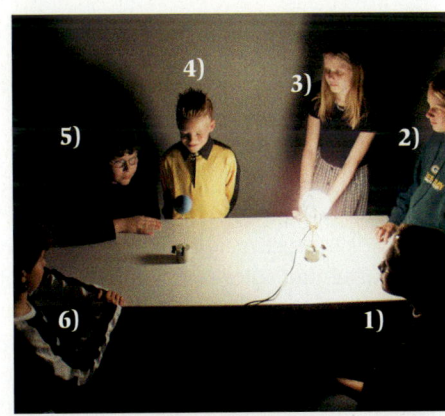

V1 Wir experimentieren mit einer Glühlampe ohne Schirm und einer Styroporkugel auf einem Stiel. Im verdunkelten Klassenraum beleuchtet die Glühlampe die Kugel. Genau die Hälfte der Kugel ist beleuchtet, die andere Hälfte bleibt unbeleuchtet und damit auch (fast) unsichtbar. Wir wechseln unsere Position gegenüber der Lampe und der Styroporkugel.

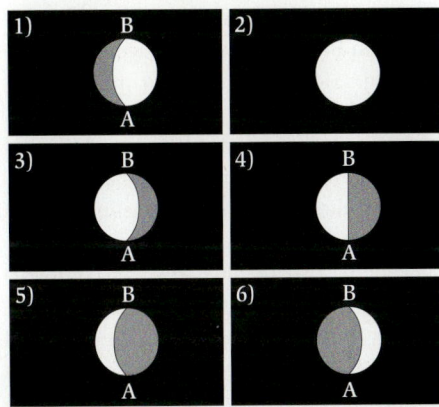

B2 Ansicht der beleuchteten Styroporkugel aus verschiedenen Positionen.

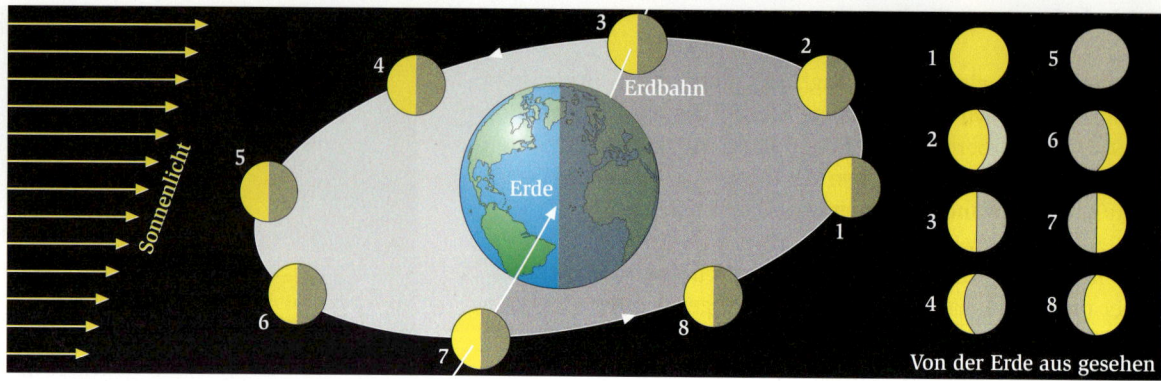

B1 Entstehung der Mondphasen

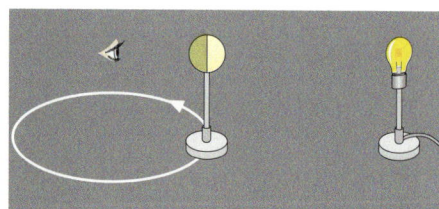

V1 Wir experimentieren mit einer Styroporkugel und einer Glühlampe. Wir zeichnen einen Kreis (Durchmesser 50 cm) mit Kreide auf einen Tisch. Die Lampe stellen wir 50 cm vom Kreisrand entfernt außerhalb des Kreises auf. Wir bewegen die Styroporkugel langsam entlang des Kreises und beobachten das Aussehen der Kugel von der Kreismitte aus.

Ergänzung

Mondauf- und Monduntergangszeiten

In **→ B1** können wir uns zusätzlich noch die Tageszeiten dazu denken. Die beleuchtete Erdhälfte ist die Tagseite. Die Erde rotiert in 24 Stunden um ihre Achse auf diesem Bild im Gegenuhrzeigersinn. Neumond (Stellung 5) ist also nur von der Sonnenseite der Erde zu sehen. Er geht also mit der Sonne morgens auf und abends mit der Sonne unter. Beim Vollmond (Stellung 1) ist es umgekehrt. Er ist nur von der Nachtseite der Erde zu sehen. Er geht also abends auf und morgens unter. Der zunehmende Halbmond (Stellung 7) geht etwa gegen Mittag auf und gegen Mitternacht unter. Nachmittags kann man diese Mondphase also auch am Taghimmel beobachten.

---

2. Der beleuchtete Mond

Wenn du den Mond beobachtest, stellst du fest, dass er täglich sein Aussehen ändert. Man nennt dieses unterschiedliche Aussehen **Mondphasen.**

Innerhalb eines Monats umkreist die Mondkugel die Erde im Weltall. Dadurch ändert sich die Stellung zwischen Sonne, Mond und den Beobachtern auf der Erde ständig. Die Erde steht dabei fast nie genau zwischen Sonne und Mond, sodass immer die Hälfte der Mondkugel beleuchtet ist und nicht etwa ein Teil von der Erdkugel verdeckt wird. In **→ B1** ist der Mond in acht verschiedenen Positionen auf seiner Umlaufbahn eingezeichnet.

→ V1 veranschaulicht uns die Entstehung der Mondphasen:
- Stets ist die Hälfte der Mondkugel beleuchtet.
- Von der Erde aus sieht man täglich einen etwas anderen Teil der beleuchteten Mondhalbkugel.

Bezeichnungen: (vergleiche mit **→ B1**)
- Bei **Vollmond** (Stellung 1) sehen wir die ganze beleuchtete Mondhalbkugel.
- Bei **Halbmond** (Stellungen 3 und 7) sehen wir die Hälfte der beleuchteten Mondhalbkugel.
- Bei **Neumond** (Stellung 5) sehen wir nichts von der beleuchteten Mondhalbkugel.

Zwischen den Stellungen 1 und 5 wird der sichtbare Teil der beleuchteten Halbkugel stets kleiner – man spricht vom **abnehmenden** Mond. Anschließend sieht man täglich wieder immer mehr von der beleuchteten Mondhalbkugel – man spricht vom **zunehmenden** Mond.

Gleiche Mondphasen wiederholen sich alle 29,5 Tage.

Eselsbrücke:
Der *Ab*nehmende Mond ist links rund und passt ins *A*.
Der *Z*unehmende Mond ist rechts rund und passt ins *Z*.

Forscherwerkstatt

Beleuchtete Planeten

Neben Sonne und Mond hat unsere Erde noch weitere Nachbarn im Weltall. Die bekanntesten sind die Planeten. Sie umrunden alle in unterschiedlich großen Umlaufbahnen unsere Sonne.

Das Bild zeigt die Anordnung, allerdings nicht maßstäblich. Die Planeten umrunden die Sonne nicht nur auf unterschiedlich großen Bahnen, sondern auch mit verschiedenen Geschwindigkeiten. Die inneren Planeten überholen die äußeren.
Nur die Sonne ist eine Lichtquelle, alle Planeten sind beleuchtete Körper. Also sind die Planeten von der Erde aus nur teilweise sichtbar, ähnlich wie der Mond.

In einem Modellversuch können wir untersuchen, welche Beleuchtungsphasen die Planeten zeigen. Wir benötigen die Sonne (eine Glühlampe), zwei weiße Styroporkugeln mit Stiel für je einen Planeten, der innerhalb (Venus oder Merkur) und außerhalb der Erdbahn läuft (Mars, Jupiter, Saturn, Uranus oder Neptun), und eine blaue Kugel für die Erde.
Zudem zeichnen wir drei Kreise z.B. mit den Radien 30 cm, 50 cm und 70 cm um einen gemeinsamen Mittelpunkt (Glühlampe). Die Erde und die anderen Planeten stellen wir auf den jeweiligen Kreis.

Im verdunkelten Raum erkennen wir, dass die „Sonne" jeweils jeden „Planeten" halb beleuchtet. Man kann nun den inneren Planeten „Venus" entlang seiner Kreisbahn verschieben und jeweils von der Erde aus ihr Aussehen beobachten. Das gleiche kann man mit dem äußeren Planeten „Mars" machen.

1 a) Bestätige, dass es Venusphasen vergleichbar zu den Mondphasen gibt.
b) Mithilfe eines Fernrohrs wurden mehrere Venusphasen fotografiert: Bestätige durch den Modellversuch, dass die schmale „Venussichel" viel größer erscheint als die „Halbvenus" bzw. noch größer als die „Vollvenus".

2 a) Bestätige, dass es auch Marsphasen gibt.
b) Begründe, dass der „Vollmars" bei Nacht von der Erde aus gesehen viel größer erscheint als der „Halbmars".
c) Untersuche, ob es am Taghimmel einen klein erscheinenden „Vollmars" geben kann.

Kompetenz – Denken in Modellen

In der Physik dringen wir oft in Bereiche vor, die außerhalb unserer täglichen Erfahrung liegen. So haben wir uns auf den letzten Seiten mit Himmelskörpern befasst. Sie sind so unvorstellbar groß und so weit entfernt, dass wir keine zwei von ihnen gleichzeitig direkt betrachten können. Daher haben wir ein Modell unseres Sonnensystems gebaut und so den Beobachtungsort außerhalb der Erde wählen können. Dadurch ist es uns leicht gefallen z.B. die Entstehung der Mondphasen zu erklären.

Mach's selbst

A1 Informiere dich über Mondauf- und Monduntergangszeiten für die nächsten zwei Wochen und beobachte sie. Notiere Himmelsrichtung und Zeit.
A2 „Den Mond kann man nur nachts am Himmel sehen." Nimm zu dieser Aussage kritisch Stellung.
A3 Fabian hat Bilder vom Mond gezeichnet. Zwei Bilder stellen keine Mondphasen dar. Begründe.

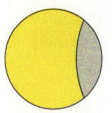  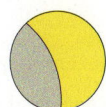

B1 Schattenspiele

B2 Der Schatten einer Lichtquelle

1. Der Schatten einer Lichtquelle

Ein Künstler zaubert mit Schrott zwei wartende Personen an die Wand → B1 . Wie lässt sich ein solches Schattenbild erklären? „Ganz einfach", sagt Lukas, „Schatten ist überall dort, wo kein Licht hingelangt. Und hinter die Schrottteile kommt kein Licht." Wir werden sehen, dass Schattenbilder tatsächlich so entstehen. Dennoch ist es verwunderlich, dass wir so ein Schattenbild sehen. Von diesem Bild kommt ja gerade kein Licht in unser Auge! Es gehört zu den faszinierenden Eigenschaften unseres Gehirns, dass es uns diesmal die nicht beleuchtete Fläche als Bildeindruck meldet.

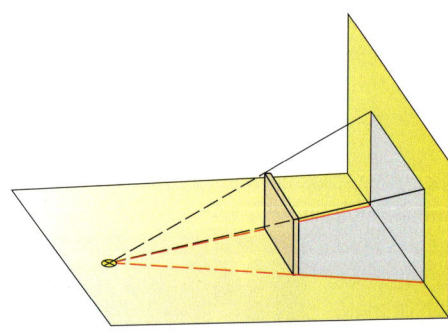

V1 Wir verdunkeln den Raum und stellen eine Kerze oder eine kleine Glühlampe auf. Sie beleuchtet einen Holzklotz. Hinter dem Holzklotz steht eine Wand oder ein Pappkarton. Auf dem Tisch und an der Wand erkennen wir einen Schatten → B2 .
Wir legen ein Blatt Papier unter den Klotz und zeichnen den Schattenrand auf. Wir markieren die Umrisse des Klotzes und den Punkt, auf dem die Lichtquelle steht.

→ V1 zeigt uns: Der Schatten auf dem Tisch ist geradlinig begrenzt (rote Linie). Verlängern wir die Schattenränder nach „hinten", so kreuzen sie sich dort, wo unsere Lichtquelle stand. Lukas wundert sich überhaupt nicht. Wir haben jetzt dünne Lichtbündel eingezeichnet, die gerade noch am Hindernis vorbeilaufen.
Von der Lichtquelle ausgehend kann kein Licht hinter das undurchsichtige Hindernis gelangen. Dieser lichtfreie Raum wird **Schattenraum** genannt. Die Begrenzungsbündel an den oberen Ecken des Hindernisses verlaufen frei durch den Raum. Wir denken sie uns entlang aller Begrenzungen des Hindernisses. Auf der Wand entsteht dann ein vergrößertes **Schattenbild** des Hindernisses.

So bestimmst du die Größe des Schattenbildes → B3 :
- Zeichne ein verkleinertes Bild der tatsächlichen Abstände und Größenverhältnisse auf ein Blatt Papier.
- Zeichne die beiden Schattengrenzen ausgehend von der Lampe am Hindernis vorbei. Der Zwischenraum an der Wand gibt dir dann die Größe des Schattenbildes wieder.

Du erkennst sofort in → B3 : Je näher die Lampe an das Hindernis heranrückt, desto größer wird das Schattenbild. Es wird auch größer, wenn die Wand weiter vom Hindernis wegrückt.

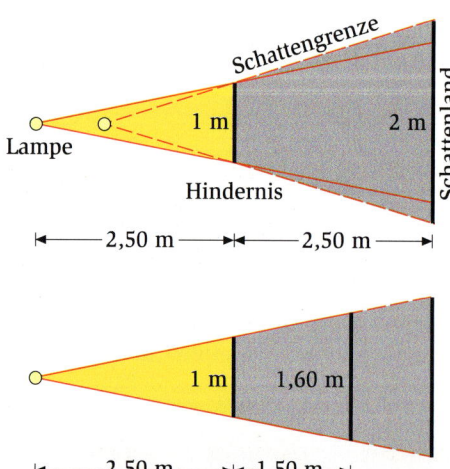

Schattengrenze

Lampe

1 m

Hindernis

2 m

Schattenland

⊢— 2,50 m —⊣⊢— 2,50 m —⊣

1 m

1,60 m

⊢— 2,50 m —⊣⊢—1,50 m—⊣

B3 Die Schattengröße selbst bestimmt

2. Zwei Lichtquellen erzeugen mehr Licht

„Interessant werden Schattenbilder erst, wenn es mehr als eine Lichtquelle gibt. Bei einem Fußballturnier habe ich gesehen, dass jeder Spieler vier Schatten hat. Mehr Lampen machen also mehr Schatten", sagt Lukas. Jana erwidert ganz verwundert: „Mehr Lampen bedeuten doch mehr Licht und nicht mehr Dunkelheit!"

Ohne Zweifel ist Janas Aussage richtig. Wie ist aber Lukas Beobachtung auf dem Fußballplatz zu verstehen?

Das Ergebnis von → **V2** liefert die Erklärung. In den Bereich (b) gelangt kein Licht. Diesen Raum nennt man **Kernschatten.** In die Bereiche (a) und (c) gelangt nur jeweils Licht einer Lampe, der Raum heißt **Halbschatten.** Im restlichen Raum können wir Licht von beiden Lampen empfangen.

Neben dem Kernschatten gibt es jetzt noch zwei Halbschattenbereiche. Erzeugen zwei Lampen also doch mehr Schatten als eine? Hat Lukas also Recht? Tatsache ist, dass der Kernschattenbereich kleiner ist als mit nur einer Lampe. Die Halbschattenbereiche (a) und (c) erhalten jeweils genauso viel Licht, als wenn nur eine Lampe eingeschaltet wäre. Der übrige Raum wird durch die zweite Lampe noch heller. Also bleibt es dabei:

Mehr Lampen erzeugen mehr Helligkeit – auch wenn sich die Anzahl der verschiedenen Helligkeitsbereiche erhöht.

„Der Fußballspieler hat aber vier verschiedene Schatten", Lukas lässt nicht locker. Jana hat auch hier eine gute Idee. Sie zieht in → **V2** die beiden Lampen einfach weiter auseinander ohne ihren Abstand vom Hindernis zu verändern. Dadurch wandern die Halbschatten auch weiter nach außen; der Kernschatten wird immer kleiner, bis schließlich nur noch ein kleines Dreieck direkt hinter dem Hindernis übrig bleibt. Das Hindernis hat dann tatsächlich zwei Halbschatten. „Und bei vier Lampen in jeder Ecke des Spielfeldes erzeugt jeder Spieler dann vier verschiedene ‚Viertelschatten' ", ruft Lukas. Damit hat er Recht, denn von drei Lampen gelangt jeweils Licht in den Schattenraum der vierten Lampe auf dem Fußballrasen.

B4 Jeder Fußballspieler hat vier Schatten.

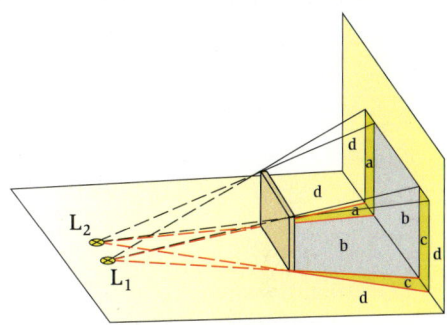

V2 Wir erweitern → **V1** um eine zweite kleine Lampe L_2.

Nur L_1 leuchtet:
In die Bereiche (a) und (b) gelangt kein Licht. Sie sind beide dunkel.

L_2 wird zusätzlich eingeschaltet:
Bereich (a) wird heller durch L_2,
Bereich (b) bleibt dunkel wie vorher,
Bereich (c) bleibt so hell wie vorher;
(a) und (c) sind etwa gleich hell,
Bereich (d) wird heller als vorher.
Amelie stellt sich hinter das Hindernis in Bereich (c). Sie sieht von dort aus nur L_1. Für sie ändert sich nichts, wenn wir L_2 ausschalten. Steht sie im Bereich (b), so sieht sie keine der Lampen. In (a) sieht sie sie dagegen nur L_2.

Mach's selbst

A1 **a)** Übertrage das verkleinerte Bild in dein Heft und zeichne die verschiedenen Schattenräume ein.

b) Setze in die Mitte zwischen die beiden Lampen eine weitere und zeichne die Schattenräume ein. Finde Namen für die Bereiche mit unterschiedlichen Helligkeitsstufen.

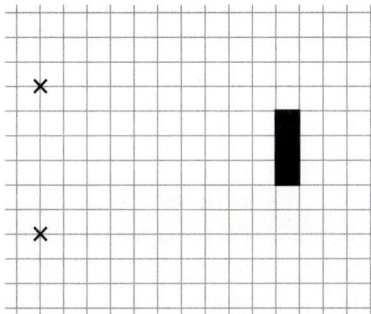

A2 Du gehst im Dunkeln unter einer Laterne hindurch. Beschreibe, wie sich dein Schatten ändert.

A3 Ein Pfahl ist 2 m hoch. 3 m entfernt hängt in 6 m Höhe eine Lampe. Bestimme die Länge des Schattens, den der Pfahl auf den waagerechten Boden wirft.
(Zeichne im Verkleinerungsmaßstab 1 : 100.)

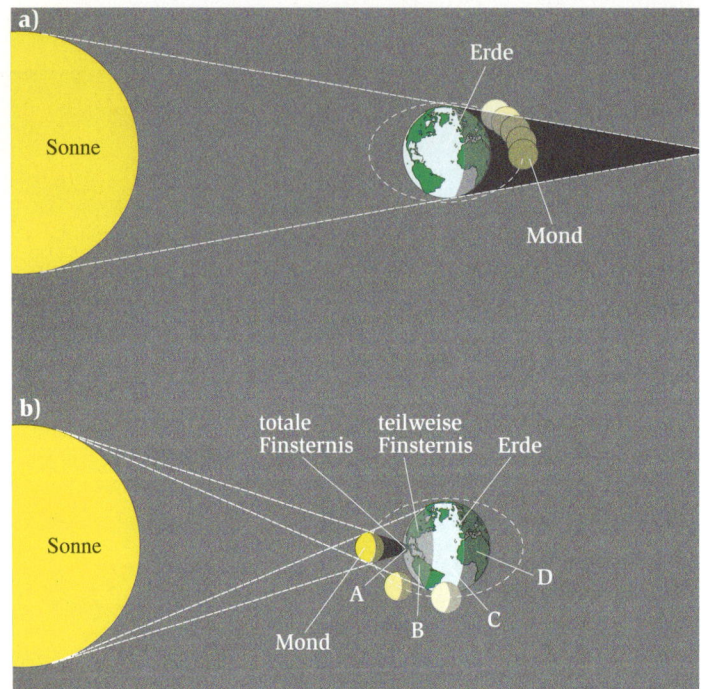

a)

Sonne

Erde

Mond

b)

Sonne

totale
Finsternis

teilweise
Finsternis

Erde

Mond

A

B

C

D

B1 **a)** Mondfinsternis **b)** Sonnenfinsternis

Der Kernschatten der Erdkugel ist kegelförmig. In ihn fällt kein Sonnenlicht. Durchläuft der Mond diesen Kernschattenbereich, dann wird er nicht beleuchtet. Man spricht von einer **totalen Mondfinsternis.**

Wandert der Mond nur teilweise durch den Kernschatten, so beobachtet man von der Erde aus eine **partielle** (teilweise) **Mondfinsternis.**

Der Kernschatten der Mondkugel ist ebenfalls kegelförmig. Er ist umgeben von einem Halbschatten. Ein Beobachter auf der Erde, der sich im Kernschatten befindet, empfängt kein Licht von der Sonne. Er beobachtet eine **totale Sonnenfinsternis.**

Steht der Beobachter im Bereich des Halbschattens, so erlebt er eine **partielle Sonnenfinsternis.**

B2 Fotos einer Mondfinsternis

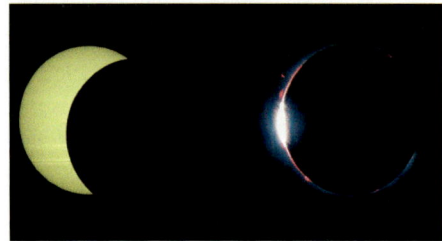

B3 Fotos einer Sonnenfinsternis

Mach's selbst

A1 In → **B1b** befindet sich ein Beobachter in Punkt C, ein anderer in Punkt D. Beschreibe für sie die jeweils beobachtete Sonnenfinsternis.

A2 Sonnenfinsternisse sind stets tagsüber zu beobachten. Wie ist es mit den Mondfinsternissen? (Begründe deine Antwort.)

3. Licht und Schatten im Weltraum

Das Licht der Sonne ist wichtig für unser Leben auf der Erde. Im Weltraum beleuchtet es eine Hälfte des Mondes. Wir beobachten dann die Mondphasen. Aber auch die Schattenräume, die es hinter der Erde und hinter dem Mond erzeugt, spielen eine große Rolle.

Der Mond umrundet die Erde in etwa einem Monat. Die Erde umkreist die Sonne während eines Jahres. Mondbahn und Erdbahn sind gegeneinander geneigt, sodass bei Vollmond bzw. bei Neumond die drei Himmelskörper fast nie auf einer Linie stehen. Bei Vollmond ist es zweimal im Jahr möglich. Dann fällt der Erdschatten auf den Mond. Es kommt zu einer **Mondfinsternis** → **B1a** . Die Fotos in → **B2** zeigen eine *partielle* (teilweise) Mondfinsternis.

Stehen bei Neumond Sonne, Mond und Erde genau auf einer Linie, so kann man von der Erde aus eine **Sonnenfinsternis** beobachten. Die Spitze des Kernschattenkegels des Mondes überstreicht dann einen schmalen Streifen auf der Erdoberfläche. Ein Beobachter im Ort A erlebt dann eine *totale* Sonnenfinsternis → **B1b** . (Von Deutschland aus war die letzte Sonnenfinsternis 1999 zu sehen. Die nächste wird von Deutschland aus erst wieder im Jahr 2135 beobachtbar sein.) Ein Beobachter B in → **B1b** erlebt diese Finsternis als *partielle* Finsternis. Diese ist von einem größeren Teil der Erdoberfläche sichtbar und deshalb alle paar Jahre von uns aus beobachtbar. Die Fotos in → **B3** zeigen das Aussehen der Sonne bei einer partiellen und bei einer totalen Sonnenfinsternis.

Projekt

A. Himmelsrichtung ohne Kompass

„Im Osten geht die Sonne auf.
Im Süden steigt sie hoch hinauf.
Im Westen will sie untergehen.
Im Norden ist sie nie zu sehen."

*Du brauchst:
1 Stativstange
(ca. 50 cm)
mit Fuß, Stift
oder Kreide,
1 Seil*

Wer kennt nicht diesen Spruch?

Der Spruch beschreibt die scheinbare, tägliche Bewegung der Sonne am Himmel. Diese lässt sich auch auf dem Boden verfolgen.

Wir stellen dazu einen Stab (z.B. eine Stativstange) vertikal auf einer horizontalen Ebene (Terrasse oder Schulhof) auf.

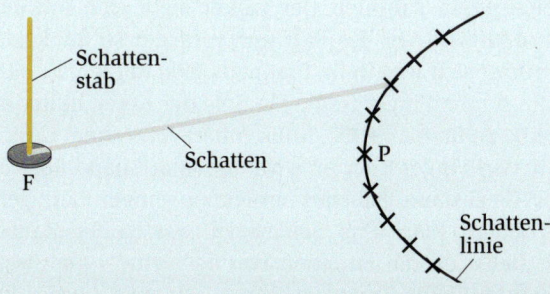

Schatten-stab

Schatten

F

P

Schatten-linie

Wir beobachten den Schatten des Stabes bei Sonnenschein. Bereits nach wenigen Minuten erkennen wir, dass sich die Richtung und die Länge des Schattens verändern. Der Schatten ist dann besonders kurz, wenn die Sonne ihren höchsten Bahnpunkt erreicht hat. In diesem Augenblick steht sie genau im Süden.

Arbeitsaufträge:

1 Markiere auf dem Boden etwa alle 10 Minuten die Spitze des Schattens. Das musst du nur zwischen 11.30 Uhr und 13.30 Uhr tun (bei Sommerzeit eine Stunde später).

2 Verbinde die Punkte durch eine gekrümmte Linie (Schattenlinie).

3 Ermittle mit einem Seil die kürzeste Entfernung zwischen dem Punkt F und der Schattenlinie. Markiere die Stelle mit P.

Die Linie PF gibt nun exakt die Nord-Süd-Richtung an. Die Senkrechte dazu ist die West-Ost-Richtung. Ganz ohne Kompass ist es uns gelungen, die vier Himmelsrichtungen zu markieren.

B. Sonnenuhr

Nimm an, dass der Schattenstab an einem Tag im Sommer genau auf dem Nordpol steht. Dort scheint die Sonne dann an diesem Tag 24 Stunden.
Weil sich die Erde an einem Tag einmal komplett um ihre eigene Achse dreht, wandert der Schatten einmal vollständig um den Stab herum. Würden wir den Schatten nach jeder Stunde aufzeichnen, so erhielten wir auf dem Boden ein Zifferblatt mit 24 Zahlen.

*Du brauchst:
1 Bierdeckel
(Durchmesser 10 cm),
1 Schaschlikspieß aus
Holz, gekürzt auf ca.
7 cm Länge*

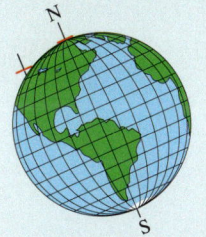

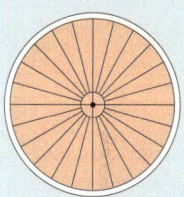

1 Zeichne zwei Zifferblätter jeweils auf eine Schablone (gleiche Größe wie der Bierdeckel).

2 Beschrifte das eine Zifferblatt im Uhrzeigersinn, das andere im Gegenuhrzeigersinn.

3 Markiere auf beiden Schablonen 12.30 Uhr.

4 Klebe die beiden Schablonen auf die beiden Seiten des Bierdeckels. (Die beiden 12.30 Uhr Markierungen müssen an der gleichen Stelle liegen.)

5 Markiere den Schaschlikspieß im Abstand von 3,9 cm vom stumpfen Ende.

6 Stecke nun den Schaschlikspieß durch die Mitte des Bierdeckels bis zur Markierung (von der Seite mit dem Zifferblatt im Gegenuhrzeigersinn).

7 Drehe die Sonnenuhr so, dass die beiden 12.30 Uhr-Markierungen unten liegen und richte die nach oben weisende Spitze nach Norden aus.

Die Bierdeckelsonnenuhr zeigt das ganze Jahr über die Uhrzeit fast genau an. (In NI liegt das Zifferblatt jetzt parallel zum Zifferblatt auf dem Nordpol.)
Im Winterhalbjahr fällt dabei der Schatten auf die Unterseite, im Sommerhalbjahr auf die Oberseite des Bierdeckels.

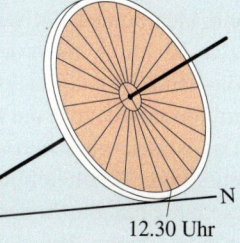

N

12.30 Uhr

S

B1 Der mutige Marc hält den Finger in die Flamme.

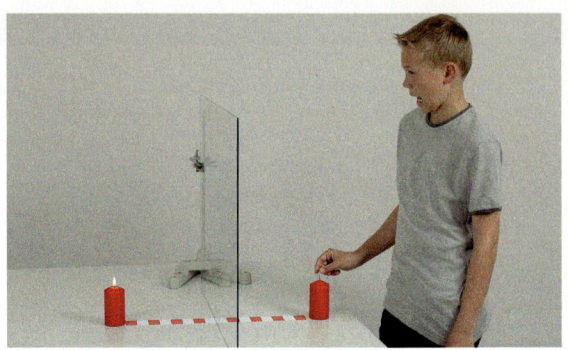

B2 Blick von der Seite: Die zweite Kerze brennt nicht.

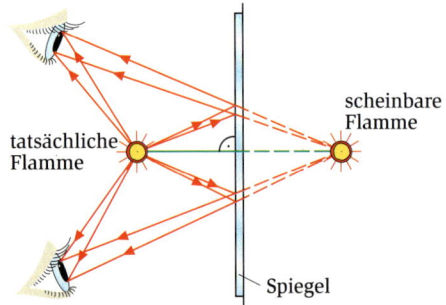

B3 Blick von oben: Lichtbündel der Kerze vor der Glasscheibe erreichen auf direktem Weg die Beobachter. Die an der Scheibe *reflektierten* Lichtbündel erreichen die Beobachter aus der Richtung der Kerze hinter der Scheibe.

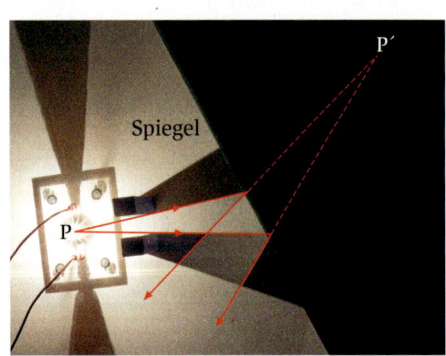

V1 Wir stellen eine Lampe vor einen Spiegel und erzeugen mit zwei Hindernissen ein Lichtbündel. Es wird vom Spiegel in eine Richtung reflektiert. Verlängern wir die Randlinien des Lichtbündels zurück, so treffen sie sich in P, am Ort des Lämpchens. Das wissen wir schon aus früheren Versuchen mit Schattenlinien. Verlängern wir auch die Randlinien des reflektierten Lichtbündels hinter dem Spiegel, so treffen sie sich ebenfalls in einem Punkt P'.

1. Täuschung durch die Glasscheibe

Marc meldet sich, als der Lehrer nach einem mutigen Schüler fragt. Er darf sich hinter eine große Glasscheibe stellen. Auf dem Tisch stehen zwei Kerzen. Eine vor der Glasscheibe und eine gleich große dahinter. Der Lehrer stellt sich mit dem Rücken zur Klasse vor das Pult und verdeckt so die beiden Kerzen. Als er sich wegdreht, brennen beide Kerzen. Er bittet Marc nun, seinen Finger in die Flamme der Kerze hinter der Glasscheibe zu halten → B1 . Mit schmerzverzerrtem Gesicht hält Marc den Finger über eine Minute lang knapp über die Flamme. Als er dann lächelnd zurück zu seinem Platz geht, wird es jedem klar: Das Schauspiel war fauler Zauber. In → B2 siehst du die Situation von der Seite – die zweite Kerze brennt nicht. Trotzdem sehen wir von vorne eine Flamme.

„Wir sehen die Flamme, weil Licht von ihr in unser Auge trifft", so Lea. „Wir sehen die zweite Flamme hinter der Glasscheibe, weil offenbar auch aus dieser Richtung Licht der Flamme in unser Auge trifft. Vielleicht geht das Licht einen Umweg."

→ B3 zeigt uns solche Umwege. Ein Lichtbündel wird an der glatten Glasscheibe in nur eine Richtung gestreut. Wir nennen dies Reflexion wie beim Spiegel. Das reflektierte Lichtbündel trifft in unser Auge und wir sehen die Flamme aus der Richtung des reflektierten Lichts. Dieses gilt von jedem Platz aus. Wir verschieben die Kerze hinter der Glasscheibe. Dabei stellen wir fest: Nur wenn die Kerze genau an der „richtigen" Stelle steht, sehen wir die Flamme am Docht. Sie steht dann genauso weit hinter der Glasscheibe, wie die erste Kerze davor. Außerdem muss die Verbindungslinie der beiden Kerzen senkrecht zur Glasscheibe verlaufen. Wir nennen die „falsche" Flamme das **Spiegelbild** der Flamme.

Die in → B3 gezeichneten Lichtbündel zeigen die von uns durch Nachdenken gefundenen Lichtwege. Werden Lichtbündel wirklich auf diese Weise gespiegelt?

→ **V1** bestätigt unsere Überlegungen voll: Das reflektierte Lichtbündel scheint vom Spiegelbild P' aus zu kommen. Nachmessen zeigt: P und P' liegen auf einer Senkrechten zum Spiegel und sie sind beide gleich weit vom Spiegel entfernt.

Merksatz

Das Spiegelbild eines Punktes erscheint senkrecht gegenüber der Spiegelfläche und im gleichen Abstand vom Spiegel wie der Punkt selbst.

2. Die „Spiegelwelt" hat interessante Eigenschaften

In → **V1** erreichen zwei Lichtbündel das Auge des Beobachters. Eines davon kommt (scheinbar) aus der Spiegelwelt hinter dem Spiegel. Vor dem Spiegel verhalten sich beide Lichtbündel wie wirkliche Lichtbündel, die sich kreuzen. Dort wo sie sich überschneiden, ist es viel heller als bei nur einem Lichtbündel.

Noch deutlicher wird dies bei der Schattenbildung. In → **V2** finden wir Halbschatten und Kernschatten, obwohl wir lediglich eine einzige Kerze entzündet haben. Ursache ist die Kerze in der Spiegelwelt. Auch der Holzklotz in der Spiegelwelt verhält sich wie ein wirklicher Gegenstand. Hinter jedem Hindernis gibt es zwei Schattenräume und einen Kernschattenbereich. Wir sehen also: Nicht nur jeder Lichtpunkt hat sein Gegenüber in der Spiegelwelt, auch jeden Schattenpunkt (Punkt ohne Licht) findet man entsprechend in der Spiegelwelt.

Wir stellen uns in → **V3** selbst vor einen Spiegel und beschreiben unser eigenes Spiegelbild:
- Gehst du in die Hocke, so macht es dein Spiegelbild auch.
- Entfernst du dich vom Spiegel, so auch dein Spiegelbild.
- Zeigst du zum rechten Spiegelrand, so zeigt auch dein Spiegelbild zu diesem Spiegelrand.

Die Erklärungen dafür sind nicht schwer: Jeder Punkt unseres Gegenübers in der Spiegelwelt befindet sich auf einer Senkrechten zum Spiegel und zwar in gleichem Abstand hinter dem Spiegel, wie der Punkt in der wirklichen Welt davor. Also ist unser Spiegelbild stets genauso groß wie wir selbst.

→ **V3** zeigt uns außerdem, was man mit „spiegelverkehrt" meint: Vorne und hinten sind vertauscht, oben und unten sowie links und rechts nicht.

Merksatz

Spiegelbilder sind genauso groß wie der Gegenstand.
Das Spiegelbild in der Spiegelwelt hat den gleichen Abstand zum Spiegel wie der Gegenstand.
Die Bilder sind aufrecht und seitenrichtig. Vertauscht sind allerdings vorne und hinten.

V2 Wir stellen eine Kerze als Lichtquelle und einen Holzklotz als Hindernis vor einem Spiegel auf.

V3 Wir betrachten Lisa und ihr Spiegelbild. Wir sehen Lisa von hinten und ihr Spiegelbild von vorne.

Mach's selbst

A1 Eine punktförmige Lichtquelle sendet das angedeutete Lichtbündel aus. Übertrage die Skizze in dein Heft und zeichne den weiteren Verlauf des Lichtbündels.

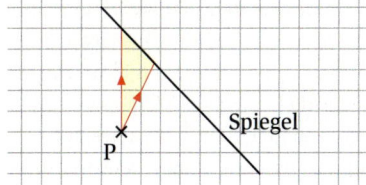

Spiegel

P

A2 Im Bild zu → **V3** siehst du eine Person, ihr Gegenüber in der Spiegelwelt und den Spiegel. Begründe: Der Spiegel kann kleiner als die Person sein und trotzdem sieht sie ihr vollständiges Spiegelbild.
Bei der Lösung kann dir eine Skizze helfen, die den Spiegel und die Person von der Seite zeigt.

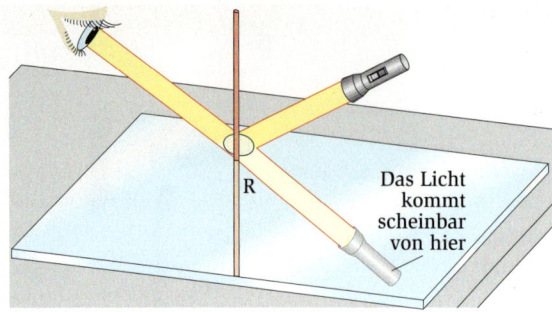

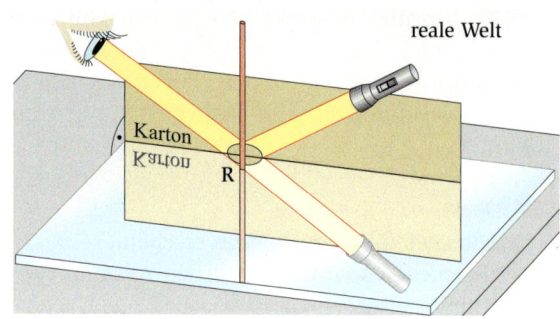

B1 Taschenspiegel mit „Lot"

V1 Mit einem Karton sehen wir den Lichtweg.

V2 Ein schmales Lichtbündel trifft auf einen Spiegel. Der Winkel zwischen einfallendem Lichtbündel und Lot am Auftreffpunkt des Lichtbündels ist der Einfallswinkel α. Zwischen reflektiertem Bündel und Lot liegt der Reflexionswinkel β. In der Abbildung beträgt $\alpha = 40°$ und $\beta = 40°$.
Wir drehen die Winkelscheibe mit dem Spiegel. Nacheinander stellen wir so für den Winkel α in 10°-Schritten alle Winkel von 0° bis 90° ein. Wir messen jeweils den zugehörigen Reflexionswinkel β.

Kompetenz – Experimente planen

Das **Reflexionsgesetz** haben wir durch eine Messreihe gefunden. Uns war durch frühere Versuche aufgefallen, dass der Reflexionswinkel von der Größe des Einfallswinkels abhängt. Um eine quantitative Aussage zu erzielen, haben wir den Reflexionswinkel für unterschiedliche Einfallswinkel gemessen. Wir haben uns zwar auf zehn Messwerte beschränkt, diese aber über einen möglichst weiten Bereich verteilt. Bei der Untersuchung zur Lichtbrechung sind wir genauso vorgegangen. Die Messergebnisse konnten wir im Diagramm darstellen.

1. Die Reflexionsrichtung ist vorhersagbar

Du hast sicher schon einmal versucht, mit einem Geodreieck oder einer Armbanduhr Licht der Sonne zu reflektieren, um damit Mitschüler zu blenden. Nicht zufällig nach dem Prinzip „Versuch und Irrtum", sondern mit gezielten Versuchen wollen wir die Richtung des reflektierten Lichtbündels herausfinden.

In ➔ **B1** ist ein Strohhalm senkrecht zur Oberfläche auf einen Taschenspiegel geklebt. Mit einer Taschenlampe zielen wir schräg auf den Fußpunkt des Strohhalmes. Mit einem Karton versuchen wir die Lichtwege sichtbar zu machen. Dies gelingt in ➔ **V1**. Dazu muss der Karton senkrecht zum Spiegel stehen und somit auch den Strohhalm berühren. Jetzt erkennen wir die Spur des einfallenden und die Spur des reflektierten Lichtbündels auf dem Karton. Es sieht so aus, als wären Einfallswinkel und Reflexionswinkel gleich groß.

Mit unserer Strohhalm-Pappkarton-Apparatur ist es schwierig, Winkel genau zu messen. Stellen wir aber einen Spiegel senkrecht zur Tischplatte, können wir in einem neuen Versuch den Reflexionswinkel auf dem Tisch direkt mit einer Winkelscheibe messen. Dies ist möglich, weil einfallendes und reflektiertes Licht in einer Ebene, der Tischebene, verlaufen.

In ➔ **V2** trifft ein schmales Lichtbündel auf den Spiegel. Wie bei der Lichtbrechung messen wir die beiden Winkel α (Einfallswinkel) und β (Reflexionswinkel) zum Lot hin. Das Ergebnis ist viel einfacher als bei der Lichtbrechung. Das gefundene **Naturgesetz** lautet: Einfallswinkel und Reflexionswinkel sind stets gleich groß.

Merksatz

Für schmale Lichtbündel gilt das Reflexionsgesetz:
- Einfallendes und reflektiertes Licht liegen stets in einer Ebene senkrecht zum Spiegel.
- Einfallswinkel und Reflexionswinkel sind immer gleich groß.

Vertiefung

Der Reflektor

Ein Reflektor am Fahrrad ist kein gewöhnlicher Spiegel. Vielmehr besteht er aus vielen kleinen gleichen Einheiten. Jede dieser Einheiten selbst besteht aus drei immer gleich angeordneten Flächen.

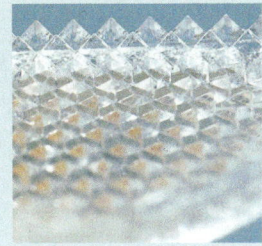

Um den Sinn zu verstehen, betrachten wir zunächst einen **Winkelspiegel.** Er besteht aus zwei Spiegeln, die im rechten Winkel zueinander aufgestellt sind.

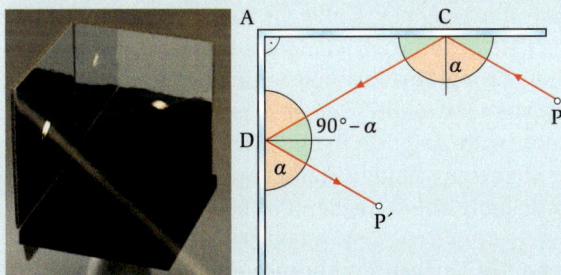

Ein schmales Lichtbündel trifft schräg hinein. Im Kreidestaub wird der Lichtweg sichtbar: Das Lichtbündel wird zweimal reflektiert und verlässt den Winkelspiegel wieder. Das Foto zeigt, dass das reflektierte Lichtbündel zum einfallenden parallel verläuft.

Die Zeichnung verrät, dass es sich hierbei um eine Folge des Reflexionsgesetzes handelt: Das von P ankommende Licht trifft auf den ersten Spiegel. Einfallswinkel und Reflexionswinkel müssen gleich groß sein (rot gefärbt).

Bei der Reflexion am zweiten Spiegel gilt das Gleiche (diesmal sind die Winkel grün gefärbt). Winkelgesetze der Mathematik fordern, dass auch hier die rot gefärbten Winkel so groß sind wie α (mit dem Geodreieck nachmessen). Damit ist nachgewiesen, dass das reflektierte Lichtbündel unabhängig von der Größe des Einfallswinkels immer parallel zum einfallenden Lichtbündel ist.

Wir haben das Lichtbündel in einer Ebene senkrecht zum Winkelspiegel betrachtet. Trifft ein Lichtbündel jedoch schräg zu dieser Ebene den ersten Spiegel, muss evtl. ein dritter Spiegel das Lichtbündel überhaupt auf den zweiten werfen. Dieser dritte Spiegel liegt senkrecht zum Winkelspiegel.

Diese **Tripelspiegel** bilden die Einheiten des Reflektors und sorgen dafür, dass das reflektierte Licht immer in die Richtung zurückgeworfen wird, aus der es kam. Also zum Beispiel vom Fahrradreflektor zurück ins Auge des Autofahrers.

Mach's selbst

A1 Das Bild zeigt das im 18. Jahrhundert gebaute Barockschloss Ludwigslust (Mecklenburg-Vorpommern). Wir sehen auch sein Spiegelbild – auf dem Kopf. Erkläre, warum hier nicht vorne und hinten vertauscht sind.

A2 a) Wir beschriften eine durchsichtige Folie mit dem Wort „SCHRIFT" und stellen sie mit ihrer *Vorderseite* vor einen Spiegel. Dann schauen wir durch ihre *Hinterseite* hindurch auf den Spiegel. Erkläre, warum das Wort in der „Spiegelwelt" mit „T" beginnen muss.
b) Schreibe das Wort „LICHT" und deinen Vornamen in Spiegelschrift.

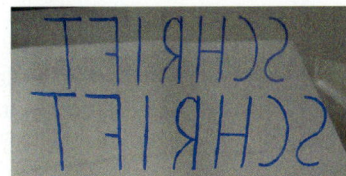

A3 Übertrage die Zeichnung in dein Heft (zähle dazu die Kästchen). Der Beobachter sieht in der Spiegelwelt die Bildpunkte zu P und Q. Zeichne jeweils die beiden Lichtbündel ein.

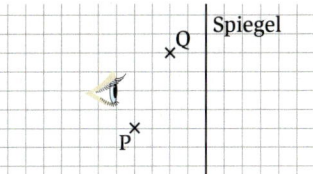

A4 Du möchtest mit einem Taschenspiegel das Licht der Sonne auf einen bestimmten Fleck lenken. Beobachte, wie du vorgehst und beschreibe es genau.

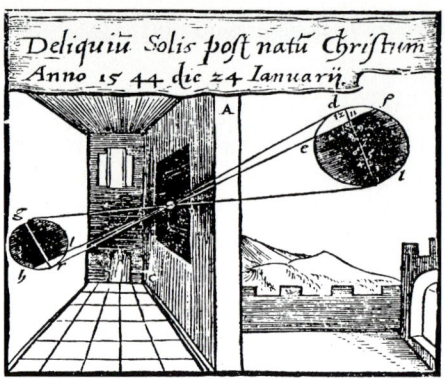

B1 Historische Lochkamera zur Beobachtung einer Sonnenfinsternis

B2 Auf dem durchscheinenden Kunststoffdeckel erscheint ein Bild der Lampe.

V1 Wir entfernen das Objektiv von einem Fotoapparat und stellen stattdessen eine runde Lochblende vor das Kameragehäuse.

B3 Das Bild links wurde mit einem Objektiv aufgenommen, das Bild rechts mithilfe einer Lochblende.

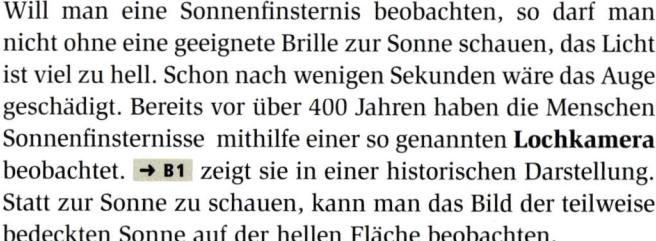

V2 Im verdunkelten Raum wird eine kleine Lampe vor eine Lochblende gestellt.

Will man eine Sonnenfinsternis beobachten, so darf man nicht ohne eine geeignete Brille zur Sonne schauen, das Licht ist viel zu hell. Schon nach wenigen Sekunden wäre das Auge geschädigt. Bereits vor über 400 Jahren haben die Menschen Sonnenfinsternisse mithilfe einer so genannten **Lochkamera** beobachtet. → **B1** zeigt sie in einer historischen Darstellung. Statt zur Sonne zu schauen, kann man das Bild der teilweise bedeckten Sonne auf der hellen Fläche beobachten.

1. Wir bauen die einfachste Kamera der Welt

Inga und Lukas entdecken in einer Zeitschrift die Bauanleitung für die einfachste Kamera der Welt. In den Blechboden einer leeren Chipsdose stoßen sie mit einem Nagel ein Loch. In ihrem Zimmer bei heruntergelassenem Rollladen schalten sie Ingas Leuchtglobus ein – und wirklich, auf dem durchscheinenden, milchigen Deckel aus Kunststoff erscheint ein Bild des Globus → **B2** . Lukas und Inga sind begeistert. Nicht nur dass man Einzelheiten auf dem Bild erkennt, es ist auch farbig. Ihnen fällt auf, dass auf dem Bild die Figur auf dem Kopf steht und dass auch die Seiten vertauscht sind. In einem Versuch → **V1** überzeugen wir uns, dass tatsächlich eine einfache Lochblende das teure Objektiv eines Fotoapparates ersetzen kann. Das Ergebnis → **B3** überzeugt uns vollständig. Das Bild der Lochblende ist lediglich etwas dunkler und unschärfer.

2. Wie entsteht das Bild in der Lochkamera?

Inga und Lukas fragen sich, wie ein kleines Loch im Blechboden ein Bild erzeugen kann. Der Leuchtglobus ist zu kompliziert, deshalb betrachten sie zunächst eine einfache Lampe. Nach → **V2** platzt es aus Lukas heraus: „Das Lämpchen beleuchtet vor der Blende den ganzen Raum. Hinter der Blende bleibt dann nur noch ein Lichtbündel. Das ist wie beim Schatten. Der Lichtfleck auf dem Schirm hat dann die Form der Lochblende."

Als Nächstes betrachten wir einen etwas komplizierteren Gegenstand. Die drei farbigen Lämpchen in → **V3** bilden ein einfaches Muster – ein „L". Inga erkennt: „Der Lichtfleck zum roten Lämpchen ist oben auf dem Schirm, die beiden anderen Lichtflecke sind unten und haben ihre Seiten vertauscht. Das liegt daran, dass sich die drei Lichtbündel in der Lochblende kreuzen müssen." Nach kurzem Nachdenken ergänzt Lukas: „Du hast recht. Die Lichtbündel kreuzen sich. Deswegen werden die Seiten vertauscht. Das rote Licht stört dabei das grüne nicht. Der grüne Fleck bleibt unverändert, auch wenn man das rote Licht ausschaltet."

Damit verstehen wir jetzt, wie das Bild eines Gegenstandes in der Lochkamera zustande kommt:

Wir stellen uns dazu einfach vor, dass von jedem Punkt des beobachteten Gegenstandes Licht in die Lochkamera gelangt. Jeder Punkt erzeugt dann einen Lichtfleck in der Form der Lochblende. Alle diese Lichtflecke überlappen sich dann auf dem Schirm und setzen sich zu einem Muster zusammen, das dem beobachteten Gegenstand gleicht → **B3** .

Merksatz

Die Lochkamera erzeugt Bilder. Die Bilder sind farbig, höhen- und seitenverkehrt. Die Lochkamera erzeugt aus jedem Gegenstandspunkt einen Lichtfleck auf dem Schirm. Diese Lichtflecke setzen sich zum Bild zusammen.

Wie kann nun der Fotoapparat das Bild eines Gegenstandes speichern?
Er muss dazu von jedem Gegenstandspunkt Position im Muster, seine Farbe und Helligkeit registrieren. Dies geschieht anstelle des Schirms auf einem Chip. Er ist rechteckig (vgl. → **B4**), nur einige Millimeter breit und hoch und besteht aus Millionen von einzelnen Punkten (*Pixel* genannt). Jedes Pixel, das von Licht getroffen wird, registriert Farbe und Helligkeit. Über Leiterbahnen werden diese Informationen zusammen mit seiner Position weitergeleitet. So kann dann später ein Computer daraus das Bild rekonstruieren.

Unser Auge ist ja wie ein Fotoapparat ebenfalls ein Lichtempfänger. Damit müsste unser Auge doch auch all diese Informationen weiterleiten. Ähnlich wie der Chip im Fotoapparat ist auch unser Auge aufgebaut. Auf der Netzhaut sitzen Empfänger für Licht. Sie sind nicht künstlich hergestellt, funktionieren aber ähnlich. In → **B5** erkennen wir die natürlichen Pixel. Es sind viele Millionen Sehzellen, die dicht nebeneinander angeordnet sind und vom Licht des Gegenstandes getroffen werden. Jede dieser Zellen leitet über Nervenbahnen die Informationen über das Bild des Gegenstandes zum Gehirn weiter. Dieses verarbeitet dann diese Informationen von Position, Farbe und Helligkeit zu dem von uns empfundenen Bild.

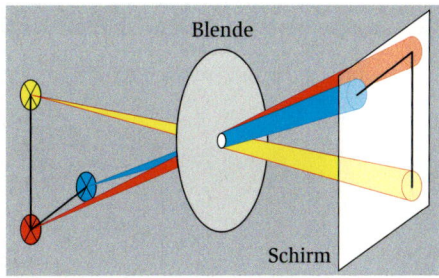

V3 Drei verschieden farbige Lämpchen hinter einer Pappscheibe bilden ein „L". Sie werden vor eine Lochblende gestellt. Auf dem Schirm entstehen drei Lichtflecke jeweils in der Form der Lochblende. Verdeckt man die rote Lampe, so bleiben die beiden anderen Flecke unverändert.

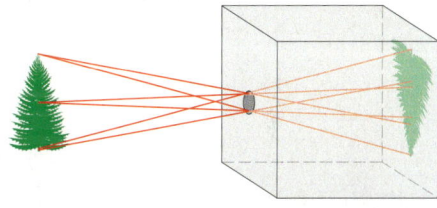

B4 Bildentstehung in der Lochkamera.

B5 Der Chip im Fotoapparat auf einer Leiterplatte.

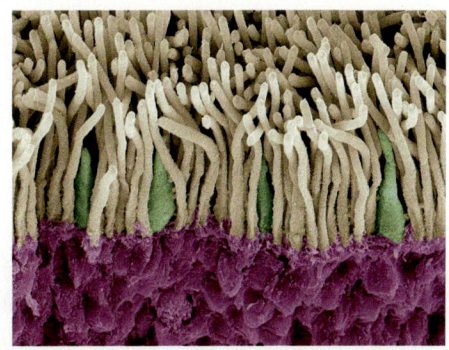

B6 Aufbau der Netzhaut mit Sehzellen

Bau einer verbesserten Lochkamera

Bauanleitung:
Forme aus schwarzer Pappe eine Röhre, die du in die leere Chipsdose schieben kannst. Schneide ein kreisförmiges Stück Pergamentpapier und klebe es über das eine Ende der Röhre (siehe Zeichnung). Ersatzweise kannst du auch den Deckel der Chipsdose etwas kleiner schneiden, sodass er in die schwarze Röhre passt.

Falls der Deckel nicht milchig ist, beklebe ihn mit Pergamentpapier. Schiebe das nun verschlossene Ende der Röhre in die Chipsdose. Der Beobachtungsschirm ist nun im Innern der dunklen Pappe und wird nicht seitlich beleuchtet. Mit dieser verbesserten Lochkamera können wir auch nicht selbst leuchtende Gegenstände in heller Umgebung besser beobachten.

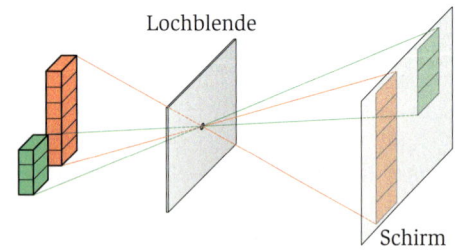

V1 Zwei Türme unterschiedlicher Höhe stehen im gleichen Abstand vor der Lochkamera.

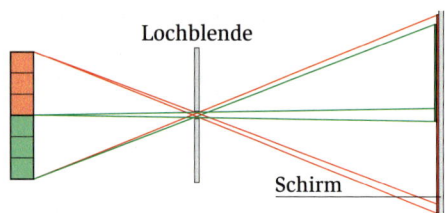

B1 Lichtbündel erklären die Bildgröße.

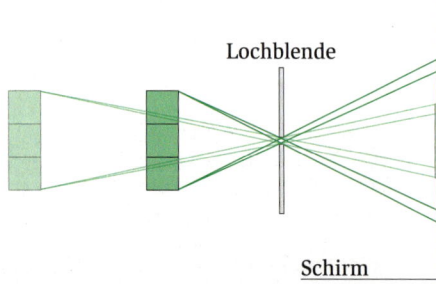

V2 Wir entfernen den Turm immer weiter von der Lochblende, die Bildgröße nimmt dabei ab.

3. Wir experimentieren mit der Lochkamera

Mit unserer verbesserten Lochkamera beobachten wir Bäume, Häuser, vorbeifahrende Autos und Menschen. Stets erkennen wir auf dem Schirm die höhen- und seitenverkehrten Bilder. Wir stellen auch fest, dass die Bilder auf dem Schirm unterschiedlich groß sind. Wir wollen jetzt wissenschaftlich vorgehen und die Größe der Lochkamerabilder untersuchen. Dazu überlegen wir uns, wovon die Bildgröße abhängen könnte.
Wir stellen folgende Vermutungen auf:
1. Die Bildgröße hängt von der Größe des Gegenstandes ab.
2. Die Bildgröße hängt von dem Abstand des Gegenstandes von der Lochblende ab.
3. Die Bildgröße hängt davon ab, wie weit der Beobachtungsschirm von der Lochblende entfernt ist.
4. Die Bildgröße hängt von der Größe oder der Form der Blendenöffnung ab.

In **→ V1** wollen wir Vermutung 1 untersuchen. Wir stellen dazu unterschiedlich große Türme vor der Lochkamera auf. Wir achten dabei darauf, dass alle Türme gleich weit von der Lochblende entfernt sind und dass wir den Abstand des Beobachtungsschirms von der Lochblende nicht verändern; selbstverständlich auch nicht die Form der Lochblende. Unser Ergebnis ist nicht überraschend: Je größer der Gegenstand, desto größer ist sein Lochkamerabild – unter sonst gleichen Bedingungen.
Die Erklärung dazu liefert **→ B1** . Wir können die Bildgröße mithilfe von Lichtbündeln zeichnen.

In **→ V2** untersuchen wir Vermutung 2. Dazu entfernen wir einen Gegenstand immer weiter von der Lochkamera und messen jeweils die Bildgröße.

Wir stellen fest: Je weiter der Gegenstand unter solch gleichen Bedingungen von der Lochkamera entfernt ist, desto kleiner ist der Lochkamerabild. Auch hier lässt sich dies mithilfe der Lichtbündel leicht erklären.

Vermutung 3 überprüfen wir, indem wir den Abstand zwischen Turm und Lochblende gleich lassen, aber den Abstand Schirm – Lochblende vergrößern. Dazu ziehen wir die innere Papprohre langsam aus der Chipsdose heraus. Wir stellen fest: Je weiter der Schirm von der Lochblende entfernt ist, desto größer wird das Bild. Auch dieses Ergebnis kann man mithilfe von Lichtbündeln leicht erklären → **Aufgabe 2**.

Mir einer Schere vergrößern wir das Loch im Blechboden ein wenig. Das Bild wird zwar heller, kaum größer – allerdings deutlich unschärfer. Mit → **B2** finden wir die Erklärung. Eine größere Lochblende erzeugt größere Lichtflecke. Sie überlappen sich stärker. Verschiedene Gegenstandspunkte haben keine getrennten Bildflecke mehr, wir sehen das Bild unscharf. Dies macht es schwieriger, die Bildgröße zu bestimmen. Die Mitte der Bildflecke verändert sich aber durch die größere Blendenöffnung nicht. Wir können also feststellen, dass die Bildgröße von der Größe der Blendenöffnung kaum abhängt.

Merksatz

Die Größe des Lochkamerabildes hängt von der Größe des Gegenstandes, seiner Entfernung zur Lochkamera und vom Abstand Lochblende – Schirm ab. Die Größe der Lochblende hat kaum Einfluss auf die Bildgröße.

Hat jemand seine Brille vergessen, so sieht er unscharf. Folgender Trick hilft: Er nimmt sich ein Stück Papier und sticht mit einer Nadel ein Loch hinein. Nun hält er diese Lochblende zwischen Lesetext und Auge. Wie in der Lochkamera verkleinert sie die Lichtflecke auf der Netzhaut. Es kommt zu weniger Überlagerungen der Lichtflecke, das Bild (hier der Lesetext) erscheint schärfer auf der Netzhaut. Man kann den Text auch ohne Brille lesen.

Kompetenz – Physikalisch experimentieren

Bei der Untersuchung der Bildgröße in der Lochkamera sind wir wissenschaftlich vorgegangen. Wir sind in mehreren Schritten vorgegangen:

1. **Schritt:** Wir haben überlegt, von welchen Bedingungen die Bildgröße abhängen könnte.
2. **Schritt:** Wir haben uns dann überlegt, wie wir unsere Vermutungen experimentell überprüfen können.
3. **Schritt:** Wir haben eine Bedingung nach der anderen überprüft. Dabei haben wir stets darauf geachtet, dass wir die anderen Bedingungen nicht auch verändert haben.
4. **Schritt:** Wir haben nach jeder Untersuchung das Ergebnis in einer Merkregel formuliert.

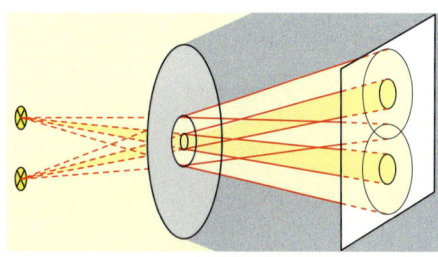

B2 Bei größerer Blendenöffnung vergrößern sich die Lichtflecke auf dem Schirm.

Mach's selbst

A1 Das Loch im Blechboden der Lochkamera soll nun dreieckig statt rund sein. Erkläre:
a) Das Bild eine punktförmigen Lichtquelle verändert sich.
b) Das Bild eines ausgedehnten Gegenstandes bleibt unverändert.

A2 Wir haben durch Experimente gefunden, dass die Bildgröße zunimmt, wenn man den Abstand Lochblende – Schirm vergrößert. Fertige dazu eine Zeichnung an, die dies mithilfe von Lichtbündeln verdeutlicht.

A3 Ergänze die folgenden Je … desto … Sätze:
Je größer der Gegenstand, desto …
Je kleiner der Abstand Lochblende – Schirm, desto …
Je kleiner der Abstand Gegenstand – Lochblende, desto …

A4 Bohre mit einem Bleistift drei Löcher in ein Blatt Papier. Halte nun das Blatt parallel über eine Tischplatte in einem Raum mit eingeschalteten Leuchtstofflampen an der Decke. Beschreibe die Beobachtung auf der Tischplatte und erkläre sie.

A5 Das Foto wurde während eines besonderen Ereignisses aufgenommen. Erläutere.

B1 Ein aufgeschnittener Fotoapparat

B2 Mit Linsen kann man helle und scharfe Bilder erzeugen.

B3 Linsen in der Physik

V1 Wir bauen unsere Lochkamera zu einem Fotoapparat um → B1 . Anstelle der Lochblende verwenden wir eine Linse, die von einer Pappscheibe umgeben ist. Zum Auffangen des Bildes verwenden wir ähnlich wie bei der Lochkamera eine Scheibe aus milchigem Kunststoff. Eine Kerzen flamme dient als Gegenstand. Ohne den Raum zu verdunkeln, erkennen wir auf dem Schirm das Bild der Flamme.

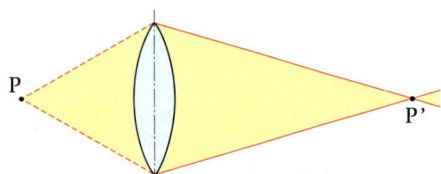

V2 Ein Lämpchen P erzeugt Licht. Die Linse erzeugt ein Lichtbündel, das sich so stark verengt, dass es in einem Punkt P' gesammelt wird.

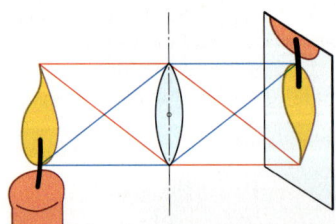

B4 Entstehung des Linsenbildes

1. Linsenbilder sind scharf

Mit unserer Lochkamera konnten wir Bilder von beleuchteten Gegenständen erzeugen. Ein Fotoapparat sieht aufgeschnitten so ähnlich aus, allerdings sitzt in der Öffnung der Lochblende ein Körper aus Glas → B1 . Wegen seiner Form (innen dick und außen dünn) wird er nach einer Hülsenfrucht **Linse** genannt → B3 .

Wir bauen im → V1 einen Fotoapparat nach. Auf der Scheibe aus Kunststoff (in der Physik **Schirm** genannt) erkennen wir ein helles und gleichzeitig scharfes Bild der Kerzenflamme. Wie bei der Lochkamera ist das Bild höhen- und seitenverkehrt. Anders als bei der Lochkamera ist das Bild aber gleichzeitig hell und scharf. Wie ist das möglich?
Im Unterschied zu unserer selbst gebauten Lochkamera, in der nur ein kleines Loch Licht hindurch lässt, ist die Linsenöffnung viel größer. Damit gelangt also mehr Lichtenergie auf den Schirm, d. h. das Bild ist viel heller. Wie kann es sein, dass das Bild trotzdem scharf bleibt?

In der *Lochkamera* wurde jedem Punkt des Gegenstandes ein Lichtfleck auf dem Schirm zugeordnet. Wir untersuchen im → V2 , was eine *Linse* mit einem Lichtbündel macht: Eine Linse verformt ein Lichtbündel so, dass es in einem Punkt P' hinter der Linse gesammelt wird. Stellt man also den Schirm hinter der Linse genau an die Stelle P', so entsteht auf dem Schirm ein heller Punkt. Ein zweites Lichtbündel erzeugt einen anderen hellen Punkt auf dem Schirm.

Damit verstehen wir die Entstehung von Linsenbildern → B4 : Von jedem Punkt des Gegenstandes gelangt ein Lichtbündel durch die Linse. Auf dem Schirm erzeugt jedes dieser Lichtbündel jeweils einen hellen Punkt. Diese Punkte setzen sich zum Bild zusammen.

Merksatz

Linsen erzeugen scharfe Bilder. Jedem Gegenstandspunkt wird durch die Linse ein Bildpunkt zugeordnet.

2. Bildpunkt gesucht

Wir haben im → **V2** gesehen, dass eine Linse alles Licht, das von einer punktförmigen Lichtquelle durch sie hindurchgeht, in einem Punkt sammeln kann. Wir wollen nun durch Experimentieren herausfinden, ob dies immer in gleicher Weise geschieht. Dazu verändern wir im → **V3** die Position unserer punktförmigen Lichtquelle P vor der Linse und sehen, dass P' wandert:

- Je weiter wir die Lichtquelle von der Linse entfernen, desto näher rückt P' auf der anderen Seite an die Linse heran.
- Selbst bei sehr großer Entfernung der Lichtquelle von der Linse rückt P' nicht näher als 5 cm an die Linse heran.

Wir bezeichnen die kürzeste Entfernung des Sammelpunktes P' von der Linse mit **Brennweite f** der Linse. Linsen dieser Art nennen wir **Sammellinsen.** Unsere benutzte Linse hat also die Brennweite f = 5 cm.

Im → **V4** schieben wir die Lichtquelle immer näher an die Linse heran. Wir stellen fest:

- Je näher die Lichtquelle an die Linse heranrückt, desto weiter entfernt sich P' von der Linse.
- Ist die Lichtquelle näher an der Linse als ihre Brennweite f, so kann die Linse das Licht nicht mehr in einem Bildpunkt sammeln.
- Hat die Lichtquelle genau die Entfernung f von der Linse, so verlaufen die Randlinien hinter der Linse exakt parallel. Das heißt, auch dann kann die Linse das Licht nicht in einem Punkt bündeln.

Wir wiederholen die Versuche mit einer Linse, die stärker gewölbt ist. Wir finden vergleichbare Ergebnisse, allerdings ist die Brennweite der Linse kleiner. Die Brennweite einer Sammellinse ist umso kürzer, je stärker sie gewölbt ist.
Verbinden wir P und P' mit einem Lineal, so stellen wir fest, dass in allen Beispielen die Gerade PP' jeweils durch den Linsenmittelpunkt verläuft.

Merksatz

Eine Sammellinse kann das Licht einer punktförmigen Lichtquelle in einem Bildpunkt sammeln, wenn die Lichtquelle weiter von der Linse entfernt ist als die Brennweite der Linse.

Die Sonne können wir als eine extrem weit entfernte Lichtquelle ansehen. Eine Sammellinse wird dann alles Licht, das durch sie hindurchgeht, in der Brennweite in einem kleinen Fleck bündeln → **V5** . Holzspäne beginnen dort zu verbrennen. Aus diesem Grund nennt man eine Sammellinse auch *Brenn*glas, die Entfernung von der Linse folglich *Brenn*weite.

Je größer der Durchmesser der Linse ist, desto mehr Licht wird gesammelt, desto schneller entzündet sich das Papier.

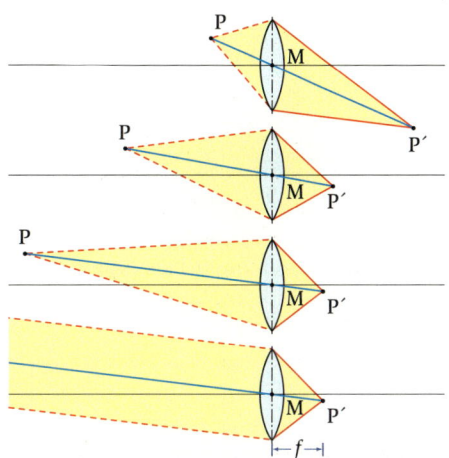

V3 Wir vergrößern den Abstand zwischen einer punktförmigen Lichtquelle und der Linse.

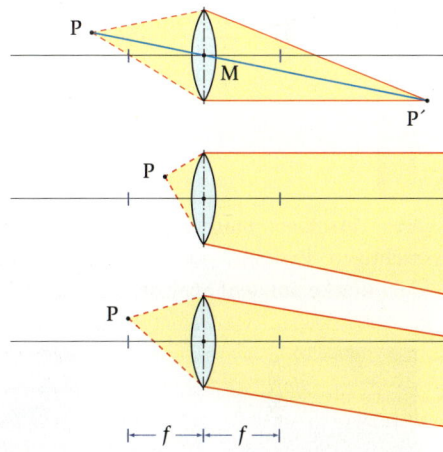

V4 Wir rücken die Lichtquelle näher an die Linse heran.

V5 Mit einer Sammellinse bündeln wir das Sonnenlicht. Holzspäne im Abstand der Brennweite werden im Sammelpunkt P' so heiß, dass sie sich entzünden.

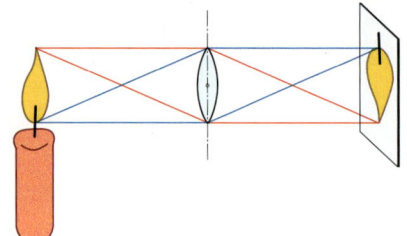

B1 Bildentstehung bei der Sammellinse

a)

b)

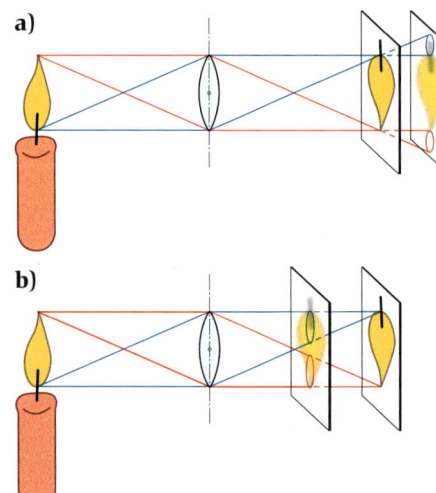

V1 Verschiebt man den Schirm aus der richtigen Position, so erzeugt die Linse Lichtflecke auf dem Schirm.

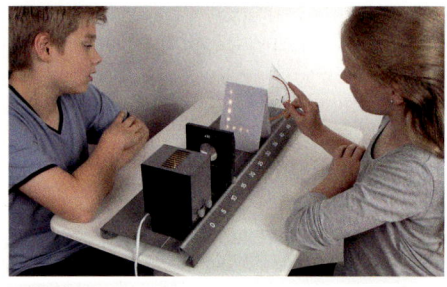

B2 Bildentstehung bei der Sammellinse

Gegen-stands-größe	Abstand zur Linse	Bild-abstand	Bild-größe
1 cm	3 cm	–	–
1 cm	6 cm	30 cm	5 cm
1 cm	10 cm	10 cm	1 cm
1 cm	15 cm	7,5 cm	0,5 cm
1 cm	20 cm	7 cm	0,3 cm
1 cm	30 cm	6 cm	0,2 cm

T1 Messwerte; Linsenbrennweite: 5 cm

3. Linsen haben auch einen Nachteil

Lochkamera und Linse erzeugen beide höhen- und seitenverkehrte Bilder. Bei der Lochkamera wird jedem Gegenstandspunkt ein Lichtfleck zugeordnet, bei der Linse jeweils ein Lichtpunkt (**→ B1**). Deshalb sind Linsenbilder scharf. Weiterer *Vorteil:* Linsenbilder sind hell, weil durch die große Linse viel mehr Licht gelangt, als durch ein kleines Loch. Folglich verwendet man beim Fotoapparat Linsen und nicht nur eine Lochblende.

Verschiebt man bei der Lochkamera den Schirm, so werden die Bilder stufenlos kleiner oder größer. Was geschieht aber, wenn man bei der Linsenabbildung den Schirm verschiebt? In **→ V1** betrachten wir das Linsenbild einer Flamme bei verschiedenen Positionen des Schirms: Nur wenn der Schirm an der richtigen Stelle steht, nämlich dort wo die Linse jeweils die Lichtbündel sammelt, erhält man scharfe Bildpunkte. In jeder anderen Entfernung von der Linse entstehen Lichtflecke auf dem Schirm wie bei der Lochkamera – das Bild ist unscharf. Damit haben wir den *Nachteil* bei der Linsenabbildung erkannt. Um ein scharfes Bild zu erhalten, muss der Schirm auf die richtige Stelle geschoben werden.

Merksatz

Nur bei der richtigen Entfernung zwischen Schirm und Linse erhält man bei der Linsenabbildung (Fotoapparat) ein scharfes Bild.

Die meisten modernen Fotoapparate übernehmen diese Scharfstellung automatisch, bevor das Bild aufgenommen wird. Dazu wird mit einem eingebauten Motor der Linsenabstand vom Film bzw. Speicherchip verändert. Bei älteren Modellen muss man dies durch Drehen an der Linse mit der Hand erledigen.

4. Bildgröße bei der Linsenabbildung

Die Bildgröße bei der Linsenabbildung hängt sicherlich von der Entfernung des Gegenstandes von der Linse ab. Wir untersuchen dies mit dem im **→ B2** dargestellten Versuchsaufbau durch eine Versuchsreihe. Als Gegenstand benutzen wir den leuchtenden Buchstaben „L" an der Lampe. Er ist genau 1 cm hoch. Die benutzte Linse hat die Brennweite 5 cm. Wir stellen den Gegenstand zunächst im Abstand 10 cm vor der Linse auf. Wir schieben den Schirm an die Stelle, an der das Bild scharf ist. Mit dem Geodreieck messen wir die Höhe des Bildes. Auf der Skala an der Schiene lesen wir die Entfernung des Schirmes von der Linse (Bildabstand) ab. Wir wiederholen den Vorgang nacheinander für die folgenden Abstände des Gegenstands von der Linse: 15 cm, 20 cm, 30 cm, 6 cm und 3 cm. Jedes Mal verschieben wir den Schirm so weit, bis das Bild scharf ist. Wir tragen die Messwerte in eine Tabelle **→ T1** ein.

Aus den Messwerten in **→ T1** können wir viele Aussagen ablesen:

- Ist der Abstand zwischen Gegenstand und Linse zu klein (kleiner als *f*), so entsteht kein Bild. (Das wussten wir schon, weil Linsen das Licht aus kurzer Entfernung nicht bündeln können.)
- Wenn Gegenstand und Bild gleich weit von der Linse entfernt sind (doppelte Brennweite), dann ist das Bild so groß wie der Gegenstand.
- Je weiter der Gegenstand von der Linse entfernt ist, desto näher rückt das Bild an die Linse, und umso kleiner wird das Bild.
- Bilder sind immer weiter als die Brennweite von der Linse entfernt.

Den Zusammenhang zwischen der Gegenstandsentfernung und Bildgröße erkennen wir leicht im Diagramm im **→ B3**.

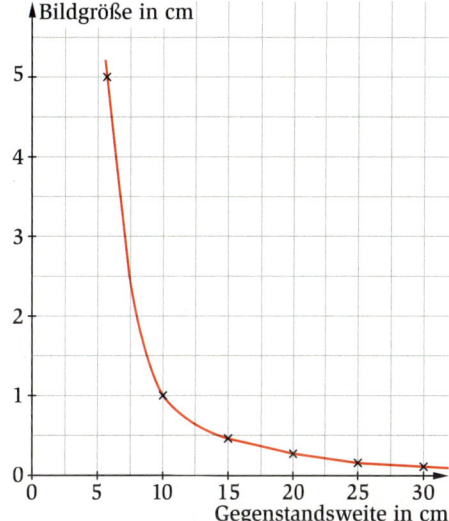

Merksatz

Das Linsenbild eines Gegenstandes ist umso größer, je näher der Gegenstand an der Linse steht. Je weiter der Gegenstand entfernt ist, desto kleiner ist das Bild.

B3 Wir tragen die Messwerte aus **→ T1** im Diagramm auf – die Abstände des Gegenstands auf der Rechtsachse, die zugehörigen Messwerte der Bildgröße auf der Hochachse.

Mach's selbst

A1 In der Physiksammlung findest du eine Reihe von Linsen. Sie unterscheiden sich in ihrer Krümmung und in ihrem Durchmesser.
Du willst damit das Licht einer Kerze sammeln. Beschreibe deine Beobachtungen.

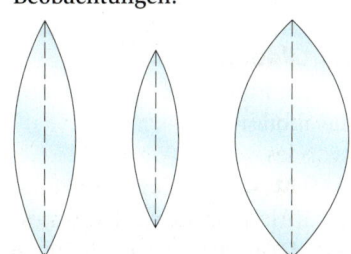

A2 Lochkamerabilder sind dunkel und immer auch etwas unscharf. Linsenbilder dagegen sind hell und scharf. Erkläre noch einmal mit eigenen Worten, warum das der Fall ist.

A3 Bei deiner Großmutter findest du eine Leselupe aus Kunststoff. Du willst ihre Brennweite bestimmen.
Wie gehst du vor?

A4 Du willst mit einer Linse der Brennweite 5 cm Bilder erzeugen. Der Gegenstand hat die Größe 1 cm.
a) Lies aus **→ B3** ab, wie groß das scharfe Bild ist, wenn der Gegenstand 12 cm bzw. 18 cm vor der Linse steht.
b) Lies ebenfalls aus **→ B3** ab, wie weit entfernt der Gegenstand vor der Linse etwa stehen muss, damit das Bild 2 cm groß wird.

A5 Du willst mit einer Linse scharfe Bilder erzeugen. Die Linse hat die Brennweite 6 cm. Das Bild soll genauso groß sein wie der Gegenstand.
a) Bestimme für den Gegenstand und den Schirm die Abstände von der Linse.
b) Du schiebst den Gegenstand näher an die Linse heran. In welche Richtung musst du den Schirm verschieben und wie ändert sich dabei die Bildgröße? Zeichne verschiedene Fälle und begründe deine Aussage.

A6 Digitalkameras sind häufig sehr flach gebaut. Ein Motor fährt nach dem Einschalten über ein Gestänge die Linse aus. Erst jetzt kann man eine Aufnahme machen. Gib eine Begründung.

A7 Amelie wird von ihrer Mutter angewiesen, während ihrer Abwesenheit die Blumen im Garten zu gießen. „Wassertropfen wirken wie Linsen, deshalb gieße die Blumen nicht bei vollem Sonnenschein, die Blätter nehmen sonst Schaden." Nimm Stellung zu der Warnung.

A8 Schiebt man den Schirm bei der Linsenabbildung etwas zu nahe an die Linse heran, so ist das Bild unscharf. Stellt man jedoch eine Lochblende vor die Linse, dann wird das Bild auf dem Schirm trotz der falschen Position fast scharf.
a) Erkläre dies mithilfe einer Zeichnung.
b) Nenne und erkläre auch den Nachteil, den diese Methode hat.

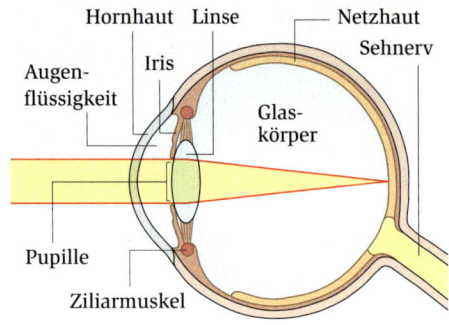

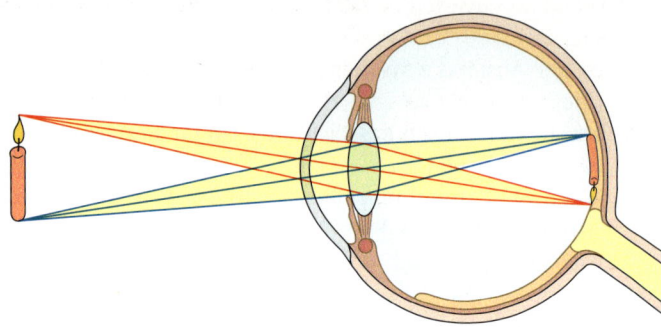

B1 Die Optik des menschlichen Auges

B2 Die Linse erzeugt ein scharfes, helles Bild auf der Netzhaut.

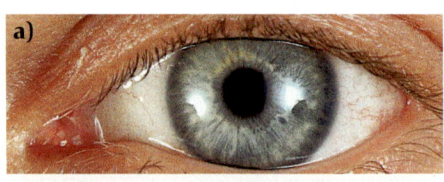

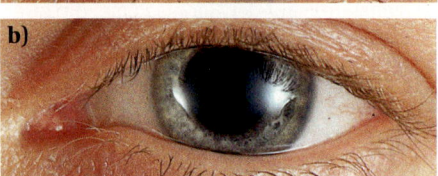

V1 **a)** Betrachte die Pupille eines Mitschülers. Sie ist zunächst nur wenig geöffnet.
b) Bitte nun deinen Mitschüler ein Auge mit der hohlen Hand etwa eine Minute lang zuzuhalten. Nachdem er die Hand entfernt hat, betrachtest du wieder seine Pupille – sie ist jetzt weit geöffnet. Über einen Muskel wurde die Pupillenöffnung vergrößert. Das Gehirn versucht so, mehr Licht auf die Netzhaut zu lassen, damit die Netzhautbilder möglichst hell werden.

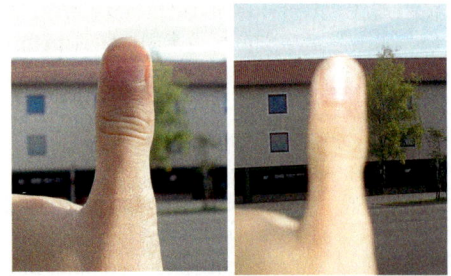

V2 Schließe ein Auge. Halte einen Daumen mit angewinkeltem Arm etwa 30 cm vor dein anderes Auge. **a)** Betrachte deinen Daumen. Du siehst den Hintergrund nur unscharf (verschwommen). **b)** Betrachte nun den Hintergrund. Dabei stellst du fest, dass nun der Daumen unscharf erscheint.

1. Die Optik des menschlichen Auges

Du kennst den Aufbau des menschlichen Auges vielleicht schon aus dem Biologieunterricht. → **B1** zeigt die wichtigsten Bestandteile in vereinfachter Form. Aus physikalischer Sicht ist das Auge vergleichbar mit einem **Fotoapparat:**

Das Licht durchdringt beim Eintritt ins Auge die Hornhaut, die Augenflüssigkeit, die Linse und den Glaskörper. Diese vier durchsichtigen einzelnen Bestandteile wirken zusammen wie eine Linse. Licht eines weit entfernten Gegenstandes bündelt sie im Abstand von etwa 23 mm hinter der Hornhaut. Dort befindet sich die Netzhaut. Auf ihr entsteht das optische Bild des Gegenstandes. Die *Netzhaut* besteht aus einer Vielzahl lichtempfindlicher Elemente. Sie empfangen das Licht und leiten es über viele Verästelungen zum Sehnerv, der die Information zum Gehirn weiterleitet.

Die Iris ist eine farbige Haut mit einer kreisrunden Öffnung, der Pupille. Die Öffnung kann mit einem Muskel verkleinert werden. Das Gehirn steuert mit ihr die Lichtmenge, die pro Sekunde auf die Netzhaut fällt → **V1**. Bei schwacher Beleuchtung würde bei kleiner Pupillenöffnung zu wenig Licht von jedem Gegenstandspunkt die Netzhaut erreichen.

Die Natur benutzt also zum Empfang von Bildern die Linsenabbildung und nicht etwa die schlechtere Lochkameraabbildung. Dies ist beim Menschen und vielen höher entwickelten Tieren so. Beim Nautilus, einem tintenfischähnlichen Tier, reicht eine Sehgrube mit Lochblende für unscharfe Bilder aus.

2. Das Scharfstellen beim Auge

→ **V2** zeigt: Das Auge kann nicht gleichzeitig nahe und ferne Gegenstände scharf erkennen. Wir wissen von der Linsenabbildung: Rückt ein Gegenstand näher an die Linse, müssen wir den Schirm weiter wegschieben, um scharfe Bilder zu erhalten.

Das Auge macht das anders. Die Netzhaut kann nicht verschoben werden, das heißt, der Abstand Linse-Netzhaut ist fest eingestellt. → **V3** zeigt uns eine Möglichkeit auf, wie das Scharfstellen durch Austauschen der Linse trotzdem erfolgen könnte. Dies geschieht natürlich nicht wirklich in unserem Auge. Stattdessen kann aber die Brennweite unserer Augenlinse durch Muskeln verändert werden.

Die Augenlinse besteht nämlich aus einem elastischen Stoff. Sie will sich stets von selbst zusammenzuziehen. Dem wirken die Aufhängefasern entgegen, die sie flach ziehen, gesteuert vom **Ziliarmuskel**. Ist dieser Muskel entspannt, so ziehen die Aufhängefasern die Augenlinse flach. Das Auge kann weit entfernte Gegenstände scharf sehen.

Ist der Ziliarmuskel angespannt, so sind die Aufhängefasern gelockert, die Linse wölbt sich. Das Auge kann nahe Gegenstände scharf sehen. Die Augenlinse ist also eine Linse mit variabler Brennweite. Der Anpassungsvorgang heißt **Akkommodation**. Er läuft, vom Gehirn gesteuert, aber unbewusst ab.

Das Auge kann nicht in jede beliebige Nähe akkommodieren. Bei einem Abstand zum Gegenstand von 10 cm, dem sogenannten **Nahpunkt**, ist die Grenze erreicht. So nahe Gegenstände zu betrachten ist sehr anstrengend, man ermüdet dabei rasch. Ohne merkliche Anstrengung kann man Gegenstände in einer Entfernung von etwa 25 cm betrachten.

3. Wozu braucht man eine Brille?

Viele Menschen haben Augenfehler. Sie tragen eine Brille, weil diese die Augenfehler ausgleicht. Die häufigsten Augenfehler sind **Kurzsichtigkeit** und **Übersichtigkeit**.

Beim *kurzsichtigen* Auge ist die Netzhaut zu weit von der Hornhaut entfernt. Die Linse bündelt Licht ferner Gegenstände etwas vor der Netzhaut, sodass das Bild unscharf ist. Nahe Gegenstände kann das Auge dagegen scharf sehen. → **B3a** zeigt, wie eine Brille den Mangel beseitigt. Das schmale Lichtbündel, das von einem weit entfernten Gegenstandspunkt kommt, wird durch die Brille etwas aufgeweitet, sodass die Linse das Licht jetzt weiter hinten genau auf der Netzhaut bündelt. Brillengläser mit dieser Eigenschaft heißen **Zerstreuungslinsen.** Das vormals verschwommene Bild erscheint jetzt scharf.

Beim *Übersichtigen* liegt die Netzhaut zu nahe an der Linse. Der Ziliarmuskel muss also zum Blick in die Ferne bereits etwas angespannt werden, was ohne weiteres möglich ist. Bei nahen Gegenständen kann die Linse aber nicht genügend gewölbt werden, das Bild erscheint verschwommen. Abhilfe schafft eine Brille mit den uns bekannten Linsen *(Sammellinsen)*, wie in → **B3b** dargestellt; Sammellinsen verkürzen insgesamt die Brennweite und unterstützen die Augenlinsen bei der Lichtbündelung.

Modellauge

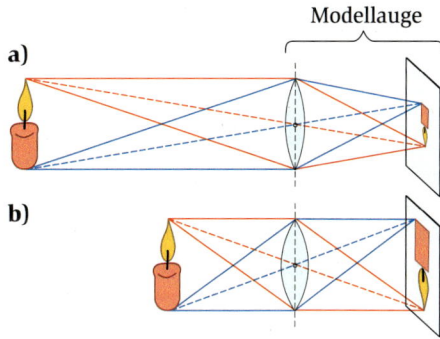

V3 Scharfstellen ohne den Schirm zu verschieben: **a)** Eine Linse der Brennweite 15 cm und ein Schirm ersetzen unser Auge. Eine Kerze wird in großer Entfernung (etwa 4 m) vor das „Modellauge" gestellt. Auf dem Schirm entsteht in etwa 15 cm Abstand hinter der Linse ein scharfes Bild der Flamme. „Unser Modellauge blickt entspannt in die Ferne". **b)** Wir schieben nun die Kerze bis auf 30 cm an die Linse heran, das Bild wird unscharf. Wir ersetzen die Linse durch eine mit der Brennweite 10 cm und erhalten wieder ein scharfes Bild, ohne den Schirm zu verschieben.

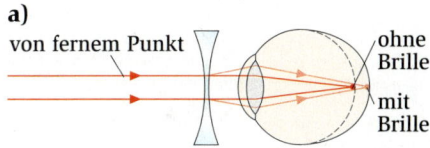

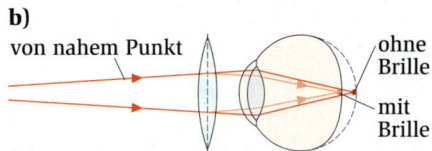

B3 Kurzsichtiges und übersichtiges Auge

Mach's selbst

A1 Mit steigendem Alter verringert sich die Elastizität der Linse, der Nahpunkt entfernt sich. Welche Art Brille hilft, nahe Gegenstände scharf zu sehen? Erkläre.

A2 Im Bild verlaufen Lichtbündel von links nach rechts. Kennzeichne die Linsen als Sammellinse oder Zerstreuungslinse.

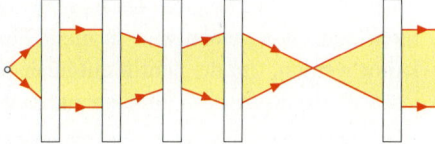

Das Sehen

A. Netzhautbilder

Das Sehvermögen des menschlichen Auges hat Grenzen. Betrachtest du die beiden schwar-
zen Flecke aus großer Entfernung (etwa 10 m), so ge-
winnst du den Eindruck, dass es sich auf dem Bild um
einen einzigen schwarzen Fleck handelt und nicht um
zwei. Eine Ursache dieser Fehldeutung liegt im Aufbau
der Netzhaut unseres Auges: Die Sehzellen sind auf ihr
mosaikartig verteilt. Das Auge kann nicht mehr Bildpunkte verarbeiten als Sehzellen vom Bild getroffen
werden. Mit zunehmender Entfernung rücken die beiden Netzhautbilder immer näher zusammen.

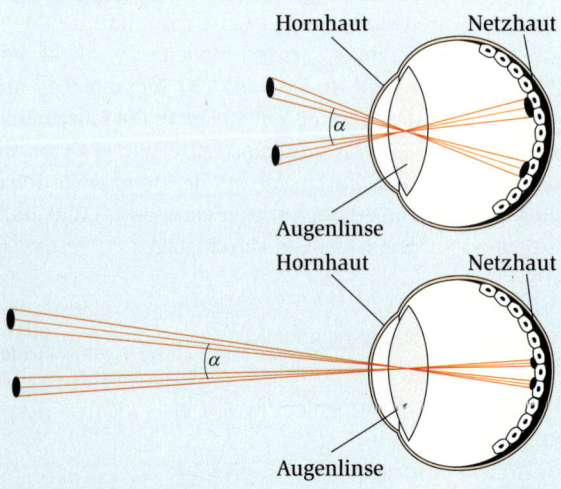

Bei der großen Entfernung registrieren zwei benach-
barte Sehzellen den Eindruck schwarz, so wird der
Zwischenraum nicht mehr erkannt. Der **Sehwinkel**
(im Bild α genannt), ist der Winkel unter dem die
beiden Mittelpunktslinien der beiden Flecke ins Auge
treffen. Ist dieser Winkel kleiner als $1/60\,°$, so kann das
menschliche Auge die beiden Flecke nicht mehr getrennt wahrnehmen. Greifvögel, die darauf angewiesen
sind, auch aus großer Höhe ihre Beute zu erkennen,
haben Augen, deren Netzhaut dichter mit Sehzellen be-
setzt ist. Sie können zwei unterschiedliche Flecke noch
getrennt sehen, wenn der oben beschriebene Winkel
etwa $1/400\,°$ beträgt.

Wir erkennen im obigen Bild auch, dass das Netzhautbild umso größer wird, je näher der Gegenstand ans
Auge rückt. Ein größeres Netzhautbild bedeutet, dass
mehr Sehzellen gereizt und so mehr Einzelheiten erkannt werden. Um die Schrift auf einer Briefmarke zu
lesen, hältst du sie deshalb nahe ans Auge.

B. Zwei Netzhautbilder sind nicht immer identisch

In jedem unserer Augen wird ein Netzhautbild erzeugt.
Wir „sehen" aber immer nur ein Bild. Das Gehirn empfängt die Bildinformationen von beiden Augen und verarbeitet sie zu einem Bild. Betrachten wir etwa einen
Baum aus großer Entfernung (1 km) so empfangen beide
Augen identische Bilder – das Gehirn hat eine leichte
Aufgabe, sie zu einem Eindruck zu verarbeiten. Beobachten wir jedoch einen Gegenstand, der nahe vor dem Auge
ist, so ergibt sich ein größeres Problem:

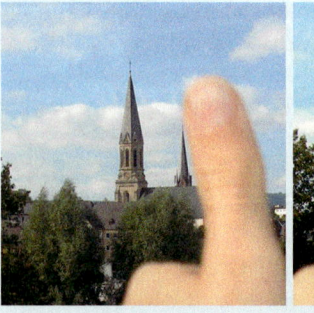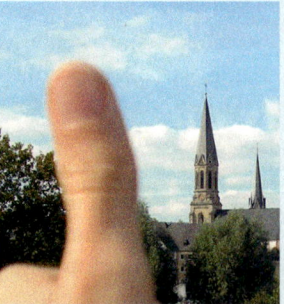

Betrachtest du den Daumen der ausgesteckten Hand zunächst nur mit dem linken Auge und dann nur mit dem
rechten Auge, so scheint der Daumen vor dem Hintergrund zu springen. Jedes Auge sieht ja den Daumen aus
einer etwas anderen Richtung.

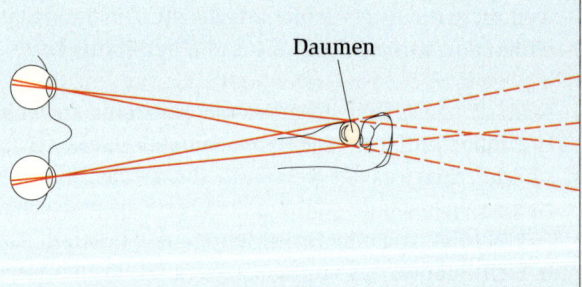

Betrachtet man den Daumen nun mit beiden Augen
gleichzeitig, so versagt das Gehirn bei dem Versuch, von
diesen zwei verschiedenen Netzhautbildern einen Gesamteindruck zu erzeugen. Konzentrierst du dich nämlich dabei auf den Hintergrund, so siehst du gleichzeitig
zwei Daumenbilder. Fixierst du allerdings den Daumen,
so erkennst du gleichzeitig zwei Hintergrundbilder.

Obwohl das Gehirn hier Probleme hat, fällt es uns im
Alltag nicht auf. Betrachten wir z.B. nahe Gegenstände,
dann interessiert uns der weit entfernte Hintergrund
nicht und wir achten nicht auf das Doppelbild.

C. Das Gehirn sieht mehr als zwei Augen

Sind zwei Netzhautbilder überhaupt nützlich oder hat die Natur dem Gehirn durch die zwei Augenbilder nur eine unnötige Arbeit aufgeladen?

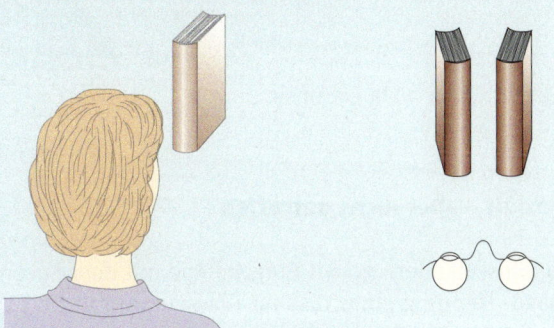

Betrachte ein Buch, das mit dem Rücken vor deiner Nase steht, aus etwa 30 cm Entfernung nacheinander mit beiden Augen. Mit dem linken Auge siehst du den hinteren Deckel und den Buchrücken. Mit dem rechten Auge siehst du den vorderen Deckel und den Buchrücken. Betrachtest du nun das Buch mit beiden Augen gleichzeitig, so siehst du tatsächlich den Buchrücken und beide Deckel. Das Gehirn schafft es also aus den beiden unterschiedlichen Netzhautbildern einen neuen Gesamteindruck zu bilden. Dabei werden die Bilder so vereint, dass gleiche Informationen (Buchrücken) sich überlagern und unterschiedliche Informationen (linker und rechter Buchdeckel) sich ergänzen. Durch dieses Verfahren gewinnen wir einen räumlichen Eindruck vom Buch, der in jedem Einzelbild fehlt. Das beidäugige Bild führt zu dem Eindruck, das betrachtete Buch sei tatsächlich ein räumlicher Gegenstand, nicht etwa nur ein ebenes Foto.

Das räumliche Sehen beruht also auf der Zweiäugigkeit und auf einer erlernten Gehirnleistung. Kleinkinder können erst mit zunehmender Erfahrung die Umwelt richtig erfassen, obwohl ihre Augen von Geburt an voll funktionstüchtig sind.

Eine Film- oder Fernsehkamera fotografiert nur mit einer Linse. Im Kino oder im Fernsehen kann man daher nicht unterscheiden, ob die Schauspieler z. B. in freier Natur oder nur vor einem gut gemalten Landschaftsbild spielen.

D. Steht die Welt auf dem Kopf?

Stimmt es, dass Netzhautbilder wie alle Linsenbilder auf dem Kopf stehen und seitenverkehrt sind? Wir sehen doch die Welt „richtig".

Mit einem einfachen Selbstversuch kannst du bestätigen, dass Netzhautbilder tatsächlich auf dem Kopf stehen und seitenverkehrt sind: Schließe beide Augen und versuche dabei auf die Nasenspitze zu „sehen". Berühre nun mit dem Zeigefinger der rechten Hand von unten den äußersten Augenwinkel des geschlossenen rechten Auges. Du „siehst" dann helle Ringe – nicht aber an der Druckstelle rechts, sondern links. Die rechts gereizten Sehzellen lösen also eine Empfindung aus, die wir auf der anderen Seite registrieren. Diese Seitenumkehr bewerkstelligt das Gehirn. Unsere Vorstellungen über die Bilder auf der Netzhaut sind also richtig.

E. „Nachts sind alle Katzen grau"

Wir verdunkeln unseren Physiksaal vollständig. Wir stellen mehrere Türme aus Bausteinen nebeneinander auf einen Tisch und drehen langsam die Beleuchtung im Raum heller.
Zunächst erkennen wir nichts, weil von keinem Gegenstand Licht in unser Auge gelangt. Erst ab einer bestimmten Helligkeit der Deckenlampen erkennen wir die Türme auf dem Tisch. Sie erscheinen unterschiedlich grau. Wir drehen die Helligkeit der Lampen noch etwas weiter auf, und erst jetzt entdecken wir, dass der hellste Turm gelb erscheint, der zweite rot und der zuvor als der am dunkelsten beschriebene blau. Die Farben waren bei geringerer Beleuchtung nicht zu erkennen.

In der Medizin hat man herausgefunden, dass unsere Netzhaut zwei verschiedene Typen von Sehzellen hat. Jedes Auge hat 125 Millionen sogenannte Stäbchen und 7 Millionen Zapfen. Die Stäbchen reagieren nur auf Hell-Dunkel-Reize, die Zapfen ermöglichen das Farbsehen. Offenbar sind die Stäbchen etwas empfindlicher, d. h. sie benötigen nicht so viel Energie, um eine Reaktion zum Gehirn zu melden wie die Zapfen.

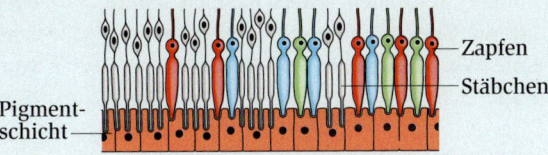

Bei geringer Beleuchtung reagieren also lediglich die Stäbchen auf einfallendes Licht ins Auge. Sie sind für das Sehen in der Dämmerung zuständig. Wir erkennen dann die Welt lediglich in Schwarz-Weiß, wie in einem alten Film.

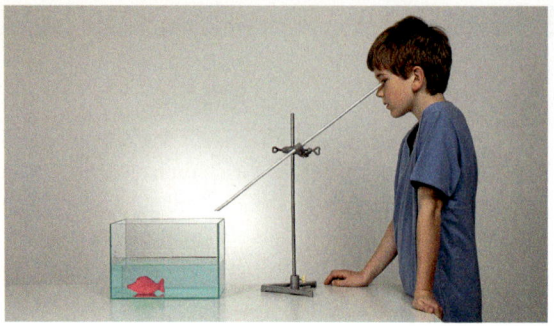

B1 Gut gezielt …

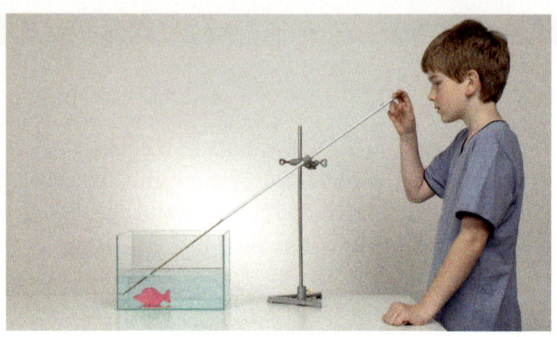

B2 … aber nicht getroffen

V1 Mit einer Lampe wird ein Lichtbündel in einem Aquarium erzeugt. Es verläuft streifend entlang einer weißen Fläche, sodass man Form und Weg des Lichtbündels sehen kann.

V2 Wir erzeugen gleichzeitig viele Lichtbündel. Sie treffen unterschiedlich schräg auf die Grenzfläche zwischen Wasser und Luft. Wir beobachten:
- Die Lichtbrechung ist nicht immer gleich stark.
- Ein Lichtbündel, das senkrecht die Grenzfläche trifft, wird nicht gebrochen.
- Die Brechung ist umso stärker, je schräger das Lichtbündel auf die Grenzfläche trifft.
- Ein Teil des Lichtbündels wird zusätzlich an der Grenzfläche wie an einem Spiegel reflektiert.

1. Richtig gezielt – aber nicht getroffen

In einigen Südseeländern gehen Eingeborene mit dem Speer auf Fischjagd. Henning ahmt dies im Klassenraum nach. Er versucht durch Verschieben des Rohrs in ➔ **B1** genau auf den Fisch zu zielen. Die übrigen Schüler der Klasse beobachten dies von ihren Plätzen aus und überlegen, ob der Speer trifft.

Henning schiebt nun in ➔ **B2** einen Stab durch das Rohr. Und tatsächlich, obwohl er den Fisch zuvor im Rohr gesehen hatte, trifft der Stab den Fisch nicht. Wie ist dies möglich?

„Das Licht vom Fisch gelangt in unser Auge", sagt Lena, „sonst hätte Henning ihn nicht sehen können." „Das Licht kommt durch das Rohr, das ist auch klar", so Mike, „bleibt die Frage, auf welchem Weg das Lichtbündel vom Fisch ins Rohr gelangt." In Luft breitet sich Licht geradlinig aus, das wissen wir schon. Ist das im Wasser auch so?

Ein Versuch soll weiterhelfen. Wir wollen den Weg eines Lichtbündels aus dem Wasser heraus verfolgen. Mithilfe einer Unterwasserlampe wird in ➔ **V1** ein Lichtbündel erzeugt. Wir erkennen die überraschende Lösung unseres Problems: Auch im Wasser breitet sich Licht geradlinig aus. Aber beim Übergang von Wasser nach Luft ändert es seine Richtung. Die Randstrahlen werden geknickt. Man sagt: Das Lichtbündel wird an der **Grenzfläche** zwischen Wasser und Luft *gebrochen*. „Dann hat Henning tatsächlich richtig gezielt", sagt Lena, „das Lichtbündel kam aus der Richtung des Rohres in sein Auge. Dass es unterwegs seine Richtung geändert hat, davon hat Henning nichts mitgekriegt – er wurde getäuscht."

Ist die Lichtbrechung immer so stark wie im obigen Versuch? In ➔ **V2** untersuchen wir dies systematisch. Wir finden, je schräger das Lichtbündel auf die Grenzfläche trifft, desto stärker wird es gebrochen. Außerdem erkennen wir, dass neben der Brechung jeweils ein Teil des Lichtbündels an der Grenzfläche reflektiert wird. Es gibt also Reflexion von Lichtbündel auch ohne Spiegel.

2. Auch bei Brechung ist der Lichtweg umkehrbar

Wir haben entdeckt, dass Lichtbündel beim Übergang von Wasser nach Luft gebrochen werden. Gilt dies auch beim Übergang in umgekehrter Richtung?

Im → **V3** erkennen wir, dass auch Lichtbündel beim Übergang von Luft nach Wasser gebrochen werden. Auch hier gilt: Je schräger das Lichtbündel auf die Grenzfläche trifft, desto stärker wird es gebrochen. Wir bestätigen dies durch Winkelmessung. Wir messen die Winkel zwischen Lichtbündel und Lot, wie wir es bei den Reflexionsversuchen auch gemacht haben. Wir erkennen: Der Winkel α in Luft ist immer größer als der Winkel β in Wasser. Das fanden wir auch beim Übergang von Wasser in Luft im vorherigen Versuch. Gibt es einen Zusammenhang?

Im → **V4** führen wir die beiden Lichtwege Luft → Wasser und Wasser → Luft zusammen. Die Lampe unter Wasser erzeugt ein Lichtbündel, das beim Übergang Wasser → Luft gebrochen wird. Die zweite Lampe erzeugt ein rotes Lichtbündel, das beim Übergang Luft → Wasser gebrochen wird. Wir erkennen, dass beide Lichtbündel übereinander liegen. Bei der Umkehrung des Lichtwegs ersetzt also das einfallende Lichtbündel das vorher gebrochene und umgekehrt. Das Paar aus Winkel in Luft und Winkel in Wasser ist von der Lichtrichtung unabhängig.

3. Lichtbrechung bei Glas

Wasser und Luft sind durchsichtig. Dann erwarten wir auch Lichtbrechung an der Grenzfläche zu anderen durchsichtigen Körpern. Eine Untersuchung mit einem Glaskörper zeigt → **B3**. Es stimmt, beim Eintritt des Lichtbündels von Luft in Glas wird das Lichtbündel gebrochen. An der Winkelscheibe erkennen wir, dass der Winkel α in Luft größer ist als der Winkel β in Glas. Das fanden wir bereits bei Lichtbrechung an der Grenzfläche Luft → Wasser. Bei der Umkehrung des Lichtweges bleibt auch hier das Winkelpaar gleich.

Führt man die Versuche mit anderen durchsichtigen Körpern z.B. aus Plexiglas, Diamant, Benzin usw. durch, so findet man entsprechende Ergebnisse.

Merksatz

Trifft ein Lichtbündel schräg auf eine Grenzfläche zweier durchsichtiger Körper, so wird es gebrochen. Die Brechung ist umso stärker, je schräger das Lichtbündel auf die Grenzfläche trifft.

An der Grenzfläche Luft zu einem festen oder flüssigen Körper gilt stets: Der Winkel zum Lot in Luft ist größer als der im anderen Körper.

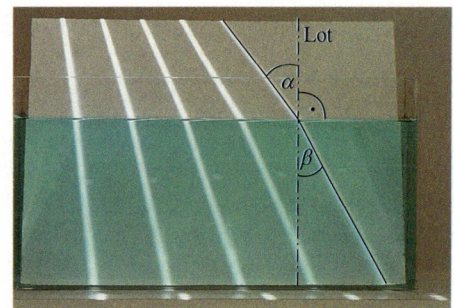

V3 Eine Experimentierleuchte mit mehreren Blendenöffnungen erzeugt mehrere schmale Lichtbündel, die unterschiedlich schräg auf ein mit Wasser gefülltes Aquarium treffen. Wir erkennen, dass auch diesmal die Lichtbündel unterschiedlich stark gebrochen werden. Am rechten Lichtbündel ist zusätzlich ein Lot gezeichnet. Nachmessen liefert: Der Winkel β ist kleiner als der Winkel α.

V4 Der Lichtweg ist umkehrbar.

B3 Lichtbrechung an der Grenzfläche Luft → Glas. Ein Halbzylinder aus Glas liegt auf einer Winkelscheibe. Wir erkennen: Beim Eintritt des Lichtbündels von Luft in Glas an der geraden Seite des Halbzylinders wird das Lichtbündel gebrochen. Es verläuft im Glas geradlinig und verlässt den Halbzylinder an der runden Seite.

Von der Messung zum Diagramm

Bisher haben wir erkannt, dass die Lichtbrechung stärker wird, wenn das Lichtbündel schräger auf die Grenzfläche auftrifft. Durch Winkelmessung lässt sich dies mit Zahlen belegen.

Die Winkelscheibe im Foto ist drehbar. Wir messen den Winkel α zwischen dem einfallenden Lichtbündel und dem Lot (hier $\alpha = 40°$), sowie β, den Winkel zwischen dem gebrochen Lichtbündel und dem Lot (hier etwa $\beta = 25°$).

Wir beginnen mit dem Winkel $\alpha = 0°$ und drehen die Winkelscheibe in 10°-Schritten weiter bis α fast 90° erreicht hat. Die Messwerte sammeln wir in einer Tabelle:

α in Luft	β in Glas
0°	0°
10°	7°
20°	13°
30°	19,5°
40°	25°
50°	31°
60°	35°
70°	39°
80°	41°
90°	42°

Zahlenwerte verraten bereits viel über Zusammenhänge zwischen zwei Größen. Übersichtlicher und deutlicher ist allerdings eine Darstellung im **Diagramm.** Wie du sicher aus dem Mathematikunterricht weißt, zeichnet man dazu ein **Koordinatensystem.** Auf der Rechtsachse trägt man in der Physik immer die Größe ab, die man vorgegeben hat – also hier den Einfallswinkel. Auf der Hochachse die davon abhängige Größe – hier den Brechungswinkel. Bevor wir das Koordinatensystem zeichnen, müssen wir uns für einen geeigneten Maßstab entscheiden. Um die Werte möglichst genau eintragen zu können, sollte das Diagramm nicht zu klein sein. Es soll aber auch gut ins Heft passen, darf also nicht übermäßig groß sein. Bei unseren Messwerten bietet sich der folgende Maßstab an: Wir wählen für 10° die Länge 1 cm auf beiden Achsen. Dann benötigen wir für die Rechtsachse etwas mehr als 9 cm und für die Hochachse etwas mehr als 5 cm. Um die Zwischenwerte leicht eintragen zu können, benutzen wir Millimeterpapier. Es zeigt lauter Quadrate mit der Seiten-

länge 1 mm. Wir tragen unsere 10 Messpunkte als kleine Kreuze ein. Wir dürfen sie durch eine Linie miteinander verbinden. Denn auch für Zwischenwerte, z.B. für $\alpha = 65°$, gibt es Lichtbrechung. Die Messpunkte liegen auf einer geschwungenen Kurve.

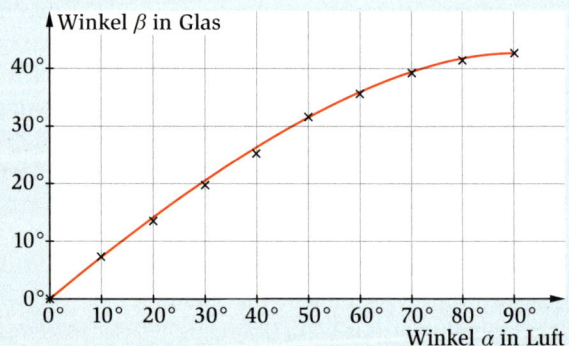

In unserem Diagramm finden wir nicht nur unsere gemessenen Wertepaare (z.B. $\alpha = 40°$, $\beta = 25°$) wieder, wir können auch nicht gemessene Paare ablesen (z.B. $\alpha = 65°$, $\beta = 38°$). So ist es möglich, zu jedem Winkel α in Luft den zugehörigen Winkel β in Glas ohne Messung vorherzusagen. Man kann das Diagramm auch in umgekehrter Richtung lesen. So finden wir zu jedem Winkel β in Glas genau einen zugehörigen Winkel α in Luft, z.B. gehört zu $\beta = 40°$ $\alpha = 75°$.

Wiederholt man den Versuch mit anderen durchsichtigen Körpern, so erhält man jeweils eine andere Kurve.

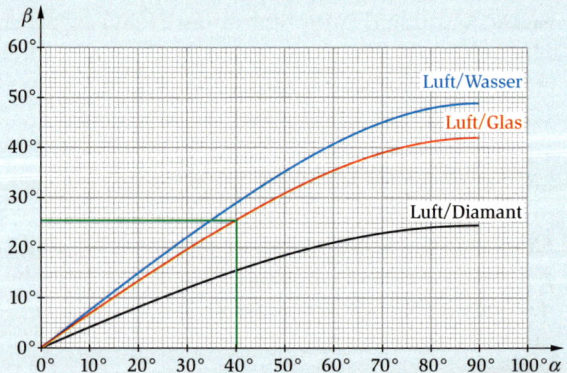

Wir erkennen, dass die Lichtbrechung auch vom Material abhängt. So unterscheiden sich α und β z.B. an der Grenzfläche Luft→Diamant mehr als bei Luft→Glas. Also ist die Brechung bei Luft→Diamant stärker. Außerdem gibt es für jede Grenzfläche einen größten Winkel β. Bei Luft→Glas beträgt er etwa 42°, bei Luft→Wasser 49°.

Interessantes

Mehrfachbrechung

A. Zweifachbrechung am Glasquader

„Das Muster unseres Teppichs erscheint unter unserem Glastisch verschoben zu sein. Ist dies eine optische Täuschung?" Mit dieser Frage leitet Lisa die Physik-stunde ein. Ihr Lehrer ist zunächst überrascht, antwortet dann aber nach kurzer Bedenkzeit wie üblich mit einer Gegenfrage: „Welchen Weg nimmt das Licht vom Teppich in dein Auge?" Lisa geht an die Tafel und zeichnet ein schmales Lichtbündel. Das Licht trifft vom Teppich kommend auf die Grenzfläche Luft→Glas, verläuft geradlinig im Glas und trifft dann auf die Grenzfläche Glas→Luft, um dann ihr Auge zu erreichen. „Das Lichtbündel wird also auf dem Weg vom Teppich in mein Auge gebrochen", bricht es aus Lisa heraus.

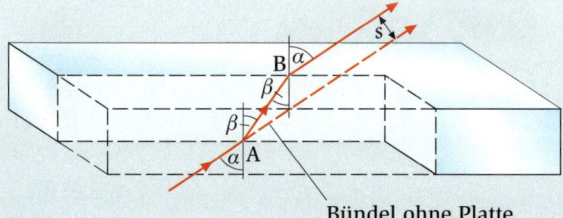

Bündel ohne Platte

Im Bild erkennen wir das Wesentliche: Das Lichtbündel ohne Glasplatte und das zweifach gebrochene Lichtbündel verlaufen parallel zueinander. Zunächst wird das schmale Lichtbündel im Punkt A an der Grenzfläche Luft→Glas gebrochen. Es gilt $\alpha > \beta$. Im Punkt B wird es wieder gebrochen. Diesmal an der Grenzfläche Glas→Luft. Weil die Glasplatte parallele Flächen hat, sind die beiden mit β bezeichneten Winkel gleich groß. Wegen der Umkehrbarkeit des Licht-weges, ist der Winkel α bei B dann auch wieder so

groß wie der Winkel α bei A. Also wurde das Licht-bündel beim Durchgang durch die Glasplatte parallel verschoben. Es erreicht unser Auge, der Gegenstand scheint aber verschoben zu sein. Dabei gilt: *Je dicker die Glasplatte, desto größer die Parallelverschiebung s.* Lisa hat also Recht: die Zweifachbrechung führt ebenfalls zu einer optischen Täuschung.

B. Zweifachbrechung bei der Linse

Wenn ein Lichtbündel eine Linse durchdringt, wird es ebenfalls zweimal gebrochen.

Viele schmale parallele Licht-bündel durch-dringen die Sammellinse von links nach rechts. Sie treffen mit unter-schiedlichem

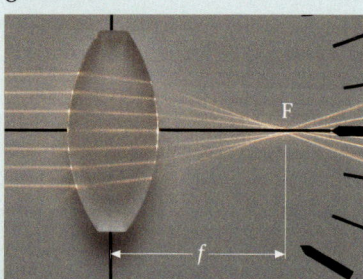

Winkel auf die gekrümmte Glasfläche. Sie werden also unterschiedlich stark an der Grenzfläche Luft→Glas gebrochen. Auch beim Austritt aus der Linse treffen sie wieder mit unterschiedlichen Winkeln auf die Grenz-fläche Glas→Luft. Jedes Lichtbündel hat also hinter der Linse eine etwas andere Richtung.

Alle hier abgebildeten Lichtbündel treffen sich in einem Punkt F. Ein einziges breites Lichtbündel verformt sich beim Durchgang einer Linse in der uns bekannten Wei-se. Ursache für die Linsenwirkung ist also die Zwei-fachbrechung an nicht parallelen Flächen.

Mach's selbst

A1 **a)** Übertrage die rechte Skiz-ze in dein Heft. Vervollständige den Verlauf der schmalen Licht-bündel. Zeichne dazu an der Grenzfläche das Lot. Miss nun den Winkel α und lies im Dia-gramm den zugehörigen Winkel β ab und trage ihn auf der ande-ren Seite ans Lot an.
b) Übertrage das Bild noch ein-mal ins Heft und ersetze das Glas durch Wasser. Zeichne wieder das gebrochene Lichtbündel.

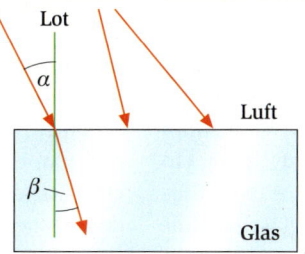

A2 Vor das Modell des Stutt-garter Fernsehturms wurde eine dicke Glasplatte gehalten (Bild rechts). Beschreibe die Beobach-tung und erkläre sie.

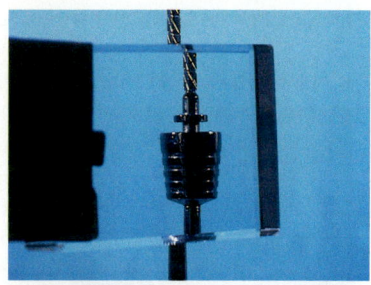

A3 Fensterscheiben sind auch Glasplatten. Erkläre, warum man die Verschiebung der Lichtbün-del üblicherweise nicht bemerkt.

Licht auf krummen Wegen

A. Totalreflexion

Wir schauen noch einmal auf das Experiment mit dem Übergang von Wasser in Luft. Licht, das sehr flach auf die Grenzfläche trifft, wird nicht mehr gebrochen, sondern nur noch reflektiert. Man nennt dies Totalreflexion. Der Winkel im Wasser muss größer als 49° sein.

Wir wenden diese Entdeckung an. Mit einem Laser schickt er Lehrer ein grünes Lichtbündel durch einen Standzylinder und schießt damit von hinten auf das Ausgussrohr. Wir beobachten, wie das Lichtbündel dem gekrümmten Wasserstrahl bis ins Ausgussbecken folgt. Der Wasserstrahl leitet das Lichtbündel um eine Kurve. Er wirkt als **Lichtleiter.**

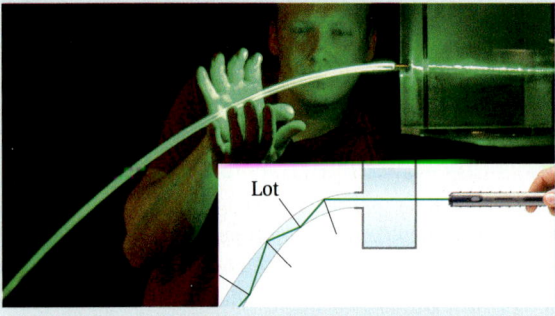

Der Winkel im Wasser ist an jedem Auftreffpunkt der Grenzfläche größer als 49°. Folglich findet jedes Mal Totalreflexion statt, das Lichtbündel verlässt den Wasserstrahl nicht. Ist der Wasserstrahl jedoch zu stark gekrümmt, dann findet neben der Reflexion auch Brechung satt. Jedes Mal wird dann auch ein Teil des Lichts aus dem Lichtleiter herausgeführt.

B. Lichtleiter und Glasfaserkabel

Wie im Wasserstrahl kann Licht auch in einem Leiter aus Glas bzw. Plexiglas um Kurven geführt werden. In der Technik nutzt man dieses Phänomen im sogenannten Glasfaserkabel aus. Es besteht aus einem Bündel sehr dünner Glas- oder Plexiglasfäden. Jeder dieser Fäden ist selbst ein Lichtleiter.

Mit solchen Glasfaserkabeln werden Daten übertragen, z. B. Internetdaten, Telefongespräche oder Fernsehbilder. Dazu müssen die Informationen beim Sender in Lichtimpulse verwandelt und beim Empfänger wieder in elektrische Impulse umgewandelt werden.

C. Endoskop

Mit Lichtleitern kann man aber auch direkt Gegenstände betrachten.

Im Prinzip funktioniert dieses wie folgt: Jeder Punkt des Gegenstandes sendet ein Lichtbündel aus. Treffen diese auf einen Lichtleiter, so leitet er alle diese Lichtbündel bis zu seinem Ende. Allerdings überkreuzen sie sich unterwegs. Am Ende kämen alle völlig wahllos angeordnet heraus. Verwendet man jedoch ein Glasfaserkabel mit sehr vielen geordneten Fäden, so überträgt jeder einzelne Faden nur das Lichtbündel eines einzigen Gegenstandspunktes. Da die Fäden sich nicht überkreuzen, wird das Licht Punkt für Punkt übertragen. So entsteht ein Bild des Gegenstandes.

In der Medizin wird dieses Verfahren eingesetzt. Man nennt das Gerät **Endoskop.** Damit kann man sich zum Beispiel innere Organe anschauen.

Das Endoskop besteht im Wesentlichen aus einem Schlauch. In ihm befinden sich u. a. ein Lichtleiter und ein Glasfaserkabel. Durch den Lichtleiter wird Licht (hier) in das Mageninnere geleitet. Durch das Glasfaserkabel gelangt Licht geordnet wieder nach außen. Mit ihm kann der Arzt sich das Innere des Magens anschauen. Durch eine weitere Öffnung im Schlauch können kleine Operationswerkzeuge bedient werden.

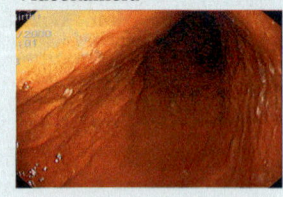

Arbeitskanal für Mikrowerkzeuge
Lichtquelle
Videokamera

D. Brechung an unterschiedlichen Luftschichten

Auch Luft ist ein durchsichtiger Körper. Je nach ihrer Temperatur befinden sich in einem Kubikmeter Luft unterschiedlich viele Luftteilchen. Es gibt Wetterlagen, in denen liegen kältere Luftschichten über wärmeren und umgekehrt. Licht kann z.B. den direkten Weg nehmen (d). Ein anderes Bündel taucht in die Grenzschicht ein, wird gebrochen und kommt so auf indirektem Weg (i) ins Auge. So scheint man einen zweiten Gegenstand zu sehen (v). Es kommt zu einer optischen Täuschung wie bei der sogenannten **Fata Morgana.**

Du kannst so etwas an heißen Sommertagen über dem heißen Belag von Straßen beobachten. Man denkt, die Straße sei nass, aber es hat gar nicht geregnet.

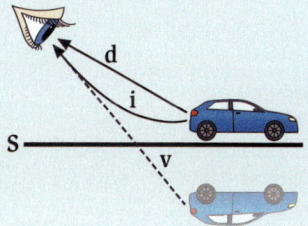

Bau eines Periskops (Sehrohr)

Ein Periskop ist ein schönes Spielzeug. Mit ihm kannst du aus einem Versteck heraus oder hinter einer Mauer verborgen Leute beobachten.

- eine feine Säge
- etwas Pappe
- eine Schere
- Spiegelfolie

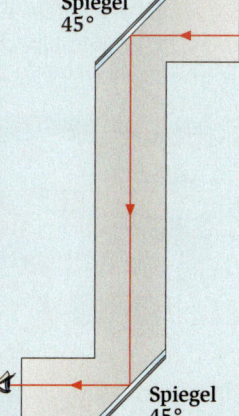

Spiegel 45°

Spiegel 45°

1 Schneide mit der Säge oben und unten aus der Papröhre im Winkel von 45° zur Achse zwei Löcher.

2 Schneide aus Pappe zwei ellipsenförmige Scheiben aus, die schräg in die Öffnungen der Röhre passen.

3 Beklebe die beiden Pappscheiben mit der Spiegelfolie und schneide die Folie passend.

4 Setze die beiden Spiegel oben und unten ein.

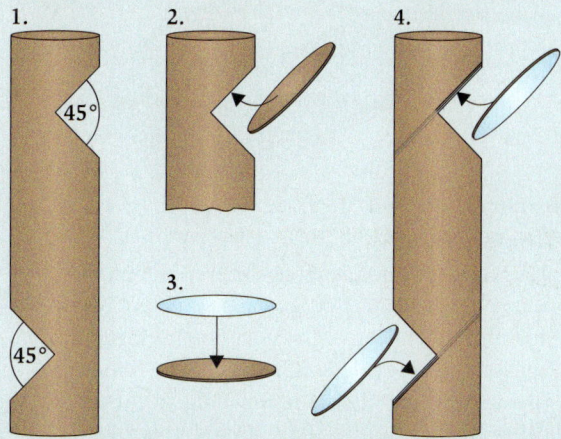

Es besteht aus einem Gehäuse mit zwei Spiegeln. Sie müssen jeweils um 45° gegenüber der Achse geneigt sein. Damit sind beide Spiegel parallel zueinander. Die Zeichnung zeigt im Prinzip den Verlauf eines schmalen Lichtbündels.

Du benötigst als Material:
- eine Papröhre (etwa wie man sie zum Versenden von Plakaten benutzt),

Das Periskop kann jetzt benutzt werden.

Die Welt der Farben

Der Regenbogen ist ein eindrucksvolles Naturschauspiel. Frei schwebend im Raum erscheint ein prächtiges Farbenspiel.

Im folgenden Kapitel wollen wir uns mit farbigen Lichtern und dem Farbensehen des Gehirns befassen. Technische Anwendungen wie Farbdruck und Farbbildschirm werden auch thematisiert.

A1 Das Licht der Sonne erscheint auf einem weißen Blatt Papier weiß, das Licht eines Lasers z. B. rot.
a) Nenne zehn Lichtquellen und gib jeweils die Farbe an.
b) Viele farbige Lichtquellen entstehen dadurch, dass vor eine Glühlampe ein farbiges Glas gesetzt wurde. Nenne hierfür einige Beispiele.

A2

Gruppenarbeit
Jede Gruppe baut mehrere solcher „Farbenkreisel". Schneidet dazu aus dünner Pappe mehrere Kreise aus. Färbt vier oder mehr Felder unterschiedlich ein. Spießt man eine solche Scheibe in ihrer Mitte auf und versetzt den Kreisel in Rotation, so entsteht ein neuer Farbton, während der Kreisel rotiert.
Erstellt eine Liste der erzeugten Farbtöne und stellt eure überraschendsten Ergebnisse den anderen Gruppen vor.

A3 Mit einem Farbdrucker kann man auf weißem Papier Farbfotos guter Qualität herstellen. Recherchiere, wie viele unterschiedliche Tintenfarben dazu nötig sind.

A4 Hausversuche mit farbigen Lichtern: Baue mit Lego®-Steinen unterschiedlicher Farben (weiß, rot, grün, gelb, schwarz) einen bunten Turm.

Im abgedunkelten Raum beleuchtest du sie nacheinander mit farbigen Lampen. Du kannst eine Taschenlampe nehmen mit farbigem Glas davor oder mit einer dicken farbigen Folie (z. B. mit der Rückseite eines Kunststoffordners). Verwende **a)** eine rote Lampe, **b)** eine grüne Lampe (Folie doppelt legen), **c)** eine blaue Lampe.
Notiere jeweils die Farbe, in der die einzelne Bausteine bei entsprechender Beleuchtung erscheinen.

B1 Bei der Brechung von Glühlicht an einem Prisma entsteht ein farbig leuchtendes Band.

1. Das Spektrum

Bei festlicher Glühlampenbeleuchtung funkeln Kristallleuchter in allen Farben, obwohl sie aus durchsichtigem Glas bestehen. Woher kommen die farbigen Lichter?

Kristallleuchter bestehen aus geschliffenen Glasstücken. Licht, das hindurch geht, wird also zweimal gebrochen. Das kennen wir schon von Glasplatten und von Prismen.
In → **V1** experimentieren wir noch einmal mit einem Prisma. Zunächst bilden wir ohne Prisma in → **V1a** einen Spalt mit einer Linse auf einem weißen Schirm ab. Anschließend stellen wir zwischen Linse und Schirm ein Prisma → **V1b** und drehen den Schirm in die neue Lichtrichtung. Auf dem Schirm ist das Spaltbild verschwunden, stattdessen ist ein breites, farbiges, leuchtendes Band entstanden. Wir erkennen z. B. die Farben Rot, Orange, Gelb, Grün, Blau und Violett → **B1**, sie fließen ineinander. Man nennt dieses Farbband **Spektrum.**

Wie entsteht das Spektrum?
Das Glas des Prismas hat das Licht wohl nicht gefärbt. Wie wir allerdings wissen, bricht das Prisma Lichtbündel sehr stark. Wir sehen am Schirm, dass rotes Licht offenbar in eine andere Richtung gebrochen wird als blaues. Wir überprüfen dies mit einfarbigen Lichtern.

In → **V2** lassen wir nacheinander rotes, gelbes und blaues Licht auf ein Prisma fallen. Tatsächlich, wir stellen fest, sie werden unterschiedlich stark gebrochen: Das rote Licht wird weniger stark gebrochen als das gelbe. Das blaue wird am stärksten gebrochen. Somit kommen die verschiedenen Lichter an unterschiedlichen Stellen auf dem Schirm an.

Merksatz

Trifft das schmale Lichtbündel einer Glühlampe auf ein Prisma, so entsteht bei geeigneter Versuchsanordnung ein Spektrum auf einem weißen Schirm. Ursache ist die unterschiedlich starke Lichtbrechung farbiger Lichter. Blaues Licht wird stärker gebrochen als rotes.

Die Glasstücke des Kristallleuchters sind so geschliffen, dass sie wie Prismen wirken und das Licht zerlegen. Sie funkeln daher farbig.

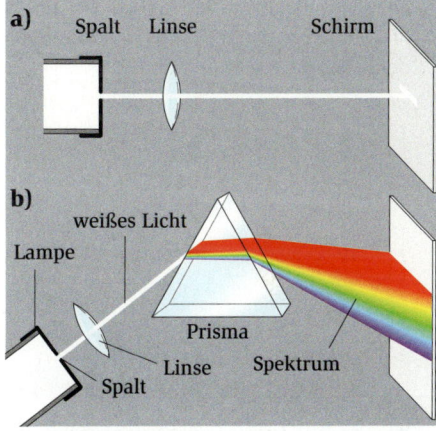

V1 **a)** Das Spaltbild wird auf einem Schirm scharf abgebildet.
b) Ein Prisma zwischen Linse und Schirm verändert zweimal die Richtung des Lichtbündels. Auf dem Schirm entsteht ein Spektrum.

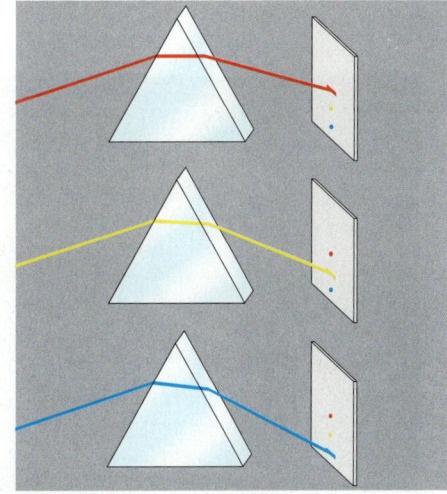

V2 Wir wiederholen → **V1**. Allerdings setzen wir zwischen Lampe und Spalt nacheinander rote, gelbe und blaue Glasscheiben.

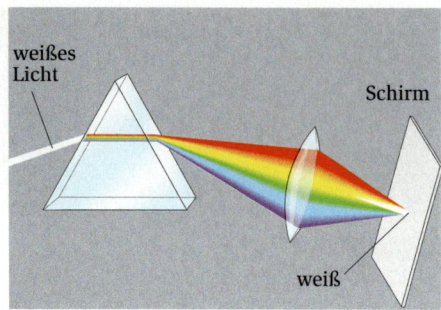

V1 Wir erzeugen zunächst wieder ein Spektrum. Zwischen Prisma und Schirm stellen wir eine Linse. Die Linse sammelt alle farbigen Lichter des Spektrums auf dem Schirm.

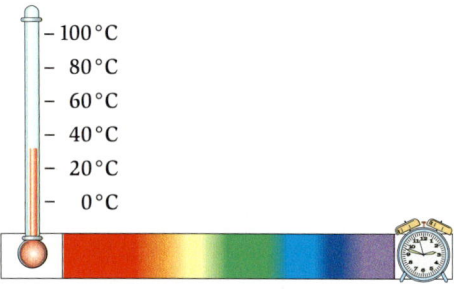

V2 **a)** Wir halten neben das violette Ende des Spektrums eine Uhr mit Leuchtziffern. Im verdunkelten Raum leuchten die Ziffern neben dem violetten Rand des Spektrums hell auf.
b) Wir bringen neben das rote Ende des Spektrums ein Thermometer mit schwarz gefärbtem Fühler. Die angezeigte Temperatur steigt sofort.

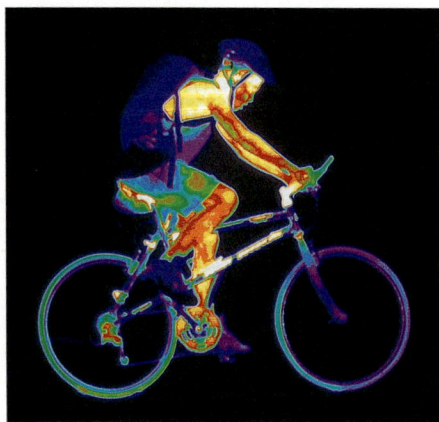

B1 Ein mit einer Infrarotkamera erzeugtes Foto eines Menschen. Rote Farbe bedeutet eine hohe Temperatur, blaue Farbe bedeutet eine niedrige Temperatur.

2. Im Glühlicht sind farbige Lichter

Das Prisma hat durch Brechung aus Glühlicht das Spektrum erzeugt. Wir kommen auf unsere Frage zurück: Woher kommen die farbigen Lichter?
Als Quelle der farbigen Lichter bleibt eigentlich nur das Glühlicht selbst. Aber wenn dieses Licht ohne Prisma auf einen weißen Schirm trifft, erscheint uns dieser weiß und nicht farbig. Ist es möglich, dass ein Gemisch aus farbigen Lichtern in unserem Gehirn den Eindruck Weiß erweckt?

Es liegt nahe, dies in einem Versuch zu überprüfen. Wir vereinen in → V1 mithilfe einer Sammellinse alle farbigen Lichter des Spektrums wieder in einem Punkt. Und tatsächlich, das auf dem Schirm gebündelte Licht erscheint wieder weiß.

Licht der Glühlampe und auch z. B. das Sonnenlicht, mit dem die gleichen Versuche gelingen, besteht demnach aus einem Gemisch aller Farben, die im Spektrum zu sehen sind. Bringt man alle diese Spektralfarben auf einer Stelle zusammen, so erkennen wir die einzelnen Farben nicht mehr. Der Fleck erscheint uns weiß.

> **Merksatz**
> Das weiße Licht der Sonne oder einer Glühlampe besteht aus den Spektralfarben. Darunter sind Rot, Orange, Gelb, Grün, Blau und Violett.

3. Unsichtbares Licht – für unser Auge

Das sichtbare Spektrum des Sonnenlichts beginnt bei Rot und endet bei Violett. So sieht es auf dem Schirm aus. → V2 zeigt uns, dass in einem engen Bereich links und rechts des Spektrums ebenfalls „Licht" gelangt. Unsere Augen können dort nichts erkennen, wohl aber unsere Messgeräte.

Die unsichtbare Strahlung, welche die Leuchtziffern anregt, liegt im Spektrum jenseits des Violetts. Sie wird deshalb **ultraviolettes Licht (UV)** genannt. Die Strahlung auf der anderen Seite des Spektrums, auf die das Thermometer reagiert, wird **infrarotes Licht (IR)** genannt.
Für das menschliche Auge sind diese Lichter unsichtbar, für manche Tiere aber nicht. In der Biologie hat man herausgefunden, dass z. B. Bienen ultraviolettes und Grubenottern infrarotes Licht wahrnehmen können.

Über die Gefahren der UV-Strahlung hast du bereits einiges gelernt. IR-Licht dagegen wird als wärmende Strahlung eher als nützlich empfunden. Alle warmen Objekte senden IR-Licht aus. Spezielle Kameras können diese Strahlung registrieren. Ein Computer stellt die Aufnahme farbig dar → B1. Jedem Temperaturwert wird dabei eine andere Farbe zugeordnet.

Forscherwerkstatt

Die Spektren farbiger Lampen

Die Spektren der Glühlampe und der Sonne sind fast identisch. Wir kennen aber noch weitere Lichtquellen. Senden sie die gleichen Spektralfarben aus wie die Glühlampe? Insbesondere Lampen, die farbiges Licht aussenden, haben vielleicht ein anderes Spektrum.

Diese interessanten Fragen wollen wir im Folgenden selbst untersuchen. Dazu bauen wir ein kleines **Spektroskop.** Das ist ein Gerät, mit dem sich Spektren erzeugen und anschauen lassen.

Wir benötigen dazu ein Prisma und eine kleine, flache Pappschachtel der Länge 25 cm. Geeignet ist etwa eine Keksschachtel, wie abgebildet. Man kann sie aber auch schnell aus Pappe selbst bauen.

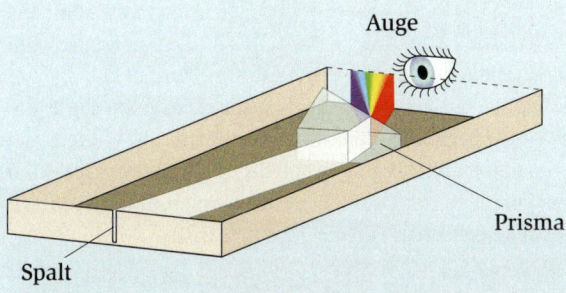

An der Stirnseite wird ein etwa 1 mm breiter Spalt heraus geschnitten. Alle anderen Risse werden verklebt, sodass nur Licht durch den Spalt von der Stirnseite in die Schachtel treten kann. Die gegenüberliegende Seite bleibt zum Beobachten offen. Kurz vor dieser Öffnung wird nun das Prisma mit Klebestreifen und Pappe befestigt. Es ist darauf zu achten, dass es richtig gedreht ist, sodass man das Spektrum gut beobachten kann.

Hält man nun das Spektroskop in Richtung einer weißen Wand, so trifft das von dort gestreute Sonnenlicht durch den Spalt in das Spektroskop. Wir beobachten das uns bereits vertraute Spektrum. (Achtung: Nicht mit dem Spektroskop direkt in die Sonne schauen. Sie ist so hell, dass das Auge Schaden erleiden kann!) Hat man ein „Geradsichtprisma" zur Verfügung, (es besteht aus einer Kombination mehrerer Prismen), und ersetzt das Prisma in unserem Spektroskop durch dieses, so wird das Spektrum sehr weit auseinander gezogen und man kann die einzelnen Spektralfarben besser erkennen.

Alternativ dazu kann man auch mithilfe einer CD (genauer eines Tortenstücks einer CD) ein Spektrum erzeugen. Es entsteht dabei *nicht* durch unterschiedliche Brechung der einzelnen Lichter, sondern durch eine besondere Form der Reflexion. (Die Physik hierzu erlernt man z. B. in der gymnasialen Oberstufe.)

Wir kleben das CD-Stück auf eine Pappe und ersetzen dadurch das Prisma. Das CD-Stück wird schräg eingesetzt, das reflektierte Licht wird beobachtet.

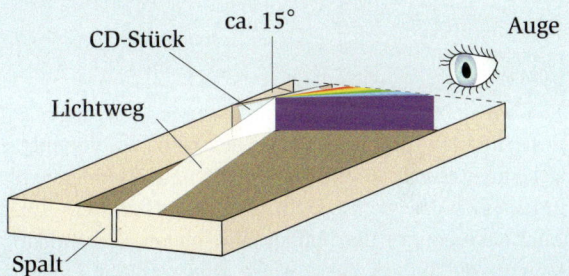

Mit unserem Spektroskop untersuchen wir nun verschiedene Spektren. Dazu beobachten wir im verdunkelten Raum folgende Lampen:
a) Eine Glühlampe mit vorgesetzten farbigen Glasscheiben – in rot, in blau und in grün,
b) LEDs (Leuchtdioden) in den Farben rot, blau, grün, gelb, weiß.

Beschreibe für jede dieser farbigen Lampen das beobachtete Spektrum und nenne ihre Unterschiede.

Besonders interessant sind sogenannte Gasentladungslampen. Betrachten wir z. B. das Licht einer Quecksilberdampflampe (Lehrerversuch), so erkennen wir, dass das Spektrum nicht mehr aus ineinander laufenden Spektralfarben besteht, sondern aus getrennten Linien.

Untersuche selbst die Spektren weiterer Gasentladungslampen, z. B. einer
a) Straßenlampe (über einem Fußgängerüberweg),
b) Neonröhre,
c) Energiesparlampe.
Beschreibe jeweils das Spektrum und achte auch hier insbesondere auf Unterschiede.

A. Farbige Lichter

Alle farbigen Lichter des Spektrums an einer Stelle vereint, empfinden wir als Weiß. Welchen Farbeindruck erhalten wir, wenn wir nur einen Teil der farbigen Lichter vereinen?

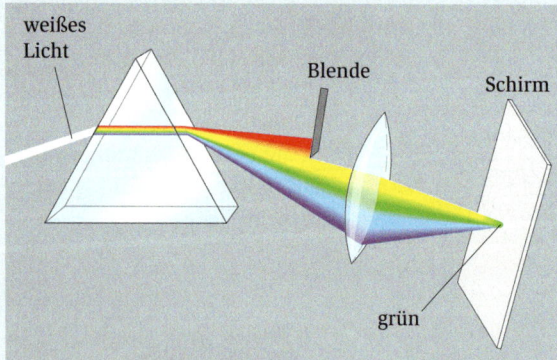

Entfernen wir Rot aus dem Spektrum, so vereinigt sich der Rest zu einem grünen Streifen. Blenden wir umgekehrt das grüne Licht aus, so sehen wir Rot. Auch Orange und Blau bilden ein solches Farbenpaar. Man nennt die auf diese Weise zugeordneten Farben **Komplementärfarben.** Wir wählen drei solcher Paare aus und ordnen sie so in einem Kreis an, dass jeweils die Komplementärfarben einander gegenüber liegen.

Bringen wir die zwei Lichter eines Komplementärfarbenpaares auf einer Stelle auf dem Schirm zusammen, so entsteht der Eindruck Weiß.

Das wissen wir schon, weil wir dadurch alle Farben des Spektrums addieren. Addieren wir zwei beliebige farbige Lichter des Kreises, so entsteht eine Mischfarbe.

Der Farbeindruck dieser Mischfarbe lässt sich im folgenden Farbenkreis nach einer einfachen Regel ablesen:

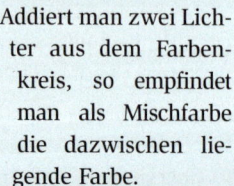

Addiert man zwei Lichter aus dem Farbenkreis, so empfindet man als Mischfarbe die dazwischen liegende Farbe.

Beispiel:

Rot + Gelb = Orange.

B. Die Farbe kommt immer vom Licht

Das obere Ampelmännchen erscheint rot, das untere grün. Öffnet man die Ampel, so sieht man, dass das Licht jeweils von einer gewöhnlichen Glühlampe erzeugt wird. Eine vorgesetzte Farbscheibe aus Glas sorgt für das farbige Licht.

Wir legen zwei Farbfolien auf einen Tageslichtprojektor. Dort wo sich die gelbe Folie und die blaue Folie überlagern erscheint auf der Leinwand die Farbe Grün.

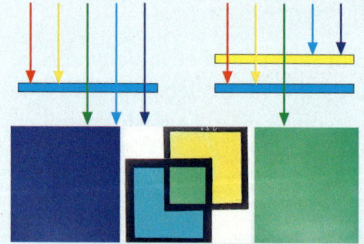

Farbfolien lassen nur einen Teil der Spektralfarben des weißen Lichts durch: Die blaue Folie verschluckt den von Rot bis Gelb gehenden Teil des Spektrums. Sie erscheint in Durchsicht in der Mischfarbe des Restlichts – blau. Die gelbe Folie dagegen sperrt die Spektralfarben Blau bis Violett, sie erscheint Gelb. Legen wir beide Folien übereinander, so erscheint in der Durchsicht der Bereich in der einzigen durchgelassenen Farbe – nämlich Grün.

Die Farbe der „Papp-Bären" hängt von der Beleuchtung ab: Im grünen Licht c) erscheint die im Tageslicht a) braun aussehende Pappe schwarz. Sie verschluckt also das grüne Licht vollständig und streut nichts davon in unser Auge. Die im Tageslicht weiß erscheinende Pappe streut alles grüne Licht in unser Auge und erscheint daher jetzt grün. Von gelbem Licht b) beleuchtet erscheint der Papp-Bär entsprechend in Gelbtönen.

Vom weißen Sonnenlicht a) und damit von allen Spektralfarben gleichzeitig beschienen, erscheint er in vielen Farben: Farbstoffe verschlucken bestimmte Spektralfarben mehr oder weniger stark und streuen den Rest in unser Auge. Das Mischlicht der gestreuten farbigen Lichter erzeugt nun den Farbeindruck in unserem Auge.

Interessantes

Der Regenbogen

Die Farben des Spektrums hast du sicher schon öfter außerhalb des Physiksaals gesehen. Im Regenbogen kannst du sie in freier Natur auch ohne Auffangschirm bewundern. Ähnlich wie heim Spektrum im Schulversuch wird auch hier weißes Licht durch unterschiedliche Brechung zerlegt. Das Sonnenlicht wird in vielen Regentropfen gebrochen und reflektiert und trifft erst dann in dein Auge. Rotes Licht aus einer anderen Richtung als blaues. Deshalb sehen wir die Farben an unterschiedlichen Stellen. Diese sehr grobe Erklärung wollen wir uns nun etwas genauer ansehen.

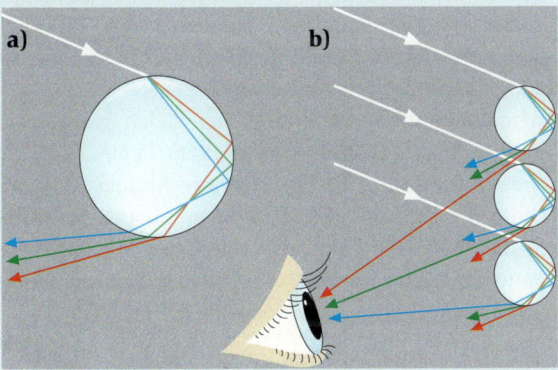

Im Bild a) verfolgen wir ein schmales Lichtbündel. An der Grenzfläche Luft → Wasser(-tropfen) wird es gebrochen – blaues Licht etwas stärker als grünes und noch stärker als rotes. An der Rückseite des Tropfens wird das Licht teilweise reflektiert. Das reflektierte Licht trifft nun auf die Grenzfläche Wasser → Luft und wird wieder unterschiedlich stark gebrochen. Durch diese zweifache Brechung verlassen die farbigen Lichter den Regentropfen in deutlich verschiedenen Richtungen.

Wir sehen, dass rotes Licht den Tropfen nach unten laufend verlässt, blaues etwas oberhalb. Beim Regenbogen ist aber immer der rote Bogen oben und der blaue unten. Ist unsere Überlegung also falsch?

Von *einem einzigen* Regentropfen gelangt jeweils *ein* Lichtbündel in unser Auge, in dem *eine* Farbe überwiegt. Der oben beschriebene Vorgang findet aber in sehr vielen Tropfen statt. In Bild b) erkennen wir, wie die richtige Farbenfolge bei vielen Tropfen entsteht: Vom oberen Tropfen gelangt rotes Licht in unser Auge, von einem tieferen Tropfen grünes und von einem noch tieferen blaues Licht.

Warum aber ist der Regenbogen rund? Die Lichtbündel, die von der Sonne kommend die Tropfen treffen, verlaufen parallel zueinander. Verlängert man sie nach hinten, so ergibt sich für das rote Licht ein Winkel von 42,3°, für das violette ein Winkel von 40,7°.

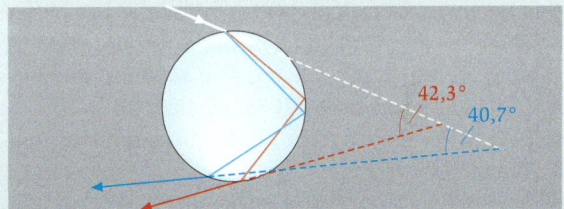

Betrachten wir nur den „roten" Regenbogen: Das oben gezeichnete, von der Sonne kommende Lichtbündel verlässt den Wassertropfen im höchsten Punkt des Bogens im Winkel von 42,3° zum Auge.

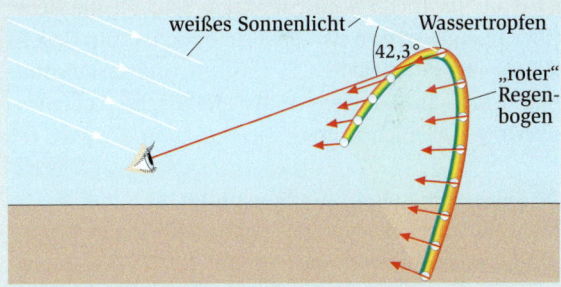

Vom Betrachter aus gesehen gilt das für jeden Tropfen, der sich auf einem Kreis befindet. Wir sehen nur den Teil über der Erdoberfläche. Die anderen Farben bilden Bögen mit etwas kleinerem Radius.

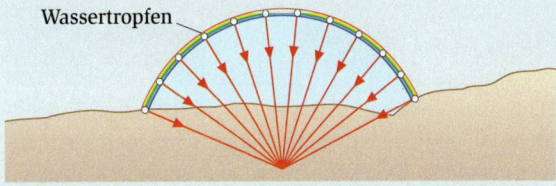

Wir sehen nicht immer bei Regen einen Regenbogen. Voraussetzung ist nämlich, dass die Sonne kräftig gegen eine Regenwand scheint. Mit der Sonne im Rücken beobachten wir dann den Regenbogen.

Licht ist Energie

B1 Nutzungen der Sonnenstrahlung **B2** Solarzelle im Stromkreis **B3** „Solarkollektor"

A. Mit dem Licht kommt Energie von der Sonne

Das Dach des Hauses in ➔ **B1** schützt die Bewohner nicht nur vor Regen und Schnee. Wer es genau anschaut, erkennt drei Arten der Nutzung von Sonnenstrahlung:

- Durch die Fenster gelangt Sonnenlicht ins Haus.
- Solarkollektoren nutzen die Sonnenstrahlung, um Wasser zu erhitzen.
- Solarzellen wandeln Sonnenstrahlung in elektrische Energie.

Mit dem Licht haben wir uns viel befasst, über Energie haben wir noch nicht gesprochen. Im Alltag dagegen ist heutzutage von **Sonnenenergie** sehr oft die Rede. Über Energie wissen wir, dass sie nötig ist, um Gegenstände oder Flüssigkeiten zu erhitzen, und dass sie mithilfe eines Stromkreises – als elektrische Energie – übertragen werden kann.

B. Solarzellen sind Energiewandler

Mit Solarzellen hast du vielleicht schon in der Grundschule experimentiert, oder sie sind dir als „Solarspielzeug" begegnet. Im Beispiel von ➔ **B2** wird Luft mit Sonnenenergie in Bewegung gesetzt. Solarzelle und Ventilator dienen als Energiewandler.

Mit unserem Wissen über Energie können wir dazu die Energie-Übertragungskette darstellen:

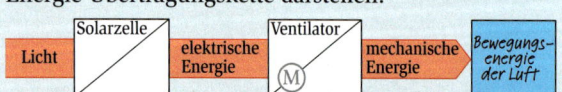

Die Solarzellen im Solarspielzeug wandeln nur wenig Energie. Für den kleinen Ventilator oder einen Taschenrechner reicht das. Die Solarzellen auf dem Hausdach haben eine größere Fläche, etwa 6 m². Sie wandeln in gleicher Zeit viel mehr Energie, die immer dann ins öffentliche Stromnetz geleitet wird, wenn die Hausbewohner keinen Bedarf haben.

C. Solarkollektoren sind Energiewandler

Bei ➔ **B3** spürt man die Heizwirkung von Sonnenstrahlung, wenn aus dem Gartenschlauch nicht sofort die die erwartete Erfrischung sprüht, weil der Schlauch in der Sonne gelegen hat.

Wir wissen: Glatte Oberflächen lenken das Licht um, raue Oberflächen zerstreuen es in alle Richtungen und es gibt Oberflächen, die das Licht „verschlucken".

Physikerinnen und Physiker probieren die gefundenen Gesetze gerne in neuartigen Situationen aus. Ob die für Licht gefundenen Regeln wohl auch für die mit der Sonnenstrahlung gelieferte Energie gelten?

Auf einer Styroporplatte sind drei gleich große Kreisscheiben befestigt: eine aus weißem Papier, eine aus schwarz bemaltem Papier, eine aus Alufolie. Alle drei Scheiben haben die gleiche Temperatur. Wir kontrollieren dies mit einem Digitalthermometer. Wir lassen die Sonnenstrahlung auf die drei Scheiben fallen und messen nach einer Minute an jeder Scheibe die Temperatur.

	weiß	schwarz	Alufolie
vorher	21,0	21,2	21,0
nach 1 min	21,6	23,7	21,1

Die Temperatur der schwarzen Scheibe steigt schneller, sie hat in einer Minute mehr Energie aufgenommen als die anderen Scheiben.

Bei *allen* Scheiben gleich viel Energie angekommen – so haben wir das Experiment organisiert. Wenn die weiße Scheibe oder die Aluscheibe die Energie nicht behalten, müssen sie sie wieder abgegeben haben.

D. Alufolie reflektiert nicht nur das Licht

Der Feuerwehrmann trägt über seiner Atemschutzkleidung zusätzlich einen beschichteten Überwurf und spezielle Hitzeschutzhandschuhe gegen große Strahlung des Feuers, das er bekämpfen soll. Die glänzende Oberfläche sorgt dafür, dass ein großer Teil der Strahlung reflektiert und nicht an der Oberfläche als Energie an die Kleidung übertragen wird.

E. Die Haut als Energieempfänger

Für die weiße Scheibe hat die Temperaturmessung gezeigt, dass sie einen Teil der ankommenden Energie behält. Das erklärt auch, warum unsere (weiße) Haut ein sensibler Energieempfänger ist. Wir spüren die Temperaturerhöhung und bemerken so, dass jeder heiße Körper, nicht nur die heiße, hell leuchtende Sonne Energie ausstrahlt. So wird uns rechtzeitig Gefahr signalisiert - beim Feuer, das gelöscht werden soll, aber auch bei Körpern, die gar kein sichtbares Licht aussenden, einer Herdplatte zum Beispiel.

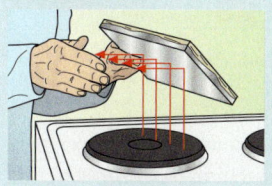

Wer die Strahlung von der Herdplatte spüren will, muss die Hand über die Platte halten, nicht daneben. Die als Spiegel eingebrachte Alufolie ändert dies: Mit Alufolie kann man auch mit der Hand neben der Herdplatte feststellen, dass die Herdplatte heizt.

F. Technik statt Sinnesleistung

Wir wissen schon: Im Lichtspektrum des Sonnenlichts ist neben den sichtbaren Farben des Lichts zusätzlich UV-Strahlung und infrarote Strahlung. Deshalb ist bei der Strahlung heißer Körper oft von Infrarot die Rede. Infrarot-Thermometer sind empfindliche Empfänger für Infrarotstrahlung. Du kennst sie vielleicht in der Form des modernen Fieberthermometers, mit dem berührungsfrei die Körpertemperatur, aber auch die Temperatur irgendwelcher Oberflächen gemessen werden kann. Man zielt auf die zu untersuchende Stelle (bei der Fiebermessung die Oberfläche im gut durchbluteten Innenohr) und löst durch Knopfdruck die Messung aus.

Das Experiment mit der Kochplatte kann man auch mit einem Infrarot-Thermometer durchführen:
Wenn man mit dem Thermometer über die Herdplatte hinweg zielt, „sieht" das Thermometer nicht die Temperatur der Herdplatte, sondern die der gegenüberliegenden Wand. Hält man den Alufolien-„Spiegel" über die Herdplatte, dann zeigt das Thermometer die hohe Temperatur der Herdplatte an.
Das kennen wir: Das vom Sender ausgesandte Strahlungsbündel gelangt mit Hilfe des Spiegels zum Empfänger.

G. Ist Licht das Gleiche wie Energie?

Du kennst vielleicht die Geschichten von den Schildbürgern. Auch die vom Rathaus? Hier die Kurzfassung:

Als die Schildbürger ein neues, pompöses Rathaus bauen, vergisst der Architekt die Einplanung von Fenstern und das Rathaus ist innen stockfinster. Daraufhin versuchen die Schildbürger, mit Eimern das Sonnenlicht einzufangen und ins Innere zu tragen, was allerdings fehlschlägt.

Mit Solarzellen hätten die Schildbürger die Energie des Sonnenlichts in elektrische Energie wandeln und so auf der Einbahnstraße eines Stromkreises in das Rathaus leiten können. Mit Eimern konnten sie die Energie so nicht auffangen.
Aber so wäre es gelungen: Schwarz angemalt und in die Sonne gestellt, würde die Temperatur der Eimer steigen. Ins Rathaus getragen, würden die heißen Eimer die kühle Raumluft erhitzen.

Energie wird übertragen und geht nicht verloren. Die Sonnenstrahlung ist Licht und Energie zugleich. Wenn sie an der Oberfläche gewandelt (und nicht reflektiert oder gestreut wird), geht die besondere Eigenschaft „Licht" verloren. Unsere Augen sind nur für diesen Teil der Sonnenenergie geeignete Empfänger.

Heiße Körper strahlen Energie ab, sehr heiße sogar in Form von Licht. Licht ist eine Energieform.

Energie im Alltag

A. Elektrische Energie ist bequem nutzbar

In einem Wasserkraftwerk wird die Höhenenergie des Wassers im Stausee genutzt:

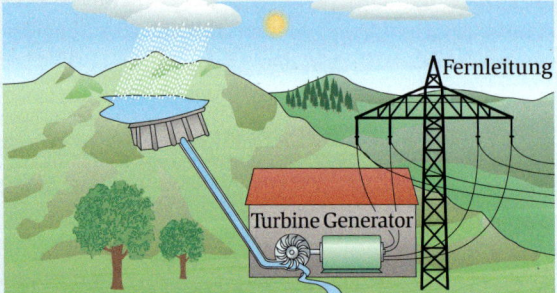
Fernleitung
Turbine Generator

Die Turbine wandelt die Energie des in Rohren bergab fließenden Wassers über einen Generator in elektrische Energie. Fernleitungen transportieren sie in jedes Haus. An Steckdosen, die es überall gibt, kann die Energie abgerufen werden. *Elektrische Energie ist praktisch überall verfügbar und besonders nützlich:* Mithilfe elektrischer Energie kann man Motoren antreiben, Zimmer beleuchten, heizen (und auch kühlen). Elektrische Energie lässt sich überall in andere Energieformen umwandeln.

B. Energie-Umwandlungsketten enden immer in der Umgebung

Wenn du einen elektrischen Heizofen einschaltest, wird Energie gewandelt. Von den heißen Heizspiralen geht Energie von selbst in das kältere Zimmer. Die Raumtemperatur steigt. Wenn du das Fenster öffnest, fließt die Energie schnell von alleine in die kühlere Außenluft. Dort nützt sie keinem mehr.

Nur wenn im Sommer die Außentemperatur höher ist als die Temperatur im Haus, fließt Energie von draußen in die kühle Wohnung. *Von alleine fließt Energie nur von Heiß nach Kalt.*

C. Energie wird genutzt, nicht verbraucht

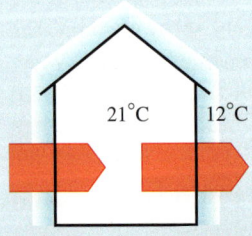
21°C   12°C

Beim Heizen kommt es darauf an, die Energiezufuhr richtig einzustellen. Wenn die Raumtemperatur sich nicht mehr ändern soll, muss nur so viel Energie zugeführt werden, wie gleichzeitig in die Umgebung entweicht.

Weil man mit der in die Umgebung geflossenen Energie meistens nichts mehr anfangen kann, ist oft von Energie„verbrauch" die Rede. Energie„nutzung" ist das bessere Wort. *Wir nutzen die zum Heizen eingekaufte Energie, indem wir sie durch unsere Wohnung fließen lassen.*

D. Elektrische Energie aus heißem Dampf

Die Energie der Flamme heizt das Wasser. Aus dem siedenden Wasser steigt Dampf auf. Die Düse leitet den Dampfstrahl auf die Schaufeln der Turbine. Turbine und Dynamo wandeln Bewegungsenergie des Dampfes in elektrische Energie.

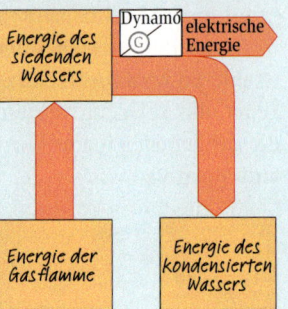
Energie des siedenden Wassers → Dynamo G elektrische Energie
Energie der Gasflamme → Energie des kondensierten Wassers

Weil der Dampf ins kalte Zimmer ausströmt, kondensiert er bald zu heißem Wasser. So macht der Dampf Platz für nachströmenden Dampf. Allerdings wird dabei ein Teil der aus der Flamme stammenden Energie ins Kondenswasser abgezweigt.

In dem Bild des Kohlekraftwerks erkennst du deutlich den Kühlturm. Auch hier im Großen ist es notwendig, den Dampf hinter der Turbine zu kühlen. Nur so kann man Energie der Kohle oder anderer Brennstoffe in elektrische Energie wandeln.

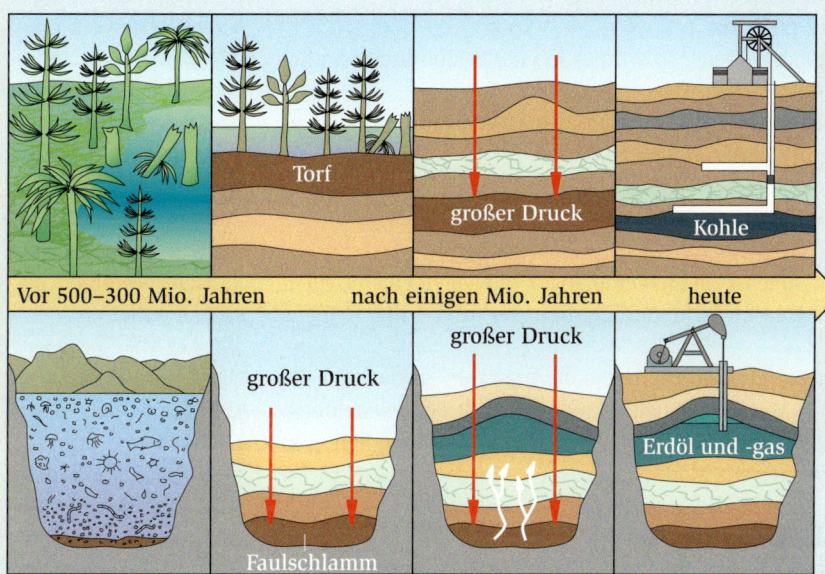

Die Energie von der Sonne lässt Pflanzen wachsen. Vor Millionen von Jahren starben Bäume und andere Pflanzen ab, vermoderten und wurden immer mehr von Erde, Gestein und Geröll überdeckt. Dadurch wurde der Druck auf Pflanzenschichten allmählich ungeheuer groß – aus ihnen wurde Kohle.

Erdöl und *Erdgas* bildeten sich auf ähnliche Weise aus Kleinstlebewesen, die vor Urzeiten im Meer lebten.

Im Laufe vieler Millionen Jahre entstanden so unsere heutigen *fossilen Energievorräte*.

Torf

großer Druck

Kohle

Vor 500–300 Mio. Jahren   nach einigen Mio. Jahren   heute

großer Druck

großer Druck

Erdöl und -gas

Faulschlamm

E. Kohle, Öl und Gas sind bald verbraucht

In Kraftwerken und in den Heizungen unserer Häuser werden Kohle, Erdöl und Erdgas verbrannt. Die Energie dieser Brennstoffe ist ursprünglich aus Sonnenenergie gewandelt worden. Vor Millionen von Jahren sind im Licht der Sonne Pflanzen und Kleinlebewesen gewachsen. Aus ihnen wurde z. B. Kohle – in der Tiefe der Erde. Wie Erdöl und Erdgas wird sie seit etwa 150 Jahren überall auf der Erde intensiv genutzt. Kohle, Erdöl und Erdgas sind wichtige Energieträger, ihr Vorrat ist aber schon jetzt knapp geworden und ist nicht erneuerbar.

Erdöl ist außerdem Grundlage für Benzin und andere Treibstoffe, die für Verbrennungsmotoren benötigt werden. Zusätzlich dient es als Grundstoff zur Produktion vieler Dinge des täglichen Lebens – viel zu schade also, um in Heizungen verbrannt zu werden.

F. Erneuerbare Energie kann Umwelt schonen

Von erneuerbarer (oder regenerativer) Energie spricht man, wenn es nicht Millionen von Jahren dauert, die Energie-Übertragungskette zu durchlaufen.

Sonnenstrahlung, Wind und Regen (der einen hoch gelegenen Stausee füllt) liefern Energie, die sofort genutzt werden kann:

- Sonnenkollektoren wandeln die Energie der Sonnenstrahlung,
- Windräder wandeln Bewegungsenergie der Luft,
- Wasserkraftwerke wandeln Bewegungsenergie des bergab strömenden Wassers.

Ob derartige Kraftwerke umweltschonend sind, hängt davon ab, wie viel Energie aufgewendet werden muss, um ihre Bauteile herzustellen und wie viele dauerhafte Eingriffe in die Landschaft nötig sind, um sie in ausreichender Größe zu bauen.

Weil Windkraftwerke in der Landschaft häufig auf den Widerstand der dort wohnenden Menschen stoßen, baut man Windkraftanlagen im Meer („offshore").

G. Energie sparen heißt weniger Energie nutzen

Es ist einleuchtend, dass wir Energie sparen, wenn wir Energienutzung beenden oder gar nicht erst in Gang setzen. Wir sollen deshalb die Beleuchtung im Klassenzimmer ausschalten, wenn sie nicht benötigt wird. Energie sparen kann man aber auch, wenn man die Menge der in einer Energie-Übertragungskette fließenden Energie verringert. Die Heizung ist ein gutes Beispiel dafür. Wer die Temperatur im Raum durch geöffnete Fenster senken will, verstärkt den Energiestrom, wer das Heizkörperventil zudreht, verringert ihn.

Das ist wichtig

1. Lichtquellen, Lichtwege, Lichtempfänger
Licht breitet sich vom Sender gradlinig aus.
Trifft Licht auf
- einen Spiegel, so wird es in eine bestimmte Richtung reflektiert,
- einen reinen durchsichtigen Gegenstand, so geht es größtenteils hindurch,
- einen reinen Gegenstand mit rauer Oberfläche, so wird es in alle möglichen Richtungen gestreut.

Das Auge ist ein Lichtempfänger, wir sehen einen Gegenstand, wenn Licht von ihm in unser Auge trifft.

Der Mond wird von der Sonne bestrahlt, sodass stets die halbe Mondkugel beleuchtet ist. Von dieser beleuchteten Hälfte sehen wir täglich einen etwas anderen Teil – so entstehen die Mondphasen.

2. Licht und Schatten
Von der Lichtquelle aus betrachtet entsteht hinter einem undurchsichtigen Gegenstand ein Schattenraum.

Tritt der Mond in den Kernschatten der Erde, so entsteht eine Mondfinsternis.

Tritt die Erde in den Schatten des Mondes, so entsteht eine Sonnenfinsternis.

3. Lochkamera und Linsenbilder
Gelangt Licht eines Gegenstandes durch eine Blende auf einen Schirm, so entsteht dort ein höhen- und seitenverkehrtes Bild des Gegenstandes. Das Bild setzt sich aus Lichtflecken zusammen.

Linsen können scharfe Bilder erzeugen. Licht von einem Gegenstandspunkt wird von der Linse in einem Bildpunkt gebündelt. Im menschlichen Auge wird das Linsenbild auf der Netzhaut von Sinneszellen aufgefangen.

4. Brechung und Reflexion
Trifft Licht auf eine Grenzfläche (z. B. zwischen Luft und Glas), so wird es teilweise reflektiert und teilweise gebrochen.
Reflexion und Brechung führen oft zu optischen Täuschungen.

5. Farbwahrnehmung
Weißes Glühlicht oder Sonnenlicht wird bei der Brechung an einem Prisma in verschieden farbige Lichter des Spektrums zerlegt. Alle diese farbigen Lichter ergeben zusammengeführt wieder den Eindruck Weiß.

Das hilft bei der Verständigung

Kommunizieren
Du kennst die Alltagssprechweise vom „stechenden Blick" oder vom „sehenden Auge, das den Nebel nicht durchdringt". Aber du weißt besser als der Zeitungsreporter, wie der Sehvorgang physikalisch richtig beschrieben wird.

● Die 77 000 Zuschauer auf den Rängen sahen vom Spiel Italien – Deutschland weniger, ALS SIE ZU HAUSE AM BILDSCHIRM. Denn der Nebel hing im Stadion.
Und warum sahen Sie zu Hause besser? Das Fernsehen sagt dazu: „Die elektronischen Kameras SEHEN BESSER ALS DAS MENSCHLICHE AUGE. Sie durchdringen sogar dichten Nebel.

Dokumentieren
Du kannst bei einer Lochkamera mit Je-Desto-Sätzen den Einfluss der Blendenöffnung und den Einfluss des Schirmabstands beschreiben.

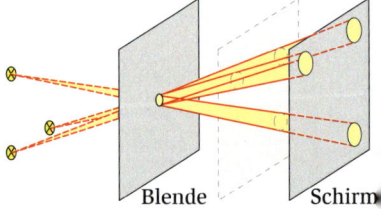

Blende   Schirm

Du kannst Reflexion und Brechung an einer Grenzfläche mithilfe einer Winkelscheibe vorführen. Den Verlauf des Lichtbündels kannst du auch im Heft oder an der Tafel sachgerecht darstellen.

Bewerten
Du weißt, dass Gegenstände erst durch Reflexion und Streuung sichtbar werden und kannst damit die Bedeutung der richtigen Kleidung für deine Sicherheit im Straßenverkehr beurteilen. Beim Kauf achtest du deshalb darauf, dass die Kleidungsstücke helle, reflektierende Streifen haben.

Das Vorgehen hat sich in der Physik bewährt

Physikalisch argumentieren

Du erklärst Sehvorgänge immer mit dem Lichtweg vom Sender zum Empfänger.

Bei Reflexion und Brechung von Lichtbündeln an ebenen Grenzflächen beobachtest du genau und übersiehst möglichst nichts.

Du überträgst die bei Linsen gewonnenen physikalischen Erkenntnisse auf das menschliche Auge.

Hat sich der Stab verdoppelt? Physikalische Überlegung liefert die Antwort.

Versuche planen, durchführen, auswerten

Du experimentierst mit Lichtbündeln an Spiegeln, Blendenöffnungen und Linsen und findest Gesetzmäßigkeiten. Du planst Experimente, um die Eigenschaften von Bildern bei Spiegeln, Lochkamera und Linsen zu untersuchen.

Im weißen Glühlicht sind alle Spektralfarben enthalten. Du kannst mit einem Experiment zeigen, dass alle Spektralfarben zusammen wieder den Eindruck Weiß ergeben.

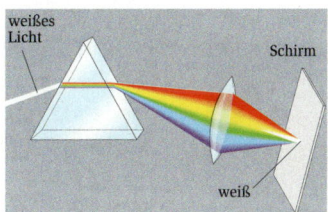

Weiß empfundenes Licht enthält alle Spektralfarben.

Gegenstands-größe	Abstand zur Linse	Bild-abstand	Bild-größe
1 cm	3 cm	–	–
1 cm	6 cm	30 cm	5 cm
1 cm	10 cm	10 cm	1 cm
1 cm	15 cm	7,5 cm	0,5 cm
1 cm	20 cm	7 cm	0,3 cm
1 cm	30 cm	6 cm	0,2 cm

Je weiter der Gegenstand vor der Linse steht, desto kleiner wird das Bild.

Mathematik anwenden

Du beschreibst Eigenschaften von Bildern bei Spiegeln und wendest dabei an, was du in der Mathematik gelernt hast.

Für die Eigenschaften von Bildern bei Lochkamera und Linse kannst du Zusammenhänge zwischen zwei Größen anhand von Messreihen untersuchen.

Naturbeobachtung

Mit Modellen arbeiten

Was du über das „Sehen von Gegenständen" gelernt hast, wendest du an: Nur wenn Licht von einem Gegenstand in die Augen trifft, kann man diesen Gegenstand sehen.

Im Lauf eines Monats sieht man unterschiedliche Teile des beleuchteten Mondes. Vermutlich ändern sich die Positionen von Sonne und Mond zu uns (Erde).

Du nimmst irdische Modelle für Sonne, Mond und Erde und überprüfst damit Vermutungen über die Erscheinungen am Himmel. Mithilfe des Modellversuchs findest du dann die Erklärung der Naturbeobachtung.

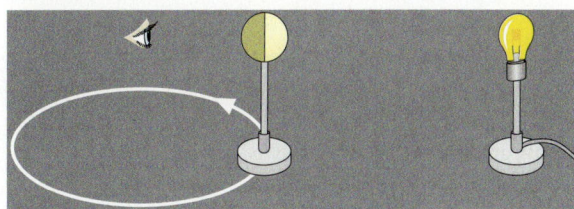

Modellversuch zur Erklärung der Mondphasen

Probleme lösen

Das Licht, das von einem Gegenstand in dein Auge gelangt, kommt nicht immer aus der Richtung des Gegenstandes. Du kannst einordnen, ob du durch Reflexion evtl. ein Spiegelbild des Gegenstandes siehst, oder ob du durch Brechung den Gegenstand an der falschen Stelle siehst.

Ein Verkehrsspiegel zeigt die nicht einsehbare Straße.

Kennst du dich aus?

A1 Du befindest dich bei Tag in einem Zimmer, das lediglich ein Fenster nach Norden hat. Erkläre, warum es auch ohne Einschalten der Zimmerlampe hell in diesem Raum ist.

A2 Bei einer Pantomime trägt der Künstler schwarze Kleidung. Der Hintergrund besteht aus schwarzen Tüchern.

a) Erkläre, warum wir auf dem Foto das Gesicht und die Hände sehen.
h) Die schwarzen Kleider bleiben unsichtbar. Stelle eine Vermutung auf, wie schwarze Gegenstände im Vergleich zu hellen Gegenständen auf das Licht wirken.

A3 Betrachte eine Lichtquelle und einen beleuchteten Gegenstand. Schildere Gemeinsamkeiten und Unterschiede.

A4 Leon will beim Schattentheater mit einer einzigen Pappfigur zwei Schattenbilder erzeugen. Er nimmt dazu zwei Lampen als Lichtquellen, die er nebeneinander stellt. Nenne Bedingungen, die er dabei erfüllen muss. Verdeutliche die Situation in einer Skizze.

A5 Der Mond umrundet die Erde etwa einmal jeden Monat, wir beobachten Mondphasen.

Beschreibe, wie sich die Phasen änderten, wenn der Mond anders herum um die Erde wanderte.

A6 Auf dem Mond soll eine Station gebaut werden, von der aus Forscher die Erde ständig sehen.
a) Beschreibe, was ein dort arbeitender Forscher innerhalb von 24 Stunden von der Erde sieht.
b) Einer der Forscher schreibt eine E-Mail an seine Kinder, in der er beschreibt, wie sich der Anblick der Erde im Laufe eines Monats ändert.

A7 Du betrachtest vom Ufer eines Sees das Spiegelbild des Vollmondes. Beschreibe den Weg des Lichts von der Lichtquelle zu deinem Auge.

A8 Das Foto zeigt einen Teil des Berliner Fernsehturms. Erkläre, warum nur manche Fenster „blenden".

A9 Die Zeichnung zeigt den Verlauf eines schmalen Lichtbündels (Laserlicht).

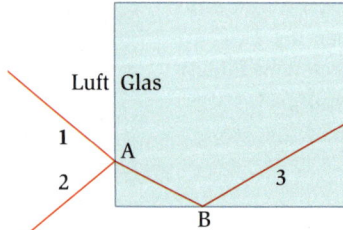

Beschreibe die Vorgänge an den „Knickstellen" A und B. Entscheide und begründe, aus welcher der Richtungen 1, 2, 3 das Lichtbündel kommt.

A10 Du spazierst bei schönem Wetter unter Bäumen. Auf dem Bürgersteig siehst du helle Kreise wie auf dem Foto.

a) Erkläre, wie die Kreise entstehen.
b) Beschreibe, wie sich das Bild bei Wind ändern kann.

A11 Eine Linse hat eine Brennweite von 5 cm. 10 cm vor der Linse steht eine angezündete Kerze. Auf einem Schirm, der 10 cm hinter der Linse steht, beobachtet man ein Bild der Kerzenflamme.
a) Du möchtest mit der gleichen Linse ein größeres Bild der Flamme auf dem Schirm erzeugen. Erkläre, wie du vorgehen kannst.
b) Die Kerze wird immer weiter von der Linse entfernt. Beschreibe, wie man für ein scharfes Bild sorgt und wie sich die Bildgröße ändert.

A12 a) Bestimme die Bildgröße des Gegenstandes beim Lochkamerabild durch Konstruktion.

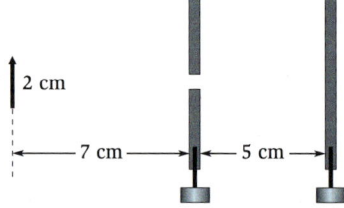

b) Umgekehrt sind diesmal Gegenstandsgröße (3 cm) und Bildgröße (5 cm) vorgegeben. Bestimme durch Konstruktion nachträglich die Position der Lochblende.
c) Wiederholt man b) für ein Linsenbild, so ermittelt man für die Linse die gleiche Position wie für die Lochblende. Begründe dies.

A13 Zwei schmale Lichtbündel treffen wie in der Skizze dargestellt auf ein rechtwinkliges Prisma.

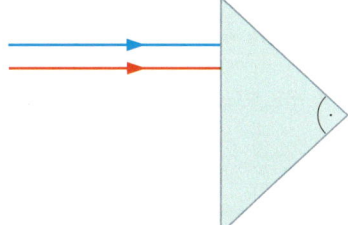

a) Konstruiere den Verlauf beider Lichtbündel und bestätige, dass sie das Prisma parallel verlassen und sich ihre Reihenfolge umkehrt.

b) Im „Prismenfernglas" sind in beiden Fernrohren jeweils zwei solcher Prismen eingebaut. Recherchiere zum Thema Prismenfernglas und bereite einen kurzen Vortrag darüber vor.

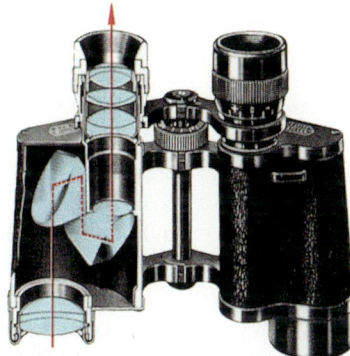

A14 *(Gruppenarbeit)*
Das menschliche Auge nimmt die farbigen Lichter von Rot bis Violett wahr, nicht aber Ultraviolett und Infrarot. Hingegen können einige Tiere Ultraviolett erkennen, andere wiederum Infrarot. Recherchiert, um welche Tiere es sich handelt und welche Vorteile diese Sehfähigkeit für die entsprechende Tierart hat. Referiert über eure Ergebnisse.

A15 Etwa zwei Stunden vor Sonnenuntergang beobachtest du einen Regenbogen. In welche Himmelsrichtung schaust du?

Projekt

Beobachtung der ISS

Die ISS (internationale Raumstation) ist der größte und auch teuerste Satellit, den die Menschheit sich je ausgedacht hat. Viele Nationen haben zusammen viele Milliarden Euro aufgebracht, um dieses Forschungslabor außerhalb der Erdatmosphäre zu bauen. Es hat etwa die Größe eines Fußballfeldes und umrundet die Erde wie ein künstlicher Mond.

Die ISS überfliegt manchmal auch Deutschland und ist dann für wenige Minuten am dunklen wolkenlosen Himmel als hellster Stern zu sehen. Der helle „Stern" zieht von Westen nach Osten über den Horizont.

1. Modellversuch zur ISS-Beobachtung
Lege einen Fußball auf einen Tisch. Zerknülle etwas Alufolie zu einer kleinen Kugel von etwa 2 cm Durchmesser und klebe sie an einen dünnen Faden. Beleuchte

in einem abgedunkelten Raum das Erdmodell – den Fußball. Umrunde nun die „Erde" mit dem ISS-Modell (Alukugel) in etwa 3 cm Abstand.

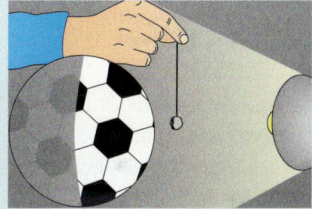

Begründe mithilfe des Modellversuchs:
- Die ISS ist um Mitternacht nicht sichtbar.
- Die ISS ist entweder in den Abendstunden nach Sonnenuntergang oder in den Morgenstunden vor Sonnenaufgang am Himmel sichtbar.
- Die ISS wird manchmal schon unsichtbar bevor sie den Horizont erreicht.

2. Beobachtung der ISS am dunklen Himmel
Recherchiere im Internet, wann du die ISS über deinem Wohnort beobachten kannst. Gib dazu in einer Suchmaschine den Text „Sichtbarkeit der ISS" ein. Auf der entsprechenden Homepage findest du die genauen Zeitangaben für eine mögliche Beobachtung in den nächsten Tagen mit Uhrzeit und Himmelsrichtung.

Beschreibe deine Beobachtung und notiere den Zeitpunkt, wann die ISS am Himmel auftaucht und wann sie unsichtbar wurde. Vergleiche deine Messergebnisse mit den Angaben im Internet.

|ADAC e.V., München: David Steets 116.2. |adpic Bildagentur, Köln: M. Baumann Titel. |Anders, Uwe, Cremlingen/Destedt: 69.3. |Astrofoto, Sörth: 82.1, 82.2, 119.1; Dorsch 82.3. |Belle-Systems, Wörthsee: 106.1. |Bildagentur Schapowalow, Hamburg: Huber 16.1. |Biosphoto, Berlin: Leduc Renaud 76.1. |Blickwinkel, Witten: A. Niehues 13.3; Linke, R. 117.6; T. Mohr 114.2. |Brill, Bernhardt Dr., Einbeck: 104.2. |Busch & Müller KG, Meinerzhagen: 41.2. |Cidadão, António José, Oeiras: 117.3, 117.5. |Conrad Electronic, Hirschau: 9.5, 25.2. |Creativ Studio Heinemann, Bad Hönningen: 37.3. |Deutsches Museum, München: 36.1; Archiv, BN34353 30.5; IMAX, Forum der Technik 108.1. |Dittmar-Ilgen, Dr. Hannelore, Egelsbach: 105.1. |Dressler Verlag GmbH, Hamburg: Erich Kästner: Die Schildbürger. Einband und Illustrationen von Horst Lemke, © Cecilie Dressler Verlag, Hamburg 2006 113.2. |Druwe & Polastri, Cremlingen/Weddel: 9.2, 69.2. |ESA/ESOC, Darmstadt: Lizenz: CC-Lizenz BY-SA 3.0 79.1. |European Southern Observatory (ESO), Garching bei München: (c) European Southern Observatory (ESO) 117.2. |Fabian, Michael, Hannover: 5.1, 13.1, 14.1, 18.2, 18.3, 19.4, 21.2, 24.3, 37.2, 45.1, 45.2, 52.2, 53.2, 60.2, 72.1, 74.1, 76.2, 84.1, 84.2, 85.1, 85.2, 86.1, 87.1, 88.2, 88.3, 88.4, 88.5, 94.1, 100.1, 100.2, 101.3, 102.1, 103.1, 116.1. |Faßbinder, Dirk, Wenden: 48.1, 48.2, 48.3, 48.4, 50.1, 50.2, 50.3, 59.1, 59.2, 64.2. |Feuerwehr Margetshoechheim / www.feuerwehr-margetshoechheim.de, Margetshoechheim: 113.1. |fotolia.com, New York: Bruno Passigatti 3.1, 6.1; Igor Korionov 118.2; Jörg Vollmer 62.1, 64.1; Klaus Eppele 26.2. |Friedhuber, Josef Prof., Ansfelden: 91.1. |Fries, Dietmar, Nohfelden: 92.1, 96.3, 96.4, 98.1, 98.2, 100.3, 101.2, 110.2, 110.3, 110.4, 117.1, 118.1. |Fries, U., Stadthagen: 77.2. |Fruhmann GmbH NTL, Neutal: 46.2, 46.3. |Gebauer, Ludwig, Adenbüttel: 112.1. |Gesellschaft für professionelle Satellitennavigation, Gräfelfing: 55.2, 55.3. |Getty Images, München: Oleksiy Maksymenko/All Canada Photos 4.1, 66.1. |Gouasé, Willi, Speyer: 22.1. |Güttler, Peter - Freier Redaktions-Dienst, Berlin: 54.2. |H.C. Starck GmbH, München: 30.2. |Helga Lade Fotoagenturen GmbH, Frankfurt/M.: 76.3. |HTWM Hochschule Mittweida, Mittweida: 47.1. |juniors@wildlife Bildagentur GmbH, Hamburg: Benvie, N. 93.1. |KALOO Images, Wertingen-Hirschbach: 106.3. |leXsolar GmbH, Dresden: 112.2. |LOKOMOTIV Fotografie, Stadtlohn: Thomas Willemsen 54.1. |mauritius images GmbH, Mittenwald: AGE 71.1; Hubertus Blume 118.3; imagebroker 39.3; Michael Zirn 81.1; Nordic Photos 110.1; SuperStock 111.1. |MEV Verlag GmbH, Augsburg: 39.6, 39.7. |Minkus Images Fotodesignagentur, Isernhagen: 70.1. |Museum a.d. Burghof, Springe: 30.4. |MVP, München: 61.1. |NASA, Washington: 77.1, 117.4; John Rummel 79.2. |Oberholz, Heinz-Werner, Everswinkel: 8.1, 8.2, 8.3, 8.5, 8.7, 24.5, 25.4, 26.1, 27.1, 27.2, 28.1, 28.2, 44.2. |OKAPIA KG - Michael Grzimek & Co., Frankfurt/M.:

David Thompson/OSF 71.2; Horst-Jürgen Schunk 104.4; Theissen, Harald 69.4. |Panasonic Marketing Europe GmbH, Hamburg: 41.3. |Paul Lange & Co. OHG, Stuttgart: 47.2. |Per Pedale, Frankfurt: Christine Huwer 68.2. |phaeno gGmbH, Wolfsburg: 104.3. |PHYWE Systeme GmbH & Co. KG, Göttingen: 13.2. |Picture-Alliance GmbH, Frankfurt a.M.: united archives/WHA 88.1; ZB/J. Büttner 87.3. |plainpicture, Hamburg: STOCK4B 115.1; Warnecke, B. 73.1. |Popko, Mathias, Meine: 8.4, 8.6, 39.4, 44.4. |Quelle GmbH, Fürth: 19.5. |Reeko.com/Reeko Design GmbH & Co. KG, Ellerau: 3.2, 42.1. |Riess, Traudl, Bindlach: 24.2, 24.4, 25.3, 39.1. |Rixe, Dieter, Braunschweig: 32.4, 63.1, 106.2. |Schilling, Alexander (Architekt), Karlsruhe: 31.2. |Science Photo Library, München: AJ Photo/HOOP Americain/SPL 14.2; Steve Gschmeissner / SPL 89.2. |Silva Schweden AB: 54.3, 54.4. |Simper, Manfred, Wennigsen: 39.2. |Staiger, G., Stuttgart: 103.2. |Stelter, Uwe, Hannover: 96.1, 96.2. |Stoklasa - http://www.e-stoklasa.de: 63.4. |Studio Schmidt-Lohmann, Gießen: 76.4. |Tegen, Hans, Hambühren: 9.1, 9.4, 13.4, 17.1, 17.2, 18.1, 19.1, 19.2, 20.2, 20.3, 21.1, 22.2, 24.1, 24.6, 25.1, 29.1, 30.1, 30.3, 30.6, 30.7, 32.1, 32.2, 32.3, 33.1, 33.2, 33.3, 33.4, 37.1, 38.1, 39.5, 40.1, 40.2, 44.3, 46.1, 46.4, 52.1, 53.1, 56.2, 56.3, 60.1, 63.2, 63.3, 64.3, 65.1, 65.2, 70.2, 80.2, 84.3, 85.1, 87.2, 87.4, 92.2, 92.3, 100.4, 101.1, 104.1, 107.1, 109.1, 112.4, 114.1. |Tourist Information Hermannsburg, Hermannsburg: Kathrin Zilke 68.3. |TV-yesterday, München: W. M. Weber 69.1. |vario images, Bonn: 104.5. |VARTA Consumer Batteries GmbH & Co. KG-aA, Ellwangen: 9.3, 32.5. |VARTA Microbattery GmbH, Ellwangen: 32.6. |Visum Foto GmbH, Asbach: Carsten Koall/buchcover.com 68.1; Dirk Vogel 56.1. |VMS Verkehrswacht Medien & Service GmbH, Berlin: 20.1. |Wegner, Werner, Lehrte: 55.1. |Wehrfritz GmbH, Bad Rodach: 105.2. |Werbefoto van Eupen, Babenhausen: 44.1. |wezet: 31.1. |wikimedia.commons: C-M/GNU-Lizenz 89.1; Stefan Baguette/CC-Lizenz 3.0 41.1. |Willemsen, Thomas, Stadtlohn: 112.3. |Wittenfeld, Uwe, Mülheim an der Ruhr: 19.3. |© LEYBOLD / LD DIDACTIC GmbH - https://www.ld-didactic.de, Hürth: 27.3. |© Tim Noble & Sue Webster. Image courtesy of the artists, LONDON: Real Life Is Rubbish, 2002. Mixed media, light projector. Dimensions: variable 80.1.